Informatik – Fachberichte

Band 27: GI-NTG-Fachtagung, Struktur und Betrieb von Rechensystemen. Kiel, März 1980. Herausgegeben von G. Zimmermann. IX, 286 Seiten. 1980.

Band 28: Online-Systeme im Finanz- und Rechnungswesen. Anwendergespräch, Berlin, April 1980. Herausgegeben von P. Stahlknecht. X, 547 Seiten. 1980.

Band 29: Erzeugung und Analyse von Bildern und Strukturen. DGaO–DAGM-Tagung, Essen, Mai 1980. Herausgegeben von S. J. Pöppl und H. Platzer. VII, 215 Seiten. 1980.

Band 30: Textverarbeitung und Informatik. Fachtagung der GI, Bayreuth, Mai 1980. Herausgegeben von P. R. Wossidlo. VIII, 362 Seiten. 1980.

Band 31: Firmware Engineering. Seminar veranstaltet von der gemeinsamen Fachgruppe „Mikroprogrammierung" des GI-Fachausschusses 3/4 und des NTG-Fachausschusses 6 vom 12.–14. März 1980 in Berlin. Herausgegeben von W. K. Giloi. VII, 289 Seiten 1980.

Band 32: M. Kühn, CAD Arbeitssituation. Untersuchungen zu den Auswirkungen von CAD sowie zur menschengerechten Gestaltung von CAD-Systemen. VII, 215 Seiten. 1980.

Band 33: GI–10. Jahrestagung. Herausgegeben von R. Wilhelm. XV, 563 Seiten. 1980.

Band 34: CAD-Fachgespräch. GI–10. Jahrestagung. Herausgegeben von R. Wilhelm. VI, 184 Seiten. 1980.

Band 35: B. Buchberger, F. Lichtenberger Mathematik für Informatiker I. Die Methode der Mathematik. XI. 315 Seiten. 1980

Band 36: The Use of Formal Specification of Software. Berlin, Juni 1979. Edited by H. K. Berg and W. K. Giloi. V, 388 pages. 1980.

Band 37: Entwicklungstendenzen wissenschaftlicher Rechenzentren. Kolloquium, Göttingen, Juni 1980. Herausgegeben von D. Wall. VII, 163 Seiten.1980.

Band 38: Datenverarbeitung im Marketing. Herausgegeben von R. Thome. VIII. 377 pages. 1981.

Band 39: Fachtagung Prozeßrechner 1981. München, März 1981. Herausgegeben von R. Baumann. XVI, 476 Seiten. 1981.

Band 40: Kommunikation in verteilten Systemen. Herausgegeben von S. Schindler und J. C. W. Schröder. IX, 459 Seiten. 1981.

Band 41: Messung, Modellierung und Bewertung von Rechensystemen. GI-NTG-Fachtagung. Jülich, Februar 1981. Herausgegeben von B. Mertens. VIII, 368 Seiten. 1981.

Band 42: W. Kilian, Personalinformationssysteme in deutschen Großunternehmen. XV, 352 Seiten. 1981.

Band 43: G. Goos, Werkzeuge der Programmiertechnik. GI-Arbeitstagung. Proceedings, Karlsruhe, März 1981. VI, 262 Seiten. 1981.

Band 44: Organisation informationstechnik-geschützter öffentlicher Verwaltungen. Fachtagung, Speyer, Oktober 1980. Herausgegeben von H. Reinermann, H. Fiedler, K. Grimmer und K. Lenk. 1981.

Band 45: R. Marty, PISA–A Programming System for Interactive Production of Application Software. VII, 297 Seiten. 1981.

Band 46: F. Wolf, Organisation und Betrieb von Rechenzentren. Fachgespräch der GI, Erlangen, März 1981, VII, 244 Seiten. 1981.

Band 47: GWAI-81 German Workshop on Artifical Intelligence. Bad Honnef, January 1981. Herausgegeben von J. H. Siekmann. XII, 317 Seiten. 1981.

Band 48: W. Wahlster, Natürlichsprachliche Argumentation in Dialogsystem. KI-Verfahren zur Rekonstruktion und Erklärung approximativer Inferenzprozesse. XI, 194 Seiten. 1981.

Band 49: Modelle und Strukturen. DAG 11 Symposium, Hamburg, Oktober 1981. Herausgegeben von B. Radig. XII, 404 Seiten. 1981.

Band 50: GI–11. Jahrestagung. Herausgegeben von W. Brauer. XIV, 617 Seiten. 1981.

Band 51: G. Pfeiffer, Erzeugung interaktiver Bildverarbeitungssysteme im Dialog. X, 154 Seiten. 1982.

Band 52: Application and Theory of Petri Nets. Proceedings, Strasbourg 1980, Bad Honnef 1981. Edited by C. Girault and W. Reisig. X, 337 pages. 1982.

Band 53: Programmiersprachen und Programmentwicklung. Fachtagung der GI, München, März 1982. Herausgegeben von H. Wössner. VIII, 237 Seiten. 1982.

Band 54: Fehlertolerierende Rechnersysteme. GI-Fachtagung, München, März 1982. Herausgegeben von E. Nett und H. Schwärtzel. VII, 322 Seiten. 1982.

Band 55: W. Kowalk, Verkehrsanalyse in endlichen Zeiträumen. VI, 181 Seiten. 1982.

Band 56: Simulationstechnik. Proceedings, 1982. Herausgegeben von M. Goller. VIII, 544 Seiten. 1982.

Band 57: GI–12. Jahrestagung. Proceedings, 1982. Herausgegeben von J. Nehmer. IX, 732 Seiten. 1982.

Band 58: GWAI-82. 6th German Workshop on Artifical Intelligence. Bad Honnef, September 1982. Edited by W. Wahlster. VI, pages. 1982.

Band 59: Künstliche Intelligenz. Frühjahrsschule Teisendorf, März 1982. Herausgegeben von W. Bibel und J. H. Siekmann. XII, 383 Seiten. 1982.

Band 60: Kommunikation in Verteilten Systemen. Anwendungen und Betrieb. Proceedings, 1983. Herausgegeben von Sigram Schindler und Otto Spaniol. IX, 738 Seiten. 1983.

Band 61: Messung, Modellierung und Bewertung von Rechensystemen. 2. GI/NTG-Fachtagung, Stuttgart, Februar 1983. Herausgegeben von P. J. Kühn und K. M. Schulz. VII, 421 Seiten. 1983.

Band 62: Ein inhaltsadressierbares Speichersystem zur Unterstützung zeitkritischer Prozesse der Informationswiedergewinnung in Datenbanksystemen. Michael Malms. XII, 228 Seiten. 1983.

Band 63: H. Bender, Korrekte Zugriffe zu Verteilten Daten. VIII, 203 Seiten. 1983.

Band 64: F. Hoßfeld, Parallele Algorithmen. VIII, 232 Seiten. 1983.

Band 65: Geometrisches Modellieren. Proceedings, 1982. Herausgegeben von H. Nowacki und R. Gnatz. VII, 399 Seiten. 1983.

Band 66: Applications and Theory of Petri Nets. Proceedings, 1982. Edited by G. Rozenberg. VI, 315 pages. 1983.

Band 67: Data Networks with Satellites. GI/NTG Working Conference, Cologne, September 1982. Edited by J. Majus and O. Spaniol. VI, 251 pages. 1983.

Band 68: B. Kutzler, F. Lichtenberger, Bibliography on Abstract Data Types. V, 194 Seiten. 1983.

Band 69: Betrieb von DN-Systemen in der Zukunft. GI-Fachgespräch, Tübingen, März 1983. Herausgegeben von M. A. Graef. VIII, 343 Seiten. 1983.

Informatik-Fachberichte 113

Herausgegeben von W. Brauer

Im Auftrag der Gesellschaft für Informatik (GI)

Datenschutz und Datensicherung im Wandel der Informationstechnologien

1. GI-Fachtagung
München, 30. und 31. Oktober 1985
Proceedings

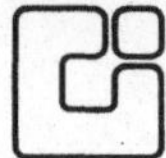

Herausgegeben von P. P. Spies

Springer-Verlag
Berlin Heidelberg New York Tokyo

Herausgeber

Peter Paul Spies
Universität Bonn, Institut für Informatik Abt. II
Wegelerstr. 6, 5300 Bonn

CR Subject Classifications (1985): C.1.3, C.2.0, C.2.5, D.2.0, D.4.6, E.3, H.4.1, J.3, K.4

ISBN-13: 978-3-540-16036-6 Springer-Verlag Berlin Heidelberg New York Tokyo

CIP-Kurztitelaufnahme der Deutschen Bibliothek. Datenschutz und Datensicherung im Wandel der Informationstechnologien : ... GI-Fachtagung ; proceedings. - Berlin ; Heidelberg ; New York ; Tokyo : Springer 1. München, 30. und 31. Oktober 1985. - 1985.
(Informatik-Fachberichte; 113)
ISBN-13: 978-3-540-16036-6 e-ISBN-13: 978-3-642-70865-7
DOI: 10.1007/978-3-642-70865-7
NE: Gesellschaft für Informatik; GT

VORWORT

Der Arbeitskreis "Datenschutz und Datensicherung" des Präsidiums der Gesellschaft für Informatik sieht es als seine Aufgabe an, Probleme des Datenschutzes und der Datensicherung aus der Sicht der Informatik zu behandeln. Er hat in diesem Rahmen grundsätzliche Aussagen zu diesen Themen unter besonderer Berücksichtigung der sich rasch entwickelnden Informationstechnologien erarbeitet und zu Entwürfen für Änderungen des Bundesdatenschutzgesetzes Stellung genommen. Aus dieser Tätigkeit heraus entstand der Plan zur Durchführung einer Fachtagung mit dem Thema "Datenschutz und Datensicherung im Wandel der Informationstechnologien".

Diese Tagung, deren Beiträge dieser Band enthält, findet am 30. und 31. Oktober 1985 im Rahmen der SYSTEMS 85 statt. Sie soll die Datenschutz- und Datensicherungs-Probleme, die mit den wachsenden technologischen Möglichkeiten entstehen, aus der Sicht der Informationstechnik beleuchten. Sie soll Methoden, Verfahren und Hilfsmittel aufzeigen, mit denen die Datenschutz- und Datensicherungs-Probleme konstruktiv einer Lösung näher gebracht werden können. Sie soll Anwender von Rechensystemen und Kommunikationsnetzen, Juristen und Informatiker dazu anregen, gemeinsam über Datenschutz- und Datensicherungs-Probleme nachzudenken und miteinander Lösungen dieser Probleme zu erarbeiten.

Obwohl von der Gesellschaft für Informatik bereits mehrere Tagungen zu Datenschutz- und Datensicherungs-Themen durchgeführt wurden, haben wir diese Fachtagung als die erste zu dem angegebenen Thema bezeichnet. Dies erfolgte im Bewußtsein der Notwendigkeit verstärkter Auseinandersetzungen mit den angesprochenen Problemen und in der Absicht, ein Forum für die öffentliche Diskussion der Ergebnisse der entsprechenden Arbeiten zu schaffen. Die Themen, die bei dieser Tagung behandelt und nicht behandelt werden, verdeutlichen die Notwendigkeit verstärkter Anstrengungen zur Lösung aufgezeigter Probleme und zur Weiterentwicklung aufgezeigter Lösungsansätze.

Allen, die zu dieser Fachtagung beigetragen haben, möchten wir an dieser Stelle herzlich danken. Unser besonderer Dank gilt den Vortragenden, den Mitgliedern des Programmausschusses und den Mitgliedern des Organisationsausschusses für ihr Engagement und für die gute Zusammenarbeit. Wir danken dem Springer-Verlag für die Herausgabe und termingerechte Herstellung des Tagungsberichts. Schließlich danken wir Frau B. Achrafie herzlich für ihren Einsatz und ihre Hilfe bei allen Vorbereitungen dieser Tagung.

Bonn, im September 1985

P. P. Spies

T A G U N G S L E I T U N G

Prof. Dr. P.P. Spies	Universität Bonn
Prof. Dr. F. Krückeberg	GMD, St. Augustin

P R O G R A M M A U S S C H U S S

P. P. Spies,	Bonn (Vorsitzender)
R. Dierstein,	Weßling/Obb.
C. Th. Ehlers,	Göttingen
H. Fiedler,	Bonn
H. Gliss,	Bonn
H. Garstka,	Berlin
S. Herda,	St. Augustin
F. Krückeberg,	St. Augustin
G. Weck,	Köln

O R G A N I S A T I O N S A U S S C H U S S

F. Krückeberg,	St. Augustin (Vorsitzender)
R. Dierstein,	Weßling/Obb.
H. Kuss,	München

I N H A L T S V E R Z E I C H N I S

V o r t r ä g e — Seite

DATENSCHUTZ UND DATENSICHERUNG
IM WANDEL DER INFORMATIONSTECHNOLOGIEN

Peter Paul Spies

Institut für Informatik der Universität Bonn

Zusammenfassung

Rechensysteme haben sich zu unverzichtbaren Instrumenten der Informationsspeicherung und -verarbeitung entwickelt. Mit dieser Entwicklung erhalten die gesellschaftspolitischen Forderungen nach Datenschutz und Datensicherung wachsende Bedeutung. In diesem Beitrag wird versucht, den Zusammenhang zwischen der gesellschaftspolitischen Forderung nach Informations-Sicherheit und dem Einsatz von Rechensystemen zu klären. Es wird dargestellt, welche Möglichkeiten bestehen, mit Rechensystemen einen hohen Grad an Sicherheit zu erreichen.

1. Einleitung

Rechensysteme haben sich im Verlauf ihrer kurzen Geschichte von Geräten, die von einigen Spezialisten für die Durchführung numerischer Rechnungen benutzt wurden, zu leistungsfähigen Instrumenten der Informationsspeicherung und -verarbeitung entwickelt. Im Laufe dieser Entwicklung wurde sichtbar, daß die wachsenden Einsatzmöglichkeiten von Rechensystemen zu gesellschaftspolitischen Problemen führen, die unter den Begriffen Datenschutz und Datensicherung zusammengefaßt werden. Die technologischen Entwicklungen der letzten 10 Jahre haben dazu geführt, daß Rechensysteme heute allgegenwärtig sind: sie sind in privaten Bereichen anzutreffen; es gibt Arbeitsplatzrechner in großer Anzahl; Rechner aller Leistungsklassen können über lokale, regionale, nationale und internationale Nachrichtennetze zusammenarbeiten. Rechensysteme sind in vielen Bereichen unserer Gesellschaft unverzichtbare Instrumente der Informationsspeicherung und -verarbeitung.

Mit dem Fortschreiten dieser technologischen Entwicklung treten die gesellschaftspolitischen Probleme des Datenschutzes und der Datensicherung immer deutlicher zutage. Die Notwendigkeit von Regelsystemen zur Lösung entsprechender Konflikte ist von großer gesellschaftspolitischer Bedeutung.

In diesem Beitrag wird versucht, Zusammenhänge zwischen der gesellschaftspolitischen Forderung nach Datenschutz und Datensicherung einerseits und der Entwicklung von Rechensystemen andererseits aufzuzeigen.

Wir gehen dabei davon aus, daß die wesentliche gesellschaftspolitische Forderung die nach einem Regelsystem für den Umgang mit dem Gut Information ist. Wir gehen weiter davon aus, daß Rechensysteme unverzichtbare Instrumente der Informationsspeicherung und -verarbeitung sind. Auf diesen Grundlagen ergibt sich einerseits die Notwendigkeit eines Informations-Rechtes, durch das die Nutzung von Information unabhängig von den Hilfsmitteln zur Speicherung und Verarbeitung von Information geregelt wird. Andererseits ergibt sich die Forderung, daß die Regelungen des Informations-Rechts bei der Verwendung von Rechensystemen für die Speicherung und Verarbeitung von Information durchsetzbar sind und durchgesetzt werden. Wenn diese Forderungen erfüllt werden, kann mit Rechensystemen ein hoher Grad an Informations-Sicherheit erreicht werden.

Die weiteren Ausführungen dieses Beitrags sind wie folgt gegliedert:

Im zweiten Kapitel zeigen wir auf, welche Zusammenhänge zwischen Informations-Sicherheit und Daten-Sicherheit, insbesondere beim Einsatz von Rechensystemen, bestehen. Dazu besprechen wir zunächst Anforderungen an ein Informations-Recht. Informationen werden gespeichert und verarbeitet, indem Daten gespeichert und verarbeitet werden. Daten in Rechensystemen sollten als Objekte definiert werden. Die Eigenschaften dieser Datenobjekte schaffen eine Grundlage, auf der Anforderungen an die Sicherheit eines Systems präzise formuliert und durchgesetzt werden können. Aus der Diskussion dieses Ansatzes ergeben sich Faktoren, welche die Sicherheit von Systemen beeinflussen. Sie sind Ausgangsbasis für Sicherungs-Maßnahmen und verdeutlichen zugleich deren Möglichkeiten und Grenzen.

Im dritten Kapitel skizzieren wir kurz die Entwicklung der Informationstechnologien. Neben den äußeren Entwicklungen, die für Benutzer von Rechensystemen wichtig sind, zeigen wir Entwicklungen auf, welche die Konstruktion von Rechensystemen betreffen. Die Ergebnisse dieser "inneren" Entwicklungen sind von entscheidender Bedeutung für das Verständnis der Maßnahmen, welche zur Sicherung von Rechensystemen möglich und notwendig sind.

Im vierten Kapitel besprechen wir Maßnahmen zur Sicherung von Rechensystemen. Wir zeigen zunächst den Zusammenhang zwischen der Sicherheit eines Rechensystems und seiner Funktionalität auf; der Zusammenhang zwischen der Qualität eines Systems zur Speicherung und Verarbeitung von Informationen und der Sicherheits-Qualität des Systems wird verdeutlicht. Wir besprechen Sicherungs-Maßnahmen für geschlossene und offene Systeme. Für geschlossene Systeme kann erreicht werden, daß Zugriffe nur auf der Grundlage autorisierter Subjekt-Objekt-Beziehungen möglich sind. Damit läßt sich ein hoher Grad an Informations-Sicherheit erreichen. Für offene Systeme können passive und aktive Zugriffe von Angreifern nicht ausgeschlossen werden. Wir besprechen, wie hier Maßnahmen, die auf der Kryptographie basieren, zur Sicherung angewandt werden können, und welche Zusammenhänge zwischen diesen und den für geschlossene Systeme anwendbaren Maßnahmen bestehen.

Im fünften Kapitel ziehen wir einige Schlußfolgerungen aus dem bis dahin Besprochenen.

2. Informations-Sicherheit und Daten-Sicherheit

In diesem Kapitel versuchen wir, Grundlagen für die Lösung der gesellschaftspolitischen Probleme des Datenschutzes und der Datensicherung im Zusammenhang mit den Entwicklungen der Informationstechnologien zu schaffen. Wesentliche Ansätze hierzu wurden im Arbeitskreis "Datenschutz und Datensicherung" des Präsidiums der GI entwickelt [1].

Wir beginnen mit einem einfachen System-Modell, an dem wir Charakteristika der Beziehungen zwischen den Komponenten eines Systems erklären. Auf der Grundlage dieses Modells führen wir einige Begriffe ein, mit denen wir die Forderung nach einem Informations-Recht als Grundlage von Informations-Sicherheit formulieren. Über die Zusammenhänge zwischen Informationen und Daten übertragen wir dann die entsprechenden Begriffe auf Rechensysteme. Wir gehen davon aus, daß die Komponenten von Rechensystemen als Datenobjekte definiert werden. Die Eigenschaften dieser Objekte sind die Grundlage für präzise Formulierungen der Sicherheits-Anforderungen an Rechensysteme; sie weisen zugleich einen Weg zu Informations-Sicherheit.

2.1. Ein System-Modell

Ein System ist eine Einheit, die aus Komponenten zusammengesetzt ist. Ein System besteht zunächst aus Komponenten, die nicht weiter aufgeteilt werden und elementare Eigenschaften besitzen; wir nennen sie elementare Komponenten des Systems. Durch Zusammenfassung von Komponenten und deren Eigenschaften können weitere Komponenten gebildet werden. Durch Wiederholung dieses Verfahrens ergeben sich alle Komponenten des Systems und schließlich das System selbst. In Abbildung 1. ist ein System skizziert. Komponenten sind durch Kreise und Beziehungen zwischen Komponenten durch Verbindungen veranschaulicht.

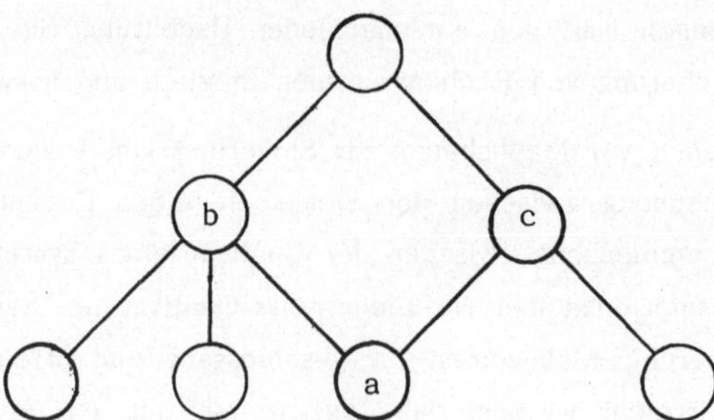

Abbildung 1.: Ein einfaches System

Wir nennen ein System dynamisch, wenn sich seine Eigenschaften mit der Zeit ändern können; wenn das nicht der Fall ist, liegt ein statisches System vor. Änderungen der Eigenschaften eines Systems sind Wirkungen von Aktionen. Aktionen werden von Subjekten ausgeführt oder gehen von Subjekten aus. Komponenten eines Systems, die zu Aktionen fähig sind, nennen wir Subjekte des Systems.

Wir nennen ein System offen, wenn es in eine Umwelt so eingebettet ist, daß Wechselwirkungen zwischen dem System und seiner Umwelt möglich sind; für offene Systeme sind die Eigenschaften "innen" und "außen" definiert. Ein System, das nicht offen ist, nennen wir abgeschlossen.

Das, was in dem hier interessierenden Zusammenhang an Systemen wesentlich ist, läßt sich an dem in Abbildung 1. gezeigten erklären. Wir betrachten dieses als ein abgeschlossenes System; wir betrachten insbesondere die Komponenten a, b und c; b und c seinen Subjekte.

a ist einerseits elementare Komponente und besitzt als solche gewisse Eigenschaften; a ist andererseits Komponente von b und von c. Zwischen a, b und c bestehen wechselseitige Abhängigkeiten, die bzgl. a einen Schutz- und einen Leistungs-Aspekt haben. Für Aktionen von b, die sich auf a stützen, ist es notwendig, daß a einen Beitrag leistet; ohne diesen sind die entsprechenden Aktionen von b und damit die Eigenschaften von b nicht gewährleistet; dies entspricht dem Leistungs-Aspekt der Abhängigkeit zwischen a und b. Entsprechendes gilt für Aktionen von c, die sich auf a stützen. Aktionen von b, die sich auf a stützen, dürfen andererseits die Eigenschaften von a, auf welche sich c stützt, nicht in Frage stellen, da sonst die entsprechenden Aktionen von c und damit die Eigenschaften von c nicht gewährleistet sind; dies entspricht dem Schutz-Aspekt der Abhängigkeit zwischen a und b. Entsprechendes gilt für die Abhängigkeit zwischen a und c.

Die dargestellten Zusammenhänge zeigen, daß a für die Konstruktion von b und c zu Konflikten führen kann. Wenn das betrachtete System nicht als Ganzes in Frage gestellt werden soll, sind Regeln erforderlich, welche die entsprechenden Konflikte lösen. Eine Menge von Regeln, durch welche die Konflikte in einem System aufgelöst werden, nennen wir Recht des Systems. Das Recht eines Systems muß die Schutz-Anforderungen und die Leistungs-Anforderungen an a (alle Komponenten des Systems) erfassen und Konflikte ausschließen. Grundlage für die Festlegung der Schutz- und Leistungs-Anforderungen sowie der notwendigen Rechts-Regeln sind die Eigenschaften, die a (eine Komponente) besitzt und die Bedeutung, die diesen Eigenschaften für das System als Ganzes zukommt. Ohne Kenntnis dieser Eigenschaften und ihrer Bedeutung können die Anforderungen und die Rechts-Regeln nicht fetgelegt werden.

Wenn das Recht für ein System festgelegt ist und wenn alle Komponenten des Systems den Rechts-Regeln entsprechend konstruiert sind oder werden (d.h. das Recht durchgesetzt ist), dann sind alle Konflikte für das betrachtete System gelöst; wir nennen ein entsprechendes System dann sicher. Für ein dynamisches System legt das Recht einen Rahmen für Entwicklungen des Systems fest. In allen Fällen stellen Mängel des Rechts (Unvollständigkeit, Widersprüche) und Unverträglichkeiten mit den Rechts-Regeln (Mängel der Durchsetzung) das System als Ganzes in Frage.

Das skizzierte System-Modell und die Begriffe, die wir eingeführt haben, lassen sich - natürlich unter Beachtung der Tatsache, daß es sich um eine Modell-Vorstellung handelt - auf gesellschaftliche und technische Systeme übertragen. Im folgenden betrachten wir Systeme, die im Rahmen der Datenschutz- und Datensicherungs-Probleme von Interesse sind.

2.2. Informationen und Daten

Aufgabe des Datenschutzes im Sinne des BDSG [2] ist es, den Bürger davor zu schützen, daß er durch Nutzung seiner personenbezogenen Informationen in seinen Rechten oder in seinen schutzwürdigen Belangen beeinträchtigt wird [3].

Für das Verständnis der Problemstellung, die sich aus dieser Aufgabe ergibt, und für das Verständnis von Lösungsmöglichkeiten, die sich bei fortschreitender Entwicklung der Informationstechnologien ergeben, ist es notwendig, drei Klassen von Systemen zu betrachten. Die Klassen beziehen sich auf Informationen, auf Daten im allgemeinen und auf Daten in Rechensystemen. Die Zusammenhänge zwischen diesen Systemen verdeutlichen die Möglichkeiten und die Grenzen von Lösungen der gestellten Aufgabe.

Das erste System-Modell, das zu betrachten ist, bezieht sich auf das abstrakte Gut Information; wir nennen es Informations-System. Das Informations-System muß die angegebenen Informationen, die Bürger und Institutionen der Gesellschaft sowie deren Eigenschaften und wechselseitige Abhängigkeiten bzgl. der Nutzung von Informationen erfassen.

Wenn es auch schwierig ist, die Zusammenhänge im Informations-System im einzelnen darzustellen, so ergeben sich doch aus der Übertragung der eingeführten Begriffe Einsichten in die Problemstellung, die notwendig und als Basis für die Erarbeitung von Lösungen nützlich sind.

Gefordert ist ein Informations-Recht, das die Nutzung von Informationen im betrachteten System regelt; es muß die Konflikte lösen, die sich aus der Nutzung von Informationen ergeben können. Das Informations-Recht muß den Ausgleich schaffen zwischen den Forderungen nach Informations-Schutz und den Forderungen nach Informations-Leistung. Wir haben gesehen, daß diese Forderungen und die notwendigen Rechts-Regeln aus den Eigenschaften der System-Komponenten und deren Bedeutung für das System als Ganzes abzuleiten sind. Die Forderungen nach einem Informations-Recht beinhaltet daher die Forderung, diese Eigenschaften und ihre Bedeutung für das System zu klären sowie für die Auflösung von Konflikten den Konsens der Gesellschaft herzustellen. Informations-Sicherheit bedeutet, daß die Regeln des Informations-Rechts die Konflikte, die sich aus der Nutzung von Informationen ergeben können, auflösen und daß diese Regeln durchgesetzt sind.

Für das Informations-System ist wesentlich, daß das Informations-Recht die Nutzung der abstrakten Informationen unabhängig von Hilfsmitteln für den Umgang mit diesen Informationen regeln muß. Operationalisierung der Nutzung abstrakter Informationen setzt eine Konkretisierung voraus. Diese Konkretisierung erfolgt dadurch, daß konkreten Daten abstrakte Informationen durch eine Interpretation zugeordnet werden.

Wesentlich für das Verständnis dieser Konkretisierung ist, daß einerseits die Zuordnungen zwischen Daten und Informationen frei wählbar sind; andererseits kann, wenn die Daten, die Informationen und die Interpretation festgelegt sind, Informationsverarbeitung durch Datenverarbeitung erreicht werden. Abbildung 2. veranschaulicht diese Möglichkeit an einem

Diagramm. Mit den Bezeichnungen von Abbildung 2. ist

$$\beta(\delta(d,d')) = i(\beta(d),\beta(d'))$$

für Daten d, d' $\in$ D gefordert.

$$\begin{array}{ccccc} D & \times & D & \xrightarrow{\delta} & D \\ \beta\downarrow & & \downarrow\beta & & \downarrow\beta \\ I & \times & I & \xrightarrow{i} & I \end{array}$$

D - Daten
I - Informationen
β - Interpretation
δ - Datenverarbeitung
i - Informationsverarbeitung

Abbildung 2.: Informationsverarbeitung durch Datenverarbeitung

In vielen Fällen geht man davon aus, daß die Zuordnung zwischen Daten und Informationen bereits festgelegt ist. Das ist z.B. der Fall, wenn man eine natürliche Sprache benutzt. Dann sind die Wörter, Sätze usw. die Daten, die zur Verfügung stehen; die Bedeutung, die einem Wort, einem Satz usw. zugeordnet ist, wird als bereits festgelegt vorausgesetzt. Die Zuordnung ist nicht eindeutig und vom jeweiligen Kontext abhängig.

Die Konkretisierung, welche für die Nutzung von Informationen notwendig ist, begründet einen Übergang von einem Informations-System, das wir oben betrachtet haben, zu einem Daten-System. Für das Daten-System wird ein Daten-Recht verlangt, das die Verarbeitung von Daten im betrachteten System regelt. Das Daten-Recht muß die Konflikte lösen, welche sich aus den Forderungen nach Daten-Schutz und den Forderungen nach Daten-Leistung ergeben können. Daten-Sicherheit bedeutet, daß die Regeln des Daten-Rechts die Konflikte, die sich aus der Verarbeitung von Daten im System ergeben können, auflösen und daß die Regeln durchgesetzt sind.

Für den hier interessierenden Zusammenhang gehen wir davon aus, daß ein Informations-System existiert und daß ein Daten-System aus ihm abgeleitet wird. Für den Übergang vom Informations-System zu einem Daten-System gilt das oben für den Zusammenhang zwischen Daten und Informationen Gesagte. Das Daten-System hat den Vorteil, daß seine Komponenten konkret sind; Möglichkeiten der Verarbeitung von Daten lassen sich daher einfacher erfassen. Problematisch sind jedoch die freie Wählbarkeit der Zuordnung zwischen Daten und Informationen und die Gewährleistung der Interpretation.

Aus diesen Zusammenhängen ergibt sich, daß der Übergang vom Informations-System zum Daten-System ein notwendiger Schritt ist; aus Daten-Sicherheit folgt jedoch nicht Informations-Sicherheit. Bezogen auf die Rechte ergibt sich, daß ein Daten-Recht eine notwendige Ergänzung, aber kein Ersatz für ein Informations-Recht sein kann.

Rechensysteme sind spezielle Daten-Systeme. Im nächsten Abschnitt besprechen wir, wie die eingeführten Begriffe auf Rechensysteme übertragen werden können.

2.3. Rechensysteme

Rechensysteme sind technische Systeme zur Speicherung und Verarbeitung von Informationen. Speicherung und Verarbeitung von Informationen erfolgt durch Speicherung und Verarbeitung von Daten nach dem im vorangegangenen Abschnitt angegebenen Schema. An die Komponenten von Rechensystemen stellen wir spezielle Anforderungen; wir verlangen, daß die Komponenten von Rechensystemen Datenobjekte sind.

Ein Datenobjekt ist eine Einheit mit wohldefinierten äußeren und inneren Eigenschaften; sie besteht aus einem Zustandsraum und einer Menge von Operationen. Die äußeren Eigenschaften eines Datenobjektes sind durch eine Menge von Operationen so definiert, daß die einzige Möglichkeit der Benutzung eines Datenobjektes (von außen) in der Ausführung dieser Operationen besteht.

Datenobjekte haben die Eigenschaften von Komponenten im Sinne von Abschnitt 2.1.. Datenobjekte können elementare Komponenten oder aus anderen Datenobjekten zusammengesetzt sein. Datenobjekte können aktive Komponenten (Subjekte, Prozesse) oder passive Komponenten eines Rechensystems sein.

Die Forderung, daß die Komponenten eines Rechensystems Datenobjekte sind, und die Eigenschaften von Datenobjekten sind die Grundlage für die Festlegung von Rechten an Rechensystemen.

Für die Festlegung dieser Rechte betrachten wir ein Rechensystem zur Zeit t. X_t sei die Menge der Datenobjekte des Systems zur Zeit t; für $x \in X_t$ sei O(x) die Menge der auf x definierten Operationen. Sei weiter S_t die Menge der Subjekte des Systems und in der Umgebung des Systems zur Zeit t; ein $s \in S_t$ kann ein Benutzer oder eine Benutzergruppe sein. Dann sei

(3.1.) $$R_t = (S_t, X_t, (\rho_t(\cdot, x) : x \in X_t))$$
$$\text{mit } \rho_t(\cdot, x) : S_t \to \text{POT}(O(x)) \text{ für } x \in X_t.$$

R_t gemäß (3.1.) sei das Recht des betrachteten Systems zur Zeit t. Sei $T \subset \mathbb{R}_+$ ein Zeitintervall; dann sei

(3.2.) $$R_T = (R_t : t \in T)$$

das Recht des betrachteten Systems in T.

Für $t \in T$ ist $(\rho_t(\cdot, x) : x \in X_t)$ eine Familie von Abbildungen; für $s \in S_t$ und $x \in X_t$ legt $\rho_t(s,x)$ die Rechte von s an x fest. Die Abbildungsfamilie ρ_t in R_t entspricht einer Zugriffs-Matrix [4,5], die sich auf die Operationen der Objekte in X_t bezieht.

Die Abbildungsfamilie ρ_t enthält die Forderungen nach Objekt-Schutz und nach Objekt-Leistung. Für $s \in S_t$, $x \in X_t$ und $o \in O(x)$ wird die Forderung nach Objekt-Schutz dadurch festgelegt, daß s die Operation o auf x nur dann ausführen darf, wenn $o \in \rho_t(s,x)$ gilt. Die Forderungen nach Objekt-Leistung ist wie folgt festgelegt: wenn $o \in \rho_t(s,x)$ gilt, dann kann s die Operation o auf x ausführen.

Die Festlegung des Rechts R_T gemäß (3.2.) basiert wesentlich auf den Eigenschaften von Objekten, die wir angegeben haben. Für $x \in X_t$ mit $t \in T$ sind die Elemente von O(x) die Operationen, die auf x ausgeführt werden können. Diese Operationen legen die Benutzungsmöglichkeiten des Objektes x fest; die Funktionen, die den Operationen entsprechen, legen die Wirkungen fest, welche durch Ausführungen der Operationen erreicht werden. Diese Funktionalität ist die Grundlage für Schutz- und Leistungs-Anforderungen an x. Die Verwendung der Operationen der Objekte eines Systems als Basis für die Festlegung von Rechten ermöglicht differenzierte Rechts-Festlegungen. Die Anforderungen, die durch R_T festgelegt sind, lassen sich mit entsprechenden Hilfsmitteln durchsetzen; darauf gehen wir in Kapitel 4. näher ein. Die Operationen auf einem Objekt lassen sich mit dessen Definition der Bedeutung des Objektes für das System, zu dem es gehört, entsprechend spezifisch definieren; diese Möglichkeit ist ein wesentlicher Schritt in Richtung auf Informations-Sicherheit.

Sei nun das Recht für ein Rechensystem in T durch R_T gemäß (3.2.) definiert. Dann ist das betrachtete Rechensystem in T <u>sicher</u> bzgl. R_T, wenn jede Benutzung des Systems in T konsistent mit R_T ist.

Im Hinblick auf <u>Informations-Sicherheit</u> sind hohe Anforderungen an R_T und an die Datenobjekte des Rechensystems zu stellen. Zunächst muß die Familie $R_T = (R_t : t \in T)$ das Recht für den Zeitraum T konsistent festlegen; das ist nicht einfach zu erreichen [5-7]. Die Operationen auf den Datenobjekten müssen so definiert sein, daß Informationsflüsse zwischen den Objekten des Systems einerseits und zwischen dem System und seiner Umwelt andererseits durch Kontrollen von Operationsausführungen kontrolliert werden können. Die Operationen müssen schließlich so definiert werden, daß die Möglichkeiten, Informationen zu erschließen, durch Kontrollen von Operationsausführungen kontrolliert werden können.

In Kapitel 4. werden wir Sicherungs-Maßnahmen für Rechensysteme besprechen. Bevor wir dies tun, skizzieren wir im nächsten Kapitel die in dem hier interessierenden Zusammenhang wesentlichen Entwicklungen der Informationstechnologien.

3. Wandel der Informationstechnologien

Die schnelle Entwicklung der Informationstechnologien im letzten Jahrzehnt hat einerseits dazu geführt, daß Probleme der Informations-Sicherheit in wachsender Anzahl, Vielfalt und Tragweite auftreten können. Andererseits hat diese Entwicklung Fortschritte in den Methoden, Verfahren und Hilfsmitteln für die Konstruktion von Systemen gebracht, die verbesserte Möglichkeiten für die Lösung entsprechender Probleme bieten.

In diesem Kapitel stellen wir in Kürze die wichtigsten Merkmale dieser Entwicklung aus der Sicht der hier interessierenden Themenstellung zusammen. Wir behandeln zunächst Merkmale, welche die Benutzer-Sicht von Rechensystemen betreffen; anschließend besprechen wir Aspekte der Entwicklung, die sich auf die Konstruktion von Systemen beziehen.

3.1. Äußere Entwicklungen

In der kurzen Darstellung der Entwicklung der Informationstechnologien, die wir hier geben wollen, beschränken wir uns auf Merkmale, die sich auf Konfigurationen von Rechensystemen, die für Benutzer sichtbar sind, beziehen.

Die für Benutzer offenkundigste technologische Entwicklung des letzten Jahrzehnts ist die drastische Verbesserung des Preis-Leistungs-Verhältnisses für elektronische Bauelemente und Komponenten von Rechensystemen mit ihren Konsequenzen.

Eine Folge dieser Entwicklung ist zunächst die erhebliche Steigerung der Speicherkapazität und Rechenleistungen der Systeme mit konventionellen Betriebsformen (Rechenzentrum). Diese Rechensysteme arbeiten mit hohem Mehrprogramm-Grad und oft mit mehreren koexistierenden Subsystemen. Die Anwendungsbereiche der Benutzer dieser Systeme sind vielfältig und in zunehmendem Maß Datenbank-orientiert.

Als weitere Folge dieser Entwicklung sind die Arbeitsplatzsysteme zu nennen, die in großer Anzahl für Standard-Aufgaben, die früher über ein Rechenzentrum bearbeitet wurden, und für zahlreiche neu erschlossene Aufgabenbereiche eingesetzt werden.

Schließlich sind als Folge dieser Entwicklung die Privat-Rechner zu nennen, die in beträchtlichen Stückzahlen gekauft werden; sie werden häufig mehr oder weniger als Spielzeug benutzt, sind aber keineswegs auf diese Verwendung beschränkt.

Die zweite für Benutzer unübersehbare Entwicklung des letzten Jahrzehnts ist die der Kommunikationstechnologien. Die Fortschritte in diesem Bereich haben die technischen Voraussetzungen für die Entwicklung von lokalen, regionalen, nationalen und internationalen Rechnernetzen geschaffen. Rechner in solchen Netzen können untereinander Nachrichten mit niedrigen bis hohen Übertragungsraten austauschen; in zunehmendem Maße werden weitere Möglichkeiten der Zusammenarbeit realisiert. Neben privaten Nachrichtennetzen, mit denen Rechnernetze realisiert werden, sind in diesem Zusammenhang die öffentlichen Nachrichtennetze besonders hervorzuheben, mit denen der Zugang zu Rechnernetzen ohne hohe Kosten möglich wird.

Die beiden technologischen Entwicklungen, die wir skizziert haben, sind die Basis für den Übergang zu dezentralisierten, vernetzten Rechensystemen, der sich vollzieht. Sie sind zugleich die Basis für vielfältig erweiterte und neue Anwendungsgebiete in allen Bereichen der Gesellschaft.

Die folgenden Merkmale dieser Entwicklung sind in dem hier interessierenden Zusammenhang besonders hervorzuheben:

- Rechensysteme werden in zunehmendem Maße in Bereichen eingesetzt, in denen bisher vorrangig manuell und unter Verwendung von Akten natürlichsprachliche Daten verarbeitet wurden. Die entsprechenden Daten beschreiben Sachverhalte der jeweiligen Arbeitsbereiche und betreffen häufig Personen und Institutionen; sie beschreiben Eigenschaften dieser Personen und Institutionen sowie Beziehungen zwischen diesen.

- Die Verbesserung der Benutzerschnittstelle von Rechensystemen sowie die Vereinfachung der zu benutzenden Sprachen ermöglichen es in zunehmendem Maße Informatik-Laien, ihre Arbeiten rechnergestützt auszuführen und dabei mit einfachen sprachlichen Hilfsmitteln mächtige Operationen auf großen Datenbeständen auszuführen (z.B. Abfragesprachen).
- Die große Anzahl der Rechensysteme aller Leistungsklassen, die in allen Bereichen der Gesellschaft vorhanden sind bzw. vorhanden sein werden, zusammen mit den überall vorhandenen Anschlußmöglichkeiten an öffentliche Nachrichtennetze ermöglichen es, flächendeckende Rechnernetze zu realisieren. Von den Endstationen dieser Netze aus kann in technischer Hinsicht jede Person und jeder Rechner am Nachrichtenaustausch in diesen Netzen teilnehmen.

3.2. Innere Entwicklungen

Die erweiterten und neuen Anwendungsgebiete sowie der Einsatz immer komplexerer Rechensysteme stellen hohe Anforderungen an die Architekturen dieser Systeme. Die Fortschritte der Hardware-Technologien haben unmittelbar nur wenig zur Verbesserung dieser Architekturen beigetragen. Wesentliche Fortschritte wurden in der Software-Technologie erzielt; sie zielen darauf, Systeme hoher Qualität zu realisieren.

Wir umreißen im folgenden zunächst die wichtigsten Einsichten der Software-Technologie zur Vorgehensweise bei der Entwicklung von Systemen [8].

Die Entwicklung eines Systems erfolgt in Phasen. Die wichtigsten dieser Phasen sind die Definitions-, die Entwurfs- und die Implementierungs-Phase. In der Definitions-Phase sollen die Anforderungen an ein System aus der Sicht seiner Benutzer und die Randbedingungen der Entwicklung geklärt werden. In der Entwurfs-Phase sollen die Architektur des Systems und die Funktionalität des Systems möglichst vollständig und exakt spezifiziert werden. In der Implementierungs-Phase soll das spezifizierte System durch Programme realisiert werden. In jeder Phase sind gewisse Prinzipien zu beachten. Das erste dieser Prinzipien ist das der Abstraktion; es besagt, daß vom Abstrakten aus- und von diesem zum Konkreten überzugehen ist. Zunächst ist das Allgemeine und Wesentliche einer Problemstellung und -lösung zu erarbeiten; die Ergebnisse hiervon sind dann zu verfeinern. Das zweite Prinzip ist das der Strukturierung. Es verlangt, daß Komponenten definiert und Wechselwirkungen zwischen den Komponenten festgelegt werden. Es verlangt weiter, daß über der Komponentenmenge Ordnungsstrukturen definiert werden. Das dritte Prinzip ist das der schrittweisen Kontrolle; es besagt, daß in jeder Phase kontrolliert werden soll, ob das angestrebte Ziel erreicht ist. Das beinhaltet die Forderung nach Trennung der Festlegung der Anforderungen, der Erarbeitung einer Lösung und dem Nachweis der Erfüllung der Anforderungen.

Die angegebenen Prinzipien haben in den einzelnen Phasen einer System-Entwicklung jeweils ihre spezifischen Ausprägungen. Die Phasen zusammen mit den Prinzipien zielen auf systematisches und methodisches Vorgehen bei der Entwicklung von Systemen.

Die Anwendung der Prinzipien in den einzelnen Phasen erfordert die Verwendung spezifischer Hilfsmittel. Der Nachweis des Erfolges einer Problemlösung wird befriedigend durch Führung eines entsprechenden Beweises erbracht. Voraussetzung hierfür ist die Verwendung formaler Hilfsmittel. In der Entwicklung und Anwendung formaler Hilfsmittel wurden im letzten Jahrzehnt wesentliche Fortschritte erzielt; sie betreffen insbesondere Sprachen, die in der Entwurfs- und in der Implementierungs-Phase einzusetzen sind.

Neben diesen die Entwicklung von Systemen im allgemeinen betreffenden Fortschritten der Software-Technologie müssen in dem hier interessierenden Zusammenhang Fortschritte in zwei speziellen Bereichen genannt werden; sie betreffen fehlertolerante Systeme und Kryptographie.

Die Entwicklung fehlertoleranter Systeme [9-11] ergänzt die Bemühungen um die Entwicklung von Systemen hoher Qualität, die wir oben besprochen haben. Die Methoden, Verfahren und Hilfsmittel, die wir genannt haben, zielen darauf, Fehler in Systemen zu vermeiden. Mit fehlertoleranten Systemen wird versucht, Auswirkungen von (verbleibenden) Fehlern zu vermeiden. Ein fehlertolerantes System beinhaltet Maßnahmen zur Erkennung von Fehlern, zur Erkennung der Auswirkungen von Fehlern, zur Beschränkung der Ausbreitung von Fehler-Auswirkungen und zur Überführung des Systems nach Erkennung eines Fehlers in einen (hoffentlich) fehlerfreien Zustand; letzteres setzt die vorbeugende Konstruktion von "Wiederaufsetzpunkten" voraus. Der Zusammenhang zwischen diesen Maßnahmen und den Zielen des Prinzips der Strukturierung sind offenbar. Für die Entwicklung fehlertoleranter Systeme wurden wichtige Einsichten gewonnen, die eine Ausgangsbasis für notwendige, weitere Arbeiten bilden.

Kryptographie [5,12-15] beschäftigt sich mit Verfahren, mit denen Klartext (das sind Daten, denen durch eine Interpretation Informationen zugeordnet sind) so in Kryptotext codiert wird, daß die dem Klartext zugeordnete Information nur nach Decodierung des Kryptotextes gewonnen werden kann. Nach der Entwicklung des letzten Jahrzehnts ist zwischen symmetrischen und asymmetrischen Verfahren zu unterscheiden.

Ein symmetrisches (konventionelles) kryptographisches System wird definiert durch ein Tripel (M, K, C) mit einer Nachrichtenmenge M (Klar- und Kryptotext), einer Schlüsselmenge K und einer Familie $(C_k : k \in K)$ von Codierungsfunktionen, wobei C_k^{-1} die Inverse von C_k ist. Wenn ein Sender s einem Empfänger e einen Klartext m mitteilen will, wählen s und e eine Schlüssel $k \in K$; sie benutzen diesen Schlüssel und halten ihn geheim. Für die Mitteilung von m wird wie folgt verfahren:

- s codiert m in $C_k(m)$;
- der Kryptotext $C_k(m)$ wird übertragen;
- e empfängt $C_k(m)$ und decodiert ihn gemäß $C_k^{-1}(C_k(m)) = m$.

Die Wirksamkeit des Systems beruht darauf, daß s und e den Schlüssel k geheim halten; diese Systeme werden entsprechend als Systeme mit geheimen Schlüsseln bezeichnet. Ein bekanntes Verfahren dieser Klasse ist DES (Data Encryption Standard) [16].

Ein asymmetrisches kryptographisches System [17] wird definiert durch ein 5-tupel (M, K, K', C, D) mit einer Nachrichtenmenge M, Schlüsselmengen K und K' und Familien $(C_k : k \in K)$ von Codierungs- und $(D_k : k \in K')$ von Decodierungsfunktionen. Sei B die Menge der Benutzer des Systems. Jedem Paar (s, e) von Benutzern ist ein Schlüssel aus K zugeordnet; $\varphi : B \times B \to K$ definiere diese Zuordnung. Die Schlüssel $k \in K$ sind allbekannt. Jedem Benutzer $b \in B$ ist ein Schlüssel aus K' zugeordnet; $\psi : B \to K'$ definiere diese Zuordnung. Die Schlüssel aus K' sind geheim; nur $b \in B$ kennt $\psi(b) \in K'$. Für jedes $m \in M$ und $(s, e) \in B \times B$ ist

$$m = D_{\psi(s)}(C_{\varphi(s,e)}(m)) = D_{\psi(e)}(C_{\varphi(s,e)}(m))$$

verlangt. Wenn ein Sender s einem Empfänger e einen Klartext m mitteilen will, verfahren beide wie folgt:

- s wählt $\varphi(s, e)$ und codiert m in $C_{\varphi(s,e)}(m)$;
- der Kryptotext $C_{\varphi(s,e)}(m)$ wird übertragen;
- e empfängt $C_{\varphi(s,e)}(m)$ und decodiert ihn mit $\psi(e)$ gemäß $D_{\psi(e)}(C_{\varphi(s,e)}(m)) = m$.

Die Wirksamkeit des Verfahrens beruht darauf, daß es praktisch nicht möglich ist, die geheimen Schlüssel zu berechnen; da die Schlüssel aus K nicht geheim sein müssen, bezeichnet man diese Systeme als Systeme mit allbekannten Schlüsseln. Ein bekanntes Verfahren dieser Klasse ist das von Rivest, Shamir und Adleman [18] angegebene.

Kryptographische Verfahren, die zunächst als Abwehrmaßnahme gegen das Abhören von Nachrichten geeignet sind, sind auch im Zusammenhang mit einseitiger oder beidseitiger Authentifikation und mit Signaturen von großer Bedeutung [13, 16, 19 - 22].

4. Sicherung von Rechensystemen

In Kapitel 2. haben wir erklärt, daß die hier interessierende gesellschaftspolitische Forderung die nach Informations-Sicherheit ist. Diese Forderung ist erfüllt, wenn Konflikte, welche sich aus den Forderungen nach Informations-Schutz und aus den Forderungen nach Informations-Leistung ergeben können, durch Rechts-Regeln aufgelöst werden und diese Rechts-Regeln durchgesetzt sind. Wir haben gezeigt, welche Zusammenhänge zwischen Informations-Sicherheit und Daten-Sicherheit, insbesondere für Daten, die in Rechensystemen gespeichert und verarbeitet werden, bestehen.

In diesem Kapitel betrachten wir Rechensysteme, für welche Rechts-Regeln gemäß (3.1.) und (3.2.) festgelegt sind. Wir besprechen Angriffe auf die Sicherheit und Maßnahmen zur Sicherung von Systemen.

4.1. Angriffe - Vermeidung und Abwehr

In diesem Abschnitt betrachten wir ein Rechensystem, für das die Rechts-Regeln zu einem Zeitpunkt t durch

$$R = (S, X, (\rho(\cdot, x) : x \in X))$$

festgelegt seien.

Wir bemerken zunächst, daß wir nach den Ausführungen von Kapitel 3. davon ausgehen, daß sich R auf ein beliebiges Rechensystem bezieht, das insbesondere auch ein Rechnernetz sein kann; die Objekt-Menge X enthält jeweils alle entsprechenden Komponenten.

Die durch R festgelegten Rechts-Regeln gehen davon aus, daß die Subjekte in der Umgebung des Rechensystems sowie die Subjekte und Objekte im Rechensystem identifiziert werden können; sie gehen weiter davon aus, daß die Objekte des Systems definierte und bekannte Eigenschaften besitzen. Diese Voraussetzungen sind unerläßlich, wenn ein Rechensystem einerseits benutzbar und andererseits sicher sein soll. Diese Voraussetzungen führen dazu, daß die Anforderungen an die Sicherheit eines Rechensystems und ihre Durchsetzungsmöglichkeiten in engem Zusammenhang mit der Struktur und mit der Funktionalität des Systems stehen. Diesen Zusammenhang wollen wir im folgenden besprechen.

Jede Beobachtung und jede Beeinflussung des betrachteten Rechensystems nennen wir einen Zugriff zum System. Beobachtungen nennen wir passive, Beeinflussungen nennen wir aktive Zugriffe. Insbesondere ist jede Ausführung einer Operation auf einem $x \in X$ ein aktiver Zugriff.

Sicherheit bzgl. R bedeutet, daß jeder Zugriff konsistent mit ρ ist. Sind $s \in S$, $x \in X$ und $o \in O(x)$, so müssen s, x und o authentisch und $o \in \rho(s,x)$ sein. Wenn diese Voraussetzungen erfüllt sind, ist s zur Ausführung von o auf x autorisiert.

Jeden Zugriff zum betrachteten System, der nicht autorisiert ist, nennen wir einen Angriff auf das System.

Angriffe können vermieden werden, indem die entsprechenden Zugriffsmöglichkeiten ausgeschlossen werden. Wichtige Klassen von Angriffen sollten durch äußere Maßnahmen vermieden werden; auf äußere Maßnahmen gehen wir hier nicht ein. Nicht alle Angriffe können vermieden werden.

Für innere Maßnahmen gegen Angriffe ist es wichtig, die Angriffe zu erkennen. Maßnahmen zur Erkennung von Angriffen sind Maßnahmen zur Prüfung der Authentizität von Subjekten und Objekten sowie Maßnahmen zur Prüfung der Autorisierung.

Nicht alle Angriffe können erkannt werden; dies gilt insbesondere für passive Angriffe. Da aktuelle Maßnahmen gegen Angriffe, die nicht erkannt werden, offenbar nicht möglich sind, kann durch vorbeugende Maßnahmen versucht werden zu erreichen, daß sie wirkungslos sind. Anwendungen kryptographischer Verfahren sind solche Maßnahmen. Für Angriffe, die erkannt werden, kann versucht werden, sie abzuwehren. Ein Angriff ist abgewehrt, wenn er abgeschlossen und wirkungslos ist.

Eine Möglichkeit zur Abwehr von Angriffen besteht darin, die Authentizität des Subjekts und des Objekts sowie die Autorisierung zur Ausführung einer Operation vor jeder Operation zu kontrollieren und nicht autorisierte Operationsausführungen zu verhindern. Damit kann erreicht werden, daß kein weiterer Fehler bzgl. R (Unverträglichkeit mit ρ) auftritt. Zur Abwehr des Angriffs ist dann noch sicherzustellen, daß er wirkungslos ist.

Für das Verständnis der Abwehr von Angriffen ist es notwendig, die Struktur des betrachteten Systems und die Eigenschaften seiner Komponenten zu berücksichtigen. Dazu erinnern wir daran, daß die Objekte gemäß X Komponenten des Systems, also einfach oder zusammengesetzt sein können. Wir gehen davon aus, daß die Objekte so konstruiert sind, wie wir dies bei der Besprechung der Entwicklung der Software-Technologie in Kapitel 3. verlangt haben. Die Konsequenzen, die sich daraus ergeben, daß Objekte i.a. zusammengesetzte Komponenten sind, besprechen wir im folgenden.

Seien $s \in S$, $x \in X$ und $o \in O(x)$; x sei nicht elementar. Zudem sei s zur Ausführung von o auf x autorisiert; es gilt also $o \in \rho(s,x)$. o ist Eigenschaft von x, nämlich eine Operation, der eine Funktion mit definierter Wirkung entspricht. Diese Funktion sei durch $\sigma(o)$ spezifiziert. $\sigma(o)$ ist die funktionale Grundlage für die Forderung von s, o auf x auszuführen.

Da x nicht elementar ist, ist o über Komponenten von x implementiert. Sei $k(o) \subset X$ die Menge der Objekte, über denen o implementiert ist. o sei durch das Programm $p(o) = o_1 \ldots o_n$ mit Operationen $o_i \in O(x')$ für $i \in \{1,\ldots,n\}$ und $x' \in k(o)$ implementiert. Eine Ausführung von o ist eine Ausführung von p(o).

Sei nun für $x' \in k(o)$ $O'(x')$ die Menge der Operationen aus $O(x')$, die in p(o) auftreten. Dann ist von ρ zu fordern, daß

$$O'(x') \subset \rho(s, x') \text{ für alle } x' \in k(o)$$

gilt. Dies entspricht der Forderung, daß das Recht von s zur Ausführung von o auf x das Recht von s zur Ausführung von p(o) impliziert. Wenn ρ die angegebene Eigenschaft besitzt, nennen wir ρ konsistent bzgl. s, x und o; ρ ist konsistent, wenn dies für alle s, x und o gilt.

Sei nun ρ konsistent bzgl. s, x und o. Wir nehmen an, daß s mit der Autorisierung zur Ausführung der $o' \in O'(x')$ mit $x' \in k(o)$ autorisiert ist.

Wir betrachten nun die Ausführung von o durch s. Wir nehmen an, daß bei dieser Ausführung ein Angriff erkannt wird. Wenn nun der Angriff x-lokal ist und durch Maßnahmen zur Abwehr erreicht wird, daß der Angriff abgeschlossen wird und o ohne Fehler bzgl. R sowie mit der Wirkung gemäß $\sigma(o)$ ausgeführt wird, dann ist der Angriff (x-lokal) abgewehrt. Wenn der Angriff nicht x-lokal ist, kann er nicht x-lokal abgewehrt werden; eine Abwehr ist gegebenenfalls bzgl. eines Objektes möglich, zu dem x als Komponente gehört.

Damit haben wir die oben gestellte Forderung, daß ein Angriff wirkungslos bleibt, präzisiert. Es wird also verlangt, daß ein Angriff bzgl. der Spezifikation der Rechte durch ρ und bzgl. der funktionalen Spezifikation durch $\sigma(o)$ nicht zu Inkonsistenzen führt. Wir sind hier von Angriffen bzgl. R ausgegangen und haben Forderungen bzgl. der Funktionalität gestellt. Umgekehrt ergibt sich, daß das Versagen eines Objektes bzgl. seiner Funktionalität zugleich ein Angriff bzgl. R sein kann.

Man erkennt leicht, daß die Probleme zur Abwehr von Angriffen in den Bereich der Konstruktion fehlertolerierender Systeme gehören, auf die wir in Kapitel 3. hingewiesen haben.

Man erkennt zudem, daß der Abwehr von Angriffen enge Grenzen gesetzt sind; Angriffe sollten vermieden werden.

Mit dieser Erklärung der Bedeutung der Abwehr von Angriffen haben wir den Zusammenhang verdeutlicht, der zwischen der Festlegung der Rechts-Regeln gemäß R für ein System und den funktionalen Eigenschaften des Systems besteht. Dieser Zusammenhang ist wesentlich im Hinblick auf die Informations-Sicherheit, die durch R erreicht werden soll. Er verdeutlicht zudem die enge Verflechtung zwischen Maßnahmen zur Sicherung von Rechensystemen und Maßnahmen zur Verbesserung der Qualität von Systemen bzgl. anderer Attribute.

Nach diesen allgemeinen Ausführungen über Maßnahmen zur Sicherung von Rechensystemen wenden wir uns nun speziellen System-Klassen zu.

4.2. Sicherung geschlossener Rechensysteme

In diesem Abschnitt betrachten wir ein Rechensystem mit den folgenden Eigenschaften:

- Alle Zugriffe zum System sind Ausführungen von Aufträgen, wobei ein Auftrag ein Programm über den Objekten des Systems ist.
- Jede Auftrags-Ausführung beginnt mit der Authentizitätsprüfung des Auftraggebers.

Ein Rechensystem, das diese Eigenschaften besitzt, nennen wir geschlossen. Die Beschränkung auf geschlossene Systeme hat wichtige Vorteile für die Diskussion von Sicherungs-Maßnahmen: Passive Angriffe sind vermieden; jede Zustands-Änderung des Systems ergibt sich aus der Ausführung einer Operation der Objekte des Systems; jede Operations-Ausführung kann einem Subjekt zugeordnet werden.

Für die Sicherung eines geschlossenen Systems gibt es Methoden, Verfahren und Hilfsmittel, die wir im folgenden besprechen wollen.

Wir gehen davon aus, daß das Recht für das betrachtete System durch $R_T = (R_t : t \in T)$ festgelegt wird, wobei T ein Zeitintervall ist. Nach den Ausführungen in den Abschnitten 2.3. und 4.1. haben wir dann für die Sicherung des Systems bzgl. R_T folgende Forderungen zu stellen:

- Konsistenz der Rechts-Regeln R_t für $t \in T$.
- Sichere Authentifikation aller Subjekte und Objekte.
- Sichere Autorisierung aller Operationen, die ausgeführt werden.
- Korrekte Ausführung der Operationen, also Konsistenz der Wirkungen von Operations-Ausführungen mit deren Spezifikation.

Alle Angriffe auf ein geschlossenes System ergeben sich aus Operations-Ausführungen. Wie wir in Abschnitt 4.1. besprochen haben, kann man versuchen, Angriffe dadurch abzuwehren, daß man die Autorisierung vor jeder Operations-Ausführung kontrolliert und nicht autorisierte Ausführungen verhindert. Wenn man dieses Verfahren anwenden will, benötigt man geeignete Sicherungs-Mechanismen.

Mit den Sicherungs-Mechanismen sollen die angegebenen Kontrollen selbst durch Operations-Ausführungen erfolgen. Daraus ergibt sich ein enger Zusammenhang zwischen den Sicherungs-Mechanismen und den Rechts-Regeln. Von den Rechts-Regeln gemäß R_T haben wir verlangt, daß sie für alle $t \in T$ die Sicherheits-Anforderungen an das System beschreiben. Die Sicherungs-Mechanismen müssen dann für alle $t \in T$ konsistent mit R_t sein; dies legt es nahe, die Rechts-Regeln mit Hilfe der Sicherungs-Mechanismen zu beschreiben. Gemäß R_T sind die Rechts-Regeln für ein Zeitintervall zu betrachten, wobei wir davon ausgehen müssen, daß sich R_t mit der Zeit ändert. Diese Änderungen können sich daraus ergeben, daß Rechte von Subjekten an Objekten von außen neu festgelegt werden sollen; wie wir gesehen haben, müssen diese Festlegungen Konsistenzbedingungen erfüllen. Allen diesen Anforderungen trägt man zweckmäßig dadurch Rechnung, daß man die Rechts-Regeln im System speichert und ihre Änderungen mit entsprechenden Operations-Ausführungen realisiert. Hierzu ist ein Konzept erforderlich, das die Möglichkeit zur Festlegung der Rechte von Subjekten der Umgebung des Rechensystems, die Konsistenzbedingungen, die erfüllt werden müssen, und die Sicherungs-Mechanismen erfaßt. Dieses Konzept ist dann die Grundlage für die Sicherung des Systems. Wir beginnen die Besprechung der Möglichkeiten hierzu mit der Besprechung von Sicherungs-Mechanismen.

Qualifizierte Zugriffsobjekte sind in dem hier interessierenden Zusammenhang geeignete Mechanismen. Sie basieren auf einer Zerlegung der Menge der jeweils existierenden Objekte in gesicherte und in sichernde. Die Zugriffsobjekte sind die sichernden, alle übrigen Objekte sind die gesicherten. Durch systematische Anwendung des Konzepts qualifizierter Zugriffsobjekte lassen sich wirksame Sicherungs-Maßnahmen realisieren.

Die Ausgangsbasis für die systematische Anwendung dieses Konzepts sind einfache Zugriffsobjekte, die Capabilities genannt werden; sie sind auf Maschinen-Ebene zu definieren und zu realisieren [23 - 26]. Dazu geht man von einer Menge von Basis-Typen aus. Die Anzahl dieser Typen ist klein; die Anzahl der Operationen auf den entsprechenden Objekten ist klein und die Operationen sind einfach. Eine Capability bzgl. eines Basis-Objekts ist ein Objekt, dessen Wert ein Paar ist; die erste Komponente identifiziert ein zu sicherndes Basis-Objekt, die zweite - Rechte-Vektor genannt - beschreibt Rechte zur Ausführung von Operationen auf diesem Objekt.

Mit Capabilities lassen sich Autorisierungs-Kontrollen wie folgt durchführen: Seien $t \in T$, $s \in S_t$, $x \in X_t$ ein Basis-Objekt mit $o \in O(x)$. Für die Ausführung von o auf x durch s präsentiert s eine Capability $c = (x, r)$, wobei r $\rho_t(s, x)$ beschreibt. r wird auf Autorisierung für o kontrolliert. o wird genau dann ausgeführt, wenn x existiert und r zu o berechtigt. Dieses Kontroll-Schema wird für die Ausführung (fast) aller Operationen festgelegt.

Wenn die angegebenen Kontrollen wirksam sein sollen, müssen einige Forderungen an die Capabilities gestellt und erfüllt werden. Capabilities sind Objekte, die erzeugt, gespeichert und benutzt werden; kontrollierte Ausführungen dieser Operationen sind offenbar grundlegende Voraussetzung für die Wirksamkeit der Kontrollen. Man erreicht dies, indem man ein spezielles Objekt - C-Manager genannt - mit folgender Festlegung einführt: Allein der

C-Manager erzeugt Capabilities; außerhalb des C-Managers sind Capabilities Konstanten. Capabilities können Komponenten von Objekten sein.

Nachdem nun geklärt ist, welche Operationen auf Capabilities ausgeführt werden, können wir versuchen, die Rechts-Regeln gemäß R_t für $t \in T$ durch Capabilities zu beschreiben. Dabei muß folgende Bedingung erfüllt werden: $s \in S_t$ kann die Capability $c = (x, r)$ genau dann präsentieren, wenn $x \in X_t$ gilt und r $\rho_t(s, x)$ bechreibt; dabei ist s in der Lage c zu präsentieren, wenn c Komponente von s ist. Wenn dies für alle $s \in S_t$ und $x \in X_t$ gilt, beschreibt die Menge C_t der zur Zeit t existierenden Capabilities R_t.

Sei nun R_t konsistent und C_t beschreibe R_t. Wir wollen erreichen, daß die Änderungen von R_t durch entsprechende Änderungen von C_t beschrieben werden. Nach dem oben Besprochenen ist klar, daß für $t' > t$ eine Änderung von C_t in $C_{t'}$ mit $C_{t'} \neq C_t$ durch Ausführung von Operationen durch den C-Manager erreicht werden muß. Zwei Probleme bleiben jedoch zu lösen:

- Die Operationen, die der C-Manager ausführen soll, und die Kontrolle der Autorisierung für diese Operationen.
- Die Durchsetzung der Forderung nach Konsistenz von $C_{t'}$ $(R_{t'})$.

Wenn diese beiden Probleme gelöst sind, alle Auftraggeber sicher authentifiziert und alle Operationen korrekt ausgeführt werden, dann ist das entsprechende System sicher. Die Sicherheit ist dadurch erreicht, daß alle Angriffe durch Operations-Ausführungen vermieden werden.

Für die Lösung der oben genannten Probleme gibt es i.w. zwei Ansätze. Der erste dieser Ansätze geht davon aus, daß es sicherheits-relevante und nicht sicherheits-relevante Objekte in einem Rechensystem gibt; er führt zu Systemen mit einem Sicherheits-Kern. Der zweite Ansatz ordnet die Sicherheits-Anforderungen in ein Gesamt-Konzept für Rechensysteme ein und verfolgt die systematische und methodische Entwicklung von Rechensystemen.

In Systemen mit Sicherheits-Kern [5, 27-31] werden auf der Grundlage der Klassifikation der Objekte in sicherheits-relevante und nicht sicherheits-relevante die Sicherheits-Anforderungen an ein Rechensystem mit einer kleinen Anzahl von System-Komponenten durchgesetzt; diese Komponenten führen alle sicherheits-relevanten Operationen aus bzw. kontrollieren die Autorisierung zu ihrer Ausführung.

Im einfachsten Fall sind diese Komponenten ein Pförtner, ein P-Manager und der Sicherheits-Kern. Der Pförtner führt die Authentizitätsprüfung aller Auftraggeber durch. Der P-Manager führt die Operationen aus, mit denen die Rechts-Regeln der Umgebung des Rechensystems, die Sicherheits-Politik, durchgesetzt werden. Der Kern führt alle weiteren sicherheits-relevanten Operationen aus bzw. kontrolliert die Autorisierung zu deren Ausführung: Er erzeugt die sicherheits-relevanten Objekte und löst sie auf; er übernimmt die Aufgaben des C-Managers, die wir oben angegeben haben, und kontrolliert die Autorisierung. Zu den sicherheits-relevanten Objekten, die der Kern erzeugt und auflöst, gehören insbesondere die

Benutzer-Prozesse, die Benutzer-Aufträge ausführen. Jeder dieser Prozesse entspricht einer Sicherheits-Umgebung. Wechselwirkungen zwischen diesen Sicherheits-Umgebungen sind sicherheits-relevant und werden entsprechend vom Kern realisiert bzw. kontrolliert. In einem Prozeß können nicht sicherheits-relevante Objekte existieren und benutzt werden; sie sind in der Sicherheits-Umgebung, die der Prozeß darstellt, eingeschlossen.

Die angegebenen Komponenten, mit denen die Sicherheits-Anforderungen durchgesetzt werden, müssen bzgl. ihrer Funktionalität verifiziert sein; das entspricht der Forderung nach Korrektheit der (sicherheits-relevanten) Operationen, die wir in Abschnitt 4.1. begründet und am Anfang dieses Abschnitts gestellt haben. Die Möglichkeit, die Forderung nach Korrektheit auf wenige Komponenten einzuschränken, begründet das Konzept der Systeme mit Sicherheits-Kern; die Beschränkung der Forderung nach Korrektheit auf wenige Komponenten macht deren Verifikation praktisch durchführbar.

Die offenen Probleme, die wir oben angegeben haben, sind hier dadurch gelöst, daß der Kern und der P-Manager verifiziert sind. Das Problem der Konsistenz von Rechts-Regeln der Umgebung des Rechensystems ist in den P-Manager verlagert und dort zu lösen. Es kann dort insbesondere gelöst werden, wenn die Sicherheits-Politik durch Ordnungs-Strukturen definiert wird [32-35].

Der Ansatz, nach dem die Sicherheits-Anforderungen in ein Gesamt-Konzept für Rechensysteme eingeordnet und mit der systematischen und methodischen Entwicklung eines Systems durchgesetzt werden [25,36], setzt das Konzept, das die Einführung des C-Managers begründet, konsequent fort. Dieses Konzept entspricht den Forderungen nach Abstraktion und Strukturierung, die wir in Abschnitt 3.2. besprochen haben.

Der Einführung der Capabilities und des C-Managers liegt folgendes Konzept zugrunde: Es werden Basis-Typen und damit Klassen von einfachen Objekten mit wohldefinierten Eigenschaften eingeführt. Zur Kontrolle der Benutzung von Basis-Objekten werden Capabilities und der C-Manager eingeführt; das entspricht der Definition des Typs Capability. Auf der Grundlage der Basis-Typen können nun weitere Objekt-Typen definiert werden. Basis-Objekte und Capabilities sind Komponenten der entsprechenden Objekte. Sei nun A ein solches Objekt. Die äußeren Eigenschaften von A werden als Operationen von A definiert und diese werden über den Komponenten implementiert. Damit werden wechselseitige Abhängigkeiten zwischen A und seinen Komponenten festgelegt. Capabilities, die Komponenten von A sind, legen die Operationen fest, die A auf Basis-Objekten, die Komponenten sind, ausführt. A wird benutzt, indem Operationen von A ausgeführt werden. Die Funktionalität dieser Operationen wird mit A (bzw. dem entsprechenden Typ) definiert; sie abstrahiert von der Existenz und von den Eigenschaften der Komponenten von A.

Die Vorgehensweise, die wir für A besprochen haben, kann iteriert werden; unter Bezugnahme auf bereits definierte Typen können weitere definiert werden. So ergibt sich eine Hierarchie von Typen und entsprechenden Objekten, die Benutzern eines entsprechenden Rechensystems von festzulegenden Hierarchie-Stufen an zur Verfügung gestellt werden.

Für die Sicherung von Objekten, die auf einer dieser Hierarchie-Stufen definiert sind, werden Sicherungs-Mechanismen benötigt, die den Capabilities der Basis entsprechen. Die qualifizierten Zugriffsobjekte, die wir oben erwähnt haben, sind hierfür geeignet [37-40]. Ist Z ein Typ für zu sichernde Objekte, der auf einer Hierarchie-Stufe definiert wird, dann kann unter Bezugnahme auf Z ein Zugriffstyp CZ derart definiert werden, daß Objekte vom Typ Z durch qualifizierte Zugriffsobjekte vom Typ CZ gesichert werden können. Ein Objekt vom Typ CZ ist qualifiziert bzgl. des Typs Z und bzgl. der Operationen, die auf Z-Objekten ausführbar sind, so daß differenzierte Rechts-Regeln bzgl. dieser Objekte erfaßt werden können. Qualifizierte Zugriffsobjekte lassen sich mit Capabilities implementieren [25,41].

Die kurze Darstellung der Einordnung der Sicherheits-Anforderungen in ein Gesamt-Konzept für Rechensysteme verdeutlicht, daß mit dieser Vorgehensweise Rechts-Regeln auf hohem Abstraktions-Niveau festgelegt und durchgesetzt werden können. Festlegungen von Rechts-Regeln auf hohem Abstraktions-Niveau sind erforderlich, wenn die Sicherheits-Anforderungen konsistent sein und der Zusammenhang zwischen Informations- und Daten-Sicherheit enger werden soll.

Wenn ein Rechensystem einem Gesamt-Konzept entsprechend systematisch und methodisch entwickelt und dabei ein hoher Grad an Sicherheit erreicht werden soll, bleibt natürlich die Forderung nach Korrektheit seiner Komponenten bestehen. Die Schwierigkeiten und der Aufwand zur Erfüllung dieser Forderung sind groß. Fortschritte bei der Entwicklung von formalen Methoden und von Hilfsmitteln für ihre Anwendung [42-43] sowie Fortschritte bei der Entwicklung von Programmiersprachen [44,45] sind jedoch zugleich Fortschritte auf dem Weg zu Informations-Sicherheit.

4.3. Sicherung offener Systeme

In diesem Abschnitt wollen wir noch kurz auf Sicherungs-Maßnahmen in Rechnernetzen eingehen.

Dazu betrachten wir ein verteiltes Rechensystem, das aus einer Menge von Stellen (-Rechensystemen) und aus einem Nachrichtennetz besteht. Die Stellen sollen Systeme mit den Eigenschaften sein, die den in Abschnitt 4.2. angegebenen entsprechen. Das Nachrichtennetz soll folgende Eigenschaften besitzen:

- Passive und aktive Angriffe können nicht vermieden werden.
- Alle aktiven Angriffe sind Ausführungen von Operationen auf Objekten des Systems.

Ein Rechensystem mit diesen Eigenschaften wollen wir hier ein offenes System nennen.

Die Sicherungs-Maßnahmen, die in einem Nachrichtennetz erforderlich sind, müssen die vielfältigen Aspekte berücksichtigen, die sich aus der technischen Realisierung und der Struktur des Netzes sowie aus den zur Verfügung stehenden Nachrichtenaustausch-Protokollen ergeben. Auf diese Aspekte können wir natürlich hier nicht mehr eingehen [16, 21, 46-48]. Wir wollen hier noch den Zusammenhang zwischen dem in Abschnitt 4.2. Besprochenen und der Sicherung offener Systeme herstellen.

Dazu gehen wir davon aus, daß in unserem System zwei Prozesse (Subjekte) p und q existieren, die in einer Auftraggeber-Auftragnehmer-Beziehung zueinander stehen; p sei der Auftraggeber und q sei der Auftragnehmer. Von den für die Kommunikation zwischen p und q in Frage kommenden Konzepten wollen wir das Rendezvous-Konzept auswählen [49,50]. Wir geben die hier wesentlichen Eigenschaften von p und q in programmiersprachlicher Notation an.

Der Auftragnehmer q definiert eine Operation, die er nach außen zur Verfügung stellt;

service op (x : in ein; y : out aus);

sei ihre Aufruf-Spezifikation. Die Typen ein und aus werden als definiert vorausgesetzt.

Der Auftraggeber p kennt q und die von q zur Verfügung gestellte Operation einschließlich der Parameter-Typen. p hat ein qualifiziertes Zugriffsobjekt q_ref als Komponente, das p zum Aufruf von op auf q berechtigt. p enthält einen Aufruf

q_ref. op (a, b);

Damit und mit dem vorausgesetzten Rendezvous-Konzept ist die Zusammenarbeit zwischen p und q in der abstrakten Sicht klar: p ruft q_ref.op(a,b) auf und wartet auf den Abschluß der Operations-Ausführung; q führt zu gegebener Zeit op für p aus und übergibt das Ergebnis; damit ist die Ausführung der Operation für p und q abgeschlossen. Für das Folgende bleibt anzumerken, daß p durch q_ref das Recht hat, die Operation op auszuführen. q hat für jedes einzelne Rendezvous die Rechte, die sich aus diesem ergeben; q hat keine permanenten Rechte bzgl. p.

Wir wollen nun annehmen, daß p und q in zwei Stellen unseres Systems existieren; die Stelle, in der p(q) existiert, bezeichnen wir mit sp(sq). Wenn p und q zusammenarbeiten sollen, so muß dies mit Hilfe des Nachrichtennetzes erfolgen; das Rendezvous-Konzept ist entsprechend zu implementieren [51].

Für diese Implementierung ist zunächst klar, daß es in sp und sq Objekte geben muß, mit deren Hilfe der Nachrichtenaustausch zwischen sp und sq für die Zusammenarbeit zwischen p und q realisiert wird. Seien kp und kq entsprechende Objekte für die Realisierung der Zusammenarbeit zwischen p und q und nur für diese [52]. Dann sind an diese Realisierung folgende Sicherheits-Forderungen zu stellen: kp und kq sind authentisch; die Zusammenarbeit zwischen p und kp sowie q und kq ist sicher; der Nachrichtenaustausch zwischen kp und kq ist sicher; kp und kq sind funktional korrekt.

Von diesen Forderungen sind alle bis auf den Nachrichtenaustausch zwischen kp und kq sowie die wechselseitige Authentizität von kp und kq stellen-lokal so zu erfüllen, wie wir dies in Abschnitt 4.2. besprochen haben.

Für die Sicherung des Nachrichtenausstauschs zwischen kp und kq sind die kryptographischen Verfahren anzuwenden, die wir in Abschnitt 3.2. angegeben haben. Wenn bei der Verwendung eines Kryptosystems kp und kq Schlüssel besitzen, mit denen sie und nur sie ver- und entschlüsseln können, dann entspricht dieser Schlüssel - bis auf Möglichkeiten der Nachrichten-Fluß-Analyse - einem sicheren Nachrichtenkanal.

Die Schlüssel mit den angegebenen Eigenschaften können bei der Erzeugung von kp und kq oder über einen Austausch allbekannter Schlüssel mit sicherer Authentifikation vergeben werden [53].Der sichere Nachrichtenkanal, den wir oben genannt haben, ist ein abstrakter Kanal, der noch implementiert werden muß.

Für die Implementierung des Kanals haben wir davon auszugehen, daß kp (kq) nicht die einzigen Objekte in sp (sq) sind, die das vorhandene Nachrichtennetz benutzen. Daraus ergibt sich zweierlei: Einerseits müssen kp (kq) wenigstens mit einem weiteren Objekt in sp (sq) zusammenarbeiten; entsprechend ergeben sich weitere Sicherheits-Anforderungen. Zum anderen können die Daten, die kp und kq mit diesen Objekten austauschen, mit den oben besprochenen Schlüsseln codiert werden, so daß sie in dieser Hinsicht sicher sind.

Für die Implementierung des abtrakten Kanals bleibt schließlich noch anzumerken, daß er unter den Voraussetzungen, die wir zu Beginn dieses Abschnitts für das Nachrichtennetz angegeben haben, vielfältigen Angriffen ausgesetzt ist. Sie können jedoch auf der Grundlage des abstrakten Kanals - von dem Fall abgesehen, daß kein Nachrichtentransport zwischen sp und sq mehr möglich ist - abgewehrt werden. Das erfordert systematische Sicherungs- und Kontroll-Maßnahmen; sie können sehr aufwendig sein.

Diese kurze Besprechung einiger Aspekte der Sicherung von offenen Systemen sollte hinreichend verdeutlichen, welche zusätzlichen Sicherheits-Probleme mit einem Nachrichtennetz entstehen, und wie sie mit den Mitteln, die wir in Abschnitt 4.2. besprochen haben, zusammen mit kryptographischen Verfahren zu lösen sind.

5. Zusammenfasung und Ausblick

Wir sind davon ausgegangen, daß das zunehmende Bewußtsein vom Wert des Gutes Information die gesellschaftspolitische Forderung nach Informations-Sicherheit begründet. Informations-Sicherheit kann nur durch Rechts-Regeln erreicht werden, die einen Ausgleich zwischen den Forderungen nach Informations-Schutz und Informations-Leistung schaffen. Über den Zusammenhang zwischen Informationen und Daten haben wir den Zusammenhang zwischen Informations-Sicherheit und Daten-Sicherheit allgemein sowie Daten-Sicherheit im Zusammenhang mit dem Einsatz von Rechensystemen hergestellt.

Wir haben umrissen, welche Entwicklungen Rechensysteme sowie die Methoden und Verfahren zur Realisierung von Rechensystemen genommen haben. Auf dieser Grundlage haben wir die Möglichkeiten zur Sicherung von Rechensystemen besprochen. Es steht ein breites Spektrum von Hilfsmitteln und methodischen Ansätzen zur Verfügung, mit denen ein hohes Maß an Sicherheit erreicht werden kann.

Rechensysteme sind leistungsfähige und unverzichtbare Instrumente der Informationsspeicherung und -verarbeitung. Obwohl die Probleme, Rechensysteme zu sichern, nicht einfach zu lösen sind, gibt es gute Grundlagen für wesentliche Fortschritte in diesem Bereich. Wie weit damit auch Fortschritte bei der Lösung der gesellschaftspolitischen Probleme der Informations-Sicherheit erreicht werden, wird von den Bemühungen um Konkretisierung und Präzisierung der entsprechenden Forderungen und dem Erfolg dieser Bemühungen abhängig sein.

LITERATUR

1. F. Krückeberg
   Aus der Arbeit des Präsidiums-Arbeitskreises
   "Datenschutz und Datensicherung"
   Informatik-Spektrum, B.7, H.2, 1984, S.111-114

2. H.-J. Ordemann, R. Schomerus
   Bundesdatenschutzgesetz
   C.H. Beck'sche Verlagsbuchhandlung, München, 1982

3. P. P. Spies
   BDSG - Novellierung aus der Sicht der Informatik
   6. DAFTA, Köln, 1982

4. B. W. Lampson
   Protection
   Proc. Fifth Princeton Symposium on Information Sciences and Systems
   Princeton University, March 1971, pp. 437-443
   reprinted in Operating Systems Review, V.8, N.1, 1974, pp. 18-24

5. D. E. Denning
   Cryptographie and Data Security
   Addison-Wesley Pub. Comp., Reading, Mass., 1982

6. M. A. Harrison, W. A. Ruzzo, J. D. Ullman
   Protection in Operating Systems
   C.ACM, V.19, N.8, 1976, pp. 461-471

7. L. Snyder
   Formal Models of Capability-Based Protection Systems
   IEEE ToC, V.C 30, N.3, 1981, pp. 172-181

8. H. Balzert
   Die Entwicklung von Software-Systemen
   Bibliographisches Institut, Mannheim, 1982

9. B. Randell, P. A. Lee, P. C. Treleaven
   Reliability Issues in Computing System Design
   Computing Surveys, V.10, N.2, 1978, pp. 123-165

10. W. Görke
    Zuverlässigkeitsbegriffe im Hinblick auf komplexe Software und Hardware
    ntz, B.35, H.5, 1982, S. 325-333

11. R. Kröger
    Konzepte für die Architektur von Rechensystemen unter besonderer Berücksichtigung von Zuverlässigkeit und Verteiltheit
    Dissertation, Bonn, 1983

12. A. Lempel
Cryptologie in Transition
Computing Surveys, V.11, N.4, 1979, pp. 285-303

13. G. J. Simmons
Symmetric and Asymmetric Encryption
Computing Surveys, V.11, N.4, 1979, pp. 305-330

14. D. Chaum, R. L. Rivest, A. T. Sherman (ed.)
Advances in Cryptology
Proc. of Crypto 82, Plenum Press, New York, 1983

15. T. Beth (ed.)
Cryptography
Lecture Notes in Computer Science, V.149,
Springer-Verlag, Berlin, 1983

16. V. L. Voydock, S.T. Kent
Security Mechanism in High-Level Network Protocols
Computing Surveys, V.15, N.2, 1983, pp. 135-171

17. W. Diffie, M. E. Hellman
New Directions in Cryptography
IEEE ToIT, V.IT 22, N.6, 1976, pp. 644-654

18. R. L. Rivest, A. Shamir, L. Adleman
A Method for Obtaining Digital Signatures and Public-Key Cryptosystems
C.ACM, V.21, N.2, 1978, pp. 120-126

19. R. M. Needham, M. D. Schroeder
Using Encryption for Authentication in Large Networks of Computers
C.ACM, V.21, N.12, 1978, pp. 993-999

20. C. S. Kline, G. J. Popek
Public Key vs. Conventional Key Encryption
Proc. 1979 AFIPS NCC, V.48, pp. 831-837

21. G. J. Popek, C. S. Kline
Encryption and Secure Computer Networks
Computing Surveys, V.11, N.4, 1979, pp. 331-356

22. D. E. Denning
Digital Signatures with RSA and Other Public-Key Cryptosystems
C.ACM, V.27, N.4, 1984, pp. 388-392

23. R. S. Fabry
Capability-Based Addressing
C.ACM, V.17, N.7, 1974, pp. 403-412

24. T. A. Linden
Operating Systems Structures to Support Security and Reliable Software
Computing Surveys, V.8, N.4, 1976, pp. 409-445

25. P. G. Neumann et al.
A Provably Secure Operating System: The System, its Application, and Proofs
SRI Project 4332, Final Report, 1977

26. K. C. Kahn et al.
iMAX: A Multiprocessor Operating System for an Object-Based Computer
Proc. Eighth Symp. on Operating Systems Principles, 1981, pp. 127-136

27. B. D. Gold et al.
A security retrofit of VM/370
Proc. 1979 AFIPS NCC, V.48, pp. 335-344

28. E. J. Mc Cauley, P. J. Drongowski
KSOS - The design of a secure operating system
Proc. 1979 AFIPS NCC, V.48, pp. 345-353

29. G. E. Popek et al.
UCLA Secure Unix
Proc. 1979 AFIPS NCC, V.48, pp. 355-364

30. T. A. Berson, G. L. Barksdale
KSOS - Development methodology for a secure operating system
Proc. 1979 AFIPS NCC, V.48, pp. 365-371

31. G. J. Popek, C. S. Kline
Issues in kernel design
Proc. 1978 AFIPS NCC, V.47, pp. 1079-1086

32. D. E. Denning
A Lattice Model of Secure Information Flow
C.ACM, V.19, N.4, 1976, pp. 236-243

33. J. P. L. Woodward
Applications for multilevel secure operating systems
Proc. 1979 AFIPS NCC, V.48, pp. 319-328

34. S. R. Ames, D. R. Oestreicher
Design of a message processing system for a multilevel secure environment
Proc. 1978 AFIPS NCC, V.47, pp. 765-771

35. C. E. Landwehr, C. L. Heitmeier, J. Mc Lean
A Security Model for Military Message Systems
ACM ToCS, V.2, N.3, 1984, pp. 198-222

36. R. J. Feiertag, P. G. Neumann
The foundation of a provably secure operating system (PSOS)
Proc. 1979 AFIPS NCC, V.48, pp. 329-334

37. A. Silberschatz, R. B. Kieburtz, A. J. Bernstein
Extending Concurrent Pascal to Allow Dynamic Resource Management
IEEE ToSE, V.SE-3, N.3, 1977, pp. 210-217

38. R. B. Kieburtz, A. Silberschatz
Capability Managers
IEEE ToSE, V.SE-4, N.6, 1978, pp. 467-477

39. P. Ancilotti, B. Maurelio, N. Lijtmaer
Languages Features for Access Control
IEEE ToSE, V.SE-9, N.1, 1983, pp. 16-25

40. P.P. Spies
Qualifizierte Zugriffsobjekte als Hilfsmittel zur Strukturierung von Systemen
Interner Bericht des Instituts für Informatik
der Universität Bonn, II/84/1, Bonn, 1984

41. P. Tyner
iAPX 432 General Data Processor Architecture Reference Manual
Intel Corporation, Santa Clara, 1981

42. C. E. Landwehr
Formal Models for Computer Security
Computing Surveys, V.13, N.3, 1981, pp. 247-278

43. M. H. Cheheyl et al.
Verifying Security
Computing Surveys, V.13, N.3, 1981, pp. 279-339

44. The Programming Language Ada
Reference Manual
Lecture Notes in Computer Science, V.155,
Springer-Verlag, Berlin, 1983

45. A. D. Mc Gettrick
Program Verification Using Ada
Cambridge University Press, Cambridge, 1982

46. M. E. Hellman
Security in communication networks
Proc. 1978 AFIPS NCC, V.47, pp. 1131-1134

47. M. A. Padlipsky, K. J. Biba, B. B. Neely
KSOS - Computer network applications
Proc. 1979 AFIPS NCC, V.48, pp. 373-381

48. B. Walke
Software - Aspekte sicherer Datenkommunikation
Elektron. Rechenanl. 25, 1983, H.4, S. 170-177 und H.5, S. 219-233

49. A. D. Birrell, B. J. Nelson
Implementing Remote Procedure Call
ACM ToCS, V.2, N.1, 1984, pp. 39-59

50. P. P. Spies
No-Wait-Send / Rendezvous
erscheint im Informatik-Spektrum

51. A. D. Birell
Secure Communication Using Remote Procedure Call
ACM ToCS, V.3, N.1, 1985, pp. 1-14

52. J. H. Saltzer, D. P. Reed, D. D. Clark
End-to-End Arguments in System Design
ACM ToCS, V.2, N.4, 1984, pp. 277-288

53. R. L. Rivest, A. Shamir
How to Expose an Eavesdropper
C.ACM, V.27, N.4, 1984, pp. 393-395

CHIP-KARTEN: REALISIERUNGS- UND ANWENDUNGSMÖGLICHKEITEN

Jürgen W e i m a n n

SCS GmbH, Bonn

1. Verfügbare Technologie

Ich möchte dieses Kapitel in 6 Abschnitte gliedern, die sich mit den Themen

- Chiparten und technische Unterschiede
- Einbau von Chips in Karten entsprechend DIN-Normen (ID1-Karten)
- Datenaustausch zwischen Karten und Terminals
- Software für Chips
- Leser und Terminals
- Personalisieren und Verteilen der Karten

beschäftigen.

1.1 Chiparten und technische Unterschiede

Auf dem Weltmarkt erhältlich sind heute

- Speicherchips in
  E-PROM-Technik von 1 Kbit bis 128 Kbit
  und
  EE-PROM-Technik von 256 Byte bis 64 Kbytes.

  Diese Speicherchips können hardwaremäßig so ausgerüstet sein, daß

  - o Rechenoperationen
  - o PIN-Prüfung
  - o Verschlüsseln von Daten
  - o Sperren (intern) der Karte

  damit realisiert werden können. Bei Speichern in EE-PROM-Bauweise können die Chips (Karten) auch wieder aufgeladen werden.

- Mikroprozessor-Chips mit 8-Bit-Prozessoren und RAM-Speicher (flüchtiger Speicher für Rechenoperationen)
- Mikrocomputer-Chips mit
  - o 8-Bit-Prozessor
  - o Rom-Speicher (für Programme, maskenprogrammiert) bis zu 4 Kbyte und
  - o bis zu 8-Kbit-E-PROM-Speicher (für Daten und Codes)
- Mikrocomputer-Chips im gleichen Aufbau mit EE-PROM-Speicher (bis 2-Kbytes) maskenprogrammiert (ROM) oder frei programmierbar ohne ROM-Speicher

In Kombination (2-Chip bzw. n-Chip-Versionen) können größere Kapazitäten schon heute in eine Karte eingebaut werden.

Wobei Mehr-Chip-Lösungen die Sicherheitsproblematik erhöhen und ebenso Schwierigkeiten beim Einbau bereiten sowie Auswirkungen auf die einwandfreie Funktion, z.B. über eine Laufzeit von zwei Jahren haben.

Weiterhin ist neben den Stückzahlen die Größe der Siliziumfläche das preisbestimmende Element beim Kauf von Chips.

1.2 Einbau von Chips in Karten entsprechend DIN-Normen (ID1-Karten)

Der Einbau und das Funktionieren von Chips in Karten mit einer Dicke von 0,76 mm (ec-Karte, Kreditkarten) bedeutet, daß die verpackten Chips dünner sind als 0,76 mm.

Gelöst ist zur Zeit die Verpackung in Vollplastikkarten oder in Karten, die aus mehreren Plastikschichten bestehen. Z.B. durch das Einkleben des verpackten Chips in eine Stanzung (CP8-Chip) oder Verschmelzen der Verpackung aus PVC mit der PVC-Folie der Karte (GAO, ORGA DRUCK).

Ungelöst ist noch die Verpackung, z.B. in die heutige ec-Karte (mehrschichtiges Papierinlett und PVC-Laminat auf beiden Seiten).

1.3 Datenaustausch zwischen Karten und Terminals

International genormt wird heute nur eine Karte mit Kontakten (Gold, Nickel) über die die serielle Datenübertragung erfolgt. Benötigt werden heute sechs Kontakte. Genormt werden acht Kontakte, wobei zwei Kontakte für Erweiterung zur Verfügung stehen (z.B. Duplex-Übertragung).

Weiterhin gibt es zwei Entwicklungen, die ohne Kontakte die Datenübertragung realisieren wollen.

Einmal die Übertragung per Mikrowellen und zum anderen eine induktive Übertragung.

Bei beiden Entwicklungen bereitet die Chipdicke (z.B. induktiv 3-8 mm) noch erhebliche Schwierigkeiten, um sie so zu verkleinern, daß sie in max. 0,8 mm dicke Karten einzubauen sind.

Auch haben kontaktlose Karten, insbesondere bei der Mikrowellentechnik, erhebliche Auswirkung auf die Preise der Lese-/Codiergeräte.

Die Übertragungsleistungen betragen heute bis zu 9600 Bits/sec.

1.4 Software für Chips

Bei den heutigen Chipkartenanwendungen und Test handelt es sich um maskenprogrammierte Chips. Damit muß vor der Produktion der Chips die Software fertig sein und wird bei der Produktion der Chips durch den Halbleiterhersteller in den Rom 'gebrannt'. Treten dann noch Fehler auf, müssen neue Chips produziert werden.

Für den technischen Versuch der GZS und der DBP für Btx-Berechtigungsprüfung und -homebanking wird ein Chip eingesetzt (1-Chip-Version mit RAM, ohne ROM und 1 - 2 Kbytes EE-PROM-Speicher), der in EE-PROM nur ein Lade- und Testprogramm enthält. Der Chip wird in die Karte eingebaut und seine Funktion kann durch das Testprogramm überprüft werden. Die Anwendungs-Software wird in die fertigen Karten geladen, wobei anschließend das Ladeprogramm nicht mehr ansprechbar ist. (Software nicht änderbar, Anwendungs-Software geht nicht zum Halbleiterhersteller, für Tests eine ideale Lösung).

1.5 Leser und Terminals

Leser als Einbaumodule mit und ohne Elektronik und autonome Leser sind heute - auch bei uns - erhältlich. Damit können Geldausgabeautomaten, POS-Terminals, Btx-Terminals ausgerüstet werden. Ebenso gibt es Leser, die die Chipkarte (2-Kontakt-Positionen) und den Magnetstreifen lesen können.

Natürlich können damit auch Gleitzeiterfassungssysteme, Parkomaten oder Parkuhren bestückt werden.

1.6 Personalisieren und Verteilen der Karten

Dieses Thema ist für die ec-Karte und Kreditkarten heute wirtschaftlich und sicher realisiert.

In Frankreich gibt es zur Zeit auf dem Markt nur ein System von BULL für die Personalisierung in Chip auf dem Markt.

Für größere Stückzahlen, z.B. 10 Mio ec-Karten im Jahr in Deutschland, ausgerüstet mit Magnetstreifen und Chip sowie visueller Lasercodierung gibt es noch kein System. Aber ich bin sicher, daß entsprechend den Marktbedürfnissen integrierte Personalisierungssysteme zur Verfügung stehen werden.

2. <u>Anwendungsmöglichkeiten</u>

In diesem Kapitel möchte ich auf die zum großen Teil bekannten und in den Medien am meisten diskutierten und z.B. in Frankreich erprobten und teileweise sich in der Einführung befindlichen Anwendungen eingehen.

2.1 Chipkarten im elektronischen Zahlungsverkehr

- Point of Sale (POS)
- Geldausgabeautomaten (GAA)
- Automated Clearing Hous (AVH)
- Sparkassendienst
- Btx-Anwendungen wie
  home banking, teleshopping usw.
- Autorisierungstelefone
- Öffentliche Kartentelefone mit Wert- und Kreditkarten
- Open Shops for Information Services (OSIS)

2.2 Weitere Anwendungen

- Zugangskontrollsysteme
- Münzsysteme (außer Telefone), wie
  - o Parkhäuser
  - o Parkuhren
  - o Öffentlicher Nahverkehr
  - o Zigarettenautomaten
  - o Briefmarkenautomaten
- Chipkarten für die
  - o Konfiguration von Computersystemen
  - o Auslieferung von Software
- Berechtigungskarten für
  - o Autotelefone
  - o Teletext, Telefax
  - o Mailboxen
- Berechtigungskarten oder Wertkarten für PAY-TV

Erprobt wurde z.B. auch in Frankreich in Lillé eine Chipkarte als Patientenausweis. Diese Idee wird nicht weiterverfolgt, weil es auch dort erhebliche Akzeptanzprobleme gibt.

Zum Abschluß dieses Kapitels möchte ich über Anwendungs- und Akzeptanztest in den USA und Japan berichten.

<u>USA:</u> Master Card - Kreditkarte mit Magnetstreifen, geprägt und Chip

Washington DC mit CP8-Karten (ca. 30.000) und in Palm Beach (Californien) mit Casio Micro Cards (gleiche Menge) für POS-Anwendungen. (Laufzeit 6 Monate 1985).

<u>Japan:</u>- Tokio von 12/84 bis 5/85 Asset management System mit 60 Karten (64 Kbit-EPROM)

- Ab 6/85 in 40 Krankenhäusern mit bis zu 20.000 Karten (16 Kbit EE-PROM) als 'Medical examination card'
- Tokio mit 500 Karten ab 5/85 (64 Kbit EE-PROM) für POS, Videotex und in Kombination mit GAA-Karte
- Osaka ab 7/85, Zahl der Karten noch unbekannt (64 Kbit EE-PROM) als POS-Anwendung
- Osaka ab 8/85 mit 500 Karten (64 Kbit EE ROM) als POS-Anwendung.

Sie sehen, daß wir mit dem von uns vorbereiteten technischen Test für 1986 mit 600 Karten auch wohl die richtige, wirtschaftliche Größenordnung gewählt haben.

3. Neue Möglichkeiten des Datenschutzes und der Datensicherung

Die Chipkarte eröffnet ganz neue Möglichkeiten des persönlichen Datenschutzes und des Schutzes von Dateien und Software.

In dieser Fassung möchte ich nur auf den persönlichen Datenschutz eingehen und das am Beispiel der Btx-Berechtigungskarte aufzeigen.

Der Btx-Teilnehmer erhält seine Chipkarte von der Deutschen Bundespost personalisiert mit seinen Teilnehmerdaten. Mit separater Post erhält der Teilnehmer einen Transport-PIN (personal identification number) zur einmaligen Verwendung.

Beim ersten Benutzen wird er aufgefordert, seinen Transport-PIN einzugeben und sich einen eigenen PIN zu wählen. Dieser PIN wird nur in seiner Chipkarte gespeichert und in keinen zentralen Dateien. An jedem Btx-Gerät mit Chipkartenleser kann er sich dann gegenüber seiner Chipkarte legitimieren und die Karte übernimmt dann die Authentisierung gegenüber der Btx-VSt (Vermittlungsstelle). Diese Authentisierung erfolgt verschlüsselt, d.h. die Btx-VSt sendet eine Zufallszahl und die Chipkarte sendet dann einen Authentisierungssatz (Einweg-Verschlüsselung) an die Btx-VSt. Diese errechnet nach dem gleichen Algorhitmus denselben Funktionswert. Bei Übereinstimmung der beiden Funktionen gibt die Btx-VSt die Benutzung frei. Für jede entgeltpflichtige Seite erfolgt eine neue Authentisierung. Die Kosten einer jeden Transaktion können in der Chipkarte gespeichert werden und damit kann der Btx-Teilnehmer seine Btx-Kosten, die ihm von der DBP in Rechnung gestellt werden, überprüfen. Dieses Verfahren ist nur als mögliches Beispiel zu sehen.

Mit einer Chipkarte mit Mikorprozessor hat der Karteninhaber seinen Computer in der Karte immer bei sich. Der Versuch, die im Chip gespeicherten Daten "gewaltsam" zu lesen, zerstört den Inhalt des EE-PROM.

Diese Karte ist sowohl in online- wie offline-Systemen einsetzbar.

Natürlich sind auch Gefahren zu sehen, z.B. wenn ich nur noch elektronisch bezahle, könnte eine Datei angelegt werden, wo ich mein Geld ausgebe. In Frankreich gibt es daher im POS-Datensatz, den meine Bank erhält, auch nicht mehr die Händler-Nr. bei dem ich gekauft habe. Bei uns bin ich sicher, daß wir noch lange mit 'Bargeld' bezahlen werden und somit anonym bleiben. Außerdem erscheint mir die Geldbörsenfunktion in der Chipkarte sehr sinnvoll, die mir die gleichen Möglichkeiten eröffnet wie meine Geldbörse.

4. Ausblick über geplante Realisierung in Deutschland

Folgende Projekte werden geplant bzw. erprobt:

- Chipkarten-Telefone der DBP
  (seit 1+/84 in Bonn und Aachen)
  mit Wertkarten in der Erprobung
- Btx-Berechtigungskarten und Btx-home-banking mit der ec-Karte mit Chip
  (seit 7/84 geplant, 4/85 Karten, Leser, Decoder und Software bestellt)
  Ziel: technischer Systemtest von 1/86 - 6/86
- Chipkarten-Telefone mit Kreditkarten der DBP
  (Ausschreibung für eine Erprobung in 1986 läuft zur Zeit)
- ec-Karte mit den weiteren Funktionen
  - PoS
  - GAA
  - elektronische Geldbörse

  wird von der GZS weiterhin verfolgt.
- Zugangsberechtigungskarten (Firmenausweise) mit Chips sind in der Erprobung bzw. auch ab 1986 verfügbar.
- Konfigurationskarten für Computer/Terminals sind in der Entwicklung
- Karten für den Schutz von Softwarepaketen sind in der Planung.

Weitere Anwendungen werden realisiert, z.B. HICOM mit Chipkarte.

Über den Einsatz von Chipkarten wird bei uns allerdings vor allem die

Wirtschaftlichkeit

von angebotenen "Chipkarten-Systemen" entscheiden.

NEW SECRET CODES CAN PREVENT A COMPUTERIZED BIG BROTHER

David Chaum

Centre for Mathematics and Computer Science, Amsterdam

SUMMARY

As the use of computers becomes more pervasive, they are capturing increasingly more revealing data about our habits, lifestyles, values, whereabouts, associations, political and religious orientation, etc. The current approach, which requires individuals to identify themselves in relationships with organizations, allows records of all an individual's relationships to be linked and collected together into a dossier or personal profile. Even though such profiles are too extensive to evaluate manually on a mass basis, automated evaluation is becoming increasingly feasible.

A new approach prevents linking of such data, by allowing individuals to conduct relationships under different account numbers or 'digital pseudonyms'. The pseudonyms are created by a physical random process within a credit-card-sized computer carried by the individual. The card has no secrets from the individual or structure unmodifiable by the individual; it is merely a computer that acts on the individual's behalf and provides a convenient interface.

New cryptographic protocols provide security for both individuals and organizations against abuses by the other. A comprehensive set of three types of consumer transactions can be conducted, each using a different protocol. A communication protocol allows individuals to send and receive confidential and authenticated messages under pseudonyms. But even the tapping of all communication channels and the cooperation of all organizations does not allow messages to be traced to an individual. A payments system protocol allows an individual to pay or be paid, using an account maintained under a pseudonym with a bank. But even cooperation between the bank and other parties to payments does not allow payments to be traced to the individual's account. A credentials protocol allows digitally signed credential statements issued to an individual under one pseudonym to be transformed into statements that can be shown on the individual's other pseudonyms. But the credentials shown to one organization do not allow tracing of the pseudonyms used with other organizations. All three protocols can be shown by simple mathematical proof to be unconditionally un-traceable, i.e. untraceable no matter how much computation is expended by tracing efforts.

This new approach may actually provide better protection against abuse by individuals, even in areas like consumer credit, social welfare, insurance etc. than could be acceptably obtained under the current approach. Organizations may favor the new paradigm also because of reduced costs, reduced data maintance and related exposure, and because of the opportunities for improved good will with advanced computerization. For individuals, the new paradigm offers greater convenience because they can select the card computer that suits them best, the full capabilities of a lost card can conveniently be restored into a replacement card, and the card can protect itself against use by anyone other than its owner. As the public becomes more aware of and familiar with the extent and possibilities of emerging information technology, appreciation of these advantages may grow. Of course an essential advantage of the new approach to individuals is the potential it offers them for regaining monitorability and control over the maintenance and use of information about themselves by others.

The presentation surveys the three references. An invitation for journal publication of a survey article has been accepted.

[1] Chaum, D., 'The Dining Cryptographers Problem: Unconditional Sender and Recipient Anonymity,' submitted for publication.

[2] Chaum, D., 'Privacy Protected Payments: Unconditional Payer and/or Payee Anonymity,' submitted for publication.

[3] Chaum, D., 'Showing Credentials Without Identification: Transferring Signatures Between Unconditionally Unlinkable Pseudonyms,' submitted for publication.

AUTHENTICITY, ANONYMITY AND SECURITY IN OSIS

An Open System for Information Services

Authentizität, Anonymität und Sicherheit in OSIS

Ein offenes System für netzvermittelte Dienstleistungen

Siegfried Herda

GMD Schloß Birlinghoven, St. Augustin

1. Introduction

OSIS is a research project to provide an open and secure market for information services communicated via computer networks by developing a communication and payment system. Inspite of worldwide efforts to facilitate inter-network communication by standardisation, such as the Open Systems Interconnection model (OSI) of the International Organisation for Standardisation (ISO), the market for information communicated via networks remains still closed. This is due to the fact that only registered users will be admitted by the information service suppliers to access the information facilities they provide. Anonymous business cannot be supported because of the need for registration. The community of service suppliers is not aware of the technical possibilities that state of the art technology provides. OSIS aims to close that gap and to open the market by providing the customers and service suppliers with the digital signature facility to sign orders, acknowledge oders, requests for payments, payments, etc.
The OSIS system can be generalized to sign any message of legal relevance, e.g. in Teletex, Telefax, Videotex, etc. Payments are not confined to services communicated via networks, payments can also be made at off-line point-of-sales (POS) terminals.

The basic signature and payment functions are implemented in a device called the OSIS token. This token will be an 'intelligent' chipcard with an integrated user interface, i.e., a keyboard and a display. The token is activated by the tokenholder entering a secret information generally called PIN (Personal Identification Number) via the keybord. Upon activation the user is able to sign messages by pressing a special key. Signing of messages is performed by an asymmetric encryption algorithm implemented in a chip embedded in the token.
In chapter two the selection of an appropriate signature algorithm meeting our requirements is described. In chapter three some characteristics of our assembler implementation are given.
In chapter four the problem of authenticity and anonymity is addressed. Proposals are made to establish anonymity by introducing electronic money and digital pseudonyms. Then, we describe the authentication of communicating parties by security protocols in addition to the features incorporated in the electronic cheque, and what is called 'service session authentication' by relating critical messages such

as request for service, delivery of service, request for payment, and payment. We will not address the problems of physical security of the token, such as unmanipulatibility, uncopyability, and unforgeabilit.

OSIS is an acronym for 'Open Shops for Information Services' and was proposed as a European research project to COST 11 bis by E. Raubold, GMD, Darmstadt. OSIS is partly funded by COST 11 bis/ter and the Bundesminister für Forschung und Technologie.

2. Digital Signatures

2.1 Message Authenticators and Digital Signatures, Similarities and Differences

It is worthwile to describe the distinction between message authenticators and digital signatures. A message authenticator is a function of:
1) the message content (transaction, document), and
2) a secret information known (only) to the sender and the receiver.
Message authentication assures the receiver that a message is authentic, i.e. he knows the true identity of the sender, and can verify that the message has not been changed since it left the sender. However, the receiver is able to forge a message pretending that it came from the sender. This in turn offers the sender the possibility to claim that he did not send that particular message, he may claim that the receiver forged it. A third party, a judge or referee, cannot distinguish between these two cases.
Therefore, a digital equivalent to a conventional handwritten - analog - signatures is required. Cryptographic techniques provide for digital signatures meeting the following requirements, to be a function of:
1) the message content (transaction, document) to be signed,
2) secret information known only to the sender, and
3) public information known to virtually all parties.
Digital signatures are generally devided into two classes: arbitrated signatures, and true signatures, also called general signatures or universal signatures.
Arbitrated signatures require an arbitration service which is trusted by both communicating parties. Therefore, arbitrated signatures are not very suitable for use in open systems. Secret key algorithms such as the DES [NBS 77] provide (only) for arbitrated signatures.
True signatures are based on public-key crypto-algorithms. The public-key concept was invented by Diffie and Hellman [Diff76].

We assume the reader to be familiar with the public key concept, and avoide going into detail. We resume the substantial properties of digital signatures relevant for OSIS:
The digital signature acts as a two-fold authentication: the signature is message dependet **and** signer dependent. The public information allows anybody to verify the signature and, thereby, the true originator. This public information is also called validation or verification parameter. By verifying the signature the message and its originator are authenticated, the action and the result of it is called **authentication.**
A digital signature is just a string of binary 0's and 1's appended to the message M, or it is an integral part of the cryptographically transformed message, i.e. only the signature S = D(M) is transmitted. If the signature is a integral part of the message and the message is not transmitted in clear, the receiver B verifies signature S by evidence, i.e. by realizing that M is a meaningful message, and not garbage.
The embedment of the basic authentication scheme within the OSIS system is described in chapter four. We introduce an additional transformation to the authentication process: hashing of the message before signing it while transmitting the message in cleartext.
The most obvious difference between handwritten signatures and digital signatures is that a person's analog signature is constant - more or less - whereas digital signatures must be different for every message.

2.2 Selection Critera for Digital Signature Algorithms

Many cryptographic algorithms have been developed during the last decade. To select suitable candidates for digital signature generation meeting the OSIS requirements we have to assess the existing algorithms along the following criteria listed in priority order:

(1) to assist "open systems"	to allow a sender to communicate with any receiver without prior negotiation
(2) cryptographic strength:	the algorithm must have withstood substantial attacks
(3) computational feasible:	signature generation and verification should not be too time consuming
(4) message expansion:	the digital signature should not be larger than the original message
(5) be open to the public:	all details of the algorithm - its underlying principles - must be made public (been published in the open literature).

2.3 Selection of an Appropriate Signature Algorithm

The only cipher scheme meeting all the criteria is the RSA asymmetric public key signature algorithm, cf. [Rive78a].

- The RSA algorithm assists 'open systems' in that one key (exponent and modulus) can be made public, and the other key is to be kept secret. It is computationally intractable to compute the secret key from the public key.
  The openess of one key allows a sender to communicate with any receiver to send messages of contractual value. The sender transmits his public key in clear for signature verification, the receiver does not necessarily need to address himself to a key register (not necessarily means: depending on the environment the algorithm is used).

- The cryptographic strength of the algorithm was attacked several times and shown to be high: Herlestam [Herl78], Simmons and Norris [Simm79], Williams and Schmid [Will79], to mention a few.
  This could be - and can still be - done because the RSA algorithm is - its underlying principles - completely open to the public.

- The algorithm does not extend the cleartext, neither by 'deciphering' (signing) cleartext, nor by encryption.

- The RSA algorithm is significantly slower than almost all knapsack cipher algorithms. However, most of the knapsack schemes are shown to be weak, the strength of the rest must be doubted.
  The RSA algorithm allows to conveniently control the security by selecting the parameters (exponents, modulus) appropriate to the application. By that the system provider can trade security against speed - to a certain extend.

3. Rivest/Shamir/ Adleman - RSA - Algorithm

3.1 Short Description of the RSA Algorithm

In the RSA algorithm, the modulus n is the product of two large primes p and q

$n = pq$	thus
$\phi(n) = (p-1)(q-1)$	Euler's totient function (phi-function or indicator) giving the number of elements in the set of residues modulo n, or equivalently, $\phi(n)$ is the number of integers less than n that are relatively prime to n.

The encipering function and deciphering function is given by

$C = M^e \bmod n$ and
$M = C^d \bmod n$ respectively.

Rivest, Shamir and Adleman propose to chose d relatively prime to $\phi(n)$ in the interval $[\max(p,q)+1, n-1]$, i.e., d greater than both p and q, but smaller than n, whereas any prime number in that interval will fit. Then, e is computed by $e = inv(d,\phi(n))$, the multiplicative inverse of d and $\phi(n)$. The multiplicative inverse is **unique**, i.e., for every d there exists one and only one e. If the computation of the multiplicative inverse returns an e such that $e < \log_2 n$, it is highly recommended to start with another d, so that $2^e > n = pq$. Otherwise it is possible to recover the plaintext by just taking the e'th root of the ciphertext C. Taking $e > \log_2 n$ ensures that the enciphering transformation undergoes some wrap-around. These assumptions hold, if the RSA algorithm is used for **secrecy**. If one intends to implement this algorithm for **signature** purposes only, the conditions are reverse for d and e. Signatures are generated by decrypting first $S = M^d \bmod n$ (with 'signature' exponent d), and by verifying the signature by encrypting the signature $M = S^e \bmod n$ (with 'verification' exponent e). Hence, even condition $e > \log_2 n$ must not necessarily hold. The signature must be maintained strong primarily, i.e., it must be assured that $\max(p,q) < d < n$.

Because of the symmetry of e and d, the enciphering and deciphering transformations are commutative and mutual inverse, i.e. the RSA algorithm can not only be used for secrecy but - most importantly - for digital signatures (implying authentication).

Security of the RSA algorithm: To find the decryption exponent d from knowledge of the encryption key (e,n) requires the knowledge of $\phi(n)=(p-1)(q-1)$. But, finding $\phi(n)$ is not easier than factorizing the integer n into p and q. The fastest factorization algorithms are those by Schroeppel (unpublished, cf. [Adle79]), and Morrison and Brillhart [Morr75] independent of the length of the modulus, as shown by Sattler and Schnorr, cf. [Satt83].
However, if decryption exponent d is known, but $\phi(n)$ is not, then n may be factorized easily since ed-1 is a multiple of $\phi(n)$ and there are special algorithms for factorizing an integer n using any multiple of $\phi(n)$.

Run-time considerations: the RSA algorithm is generally regarded slow compared with knapsack schemes or secret key ciphers. The recommended multiplication algorithm for exponentiation a mod n is in the order

$$O((\log_2 n)^2 \log_2 x)$$

i.e., exponentiation goes with the square of the length of the modulus ($\log_2 n$), and linear with the length of the exponent ($\log_2 x$). The speed of an implementation depends primarily on the way modular exponentiation is implemented, e.g. some processors do not have hardware support for multiplcation or division.

3.2 Characteristics of the RSA Assembler Implementation

We summarize the points in which our implementation deviates from the origional papers or improves originally proposed procedures.

a) The modulus is 512 bits long, and can be enlarged in steps of 128 bits for security reasons

b) the public key for the RSA scheme is always $e = F_4 = 2^{2^4}+1 = 65\,537$.
Advantage: The public encryption exponent e need not to be stored or transmitted, verifying the signature is 50 times faster than generating the signature.

c) testing the factors p and q for primality, we apply a four step procedure: 1) prime division test, 2) Fermat test, 3) strong pseudo prime test (Knuth's Algorithm P, [Knut81] p.379), and 4) a validation step (a randomly chosen number is signed and the signature is verified). Only the optimal number of small odd primes are used for (prime) division tests. The Algorithm P is probably better than that of Solovay and Strassen [Solo77], and even that of Rabin [Rabi80]. This speeds up the search for primes by a factor of 20.

d) Modulo exponentiation is done via the 4-ary method rather than via the binary method. By doing so, we save 16% CPU-time.

e) We use a hash function for which we have strong reasons that it is better than the one proposed by Jueneman et al [Juen83T, or by Davies [Davi84b]. We 'unpack' the string to be signed with zone x'F' starting with the lowest length byte, and devide this string into m blocks of length $l_n = \log_2 n$ (in our case 512 bits, or 64 bytes).
$G := (\ldots((B_1^2 + B_2)^2 + B_3)^2 + \ldots + Bm)^2 \bmod n$

The hashing function is introduced of several reasons:
1. A message of arbitrary length must be reduced (compressed) to the length l_n of the modulus n, i.e. $l_n = \log_2 n$. (In some other applications this hashed message block itself is used as an authenticator).
2. To avoid key search by the tokenholder himself by submitting randomly chosen special messages for signing them, each message should be subjected to the hashing process before being signed. (Provisions are taken that the private key d, i.e. the signature key, is not exposed to the holder).
3. To avoid the introduction of bogus users by an unauthorized token issuing agency declaring a random number as the signature S of the user's public key and obtaining the "plaintext" of that key (the modulus) by encrypting the "signature" S with the public key of the bank.

3.3 Signature Generation and Verification

Signatures are generated applying the secret key (d,n) to the hashed block G

$S = D(G)$	S: Signature
	D: deciphering or signature transformation
$S = G^d \bmod n$	d: deciphering or signature exponent
	n: the modulus (public)

To verify a signature, i.e. to show that the signature is authentic, the public key (e,n) is applied to the signature S

1) $G' = E(S)$ E: enciphering transformation, or signature verification transformation
$G' = S^e \bmod n$ e: enciphering or signature verification exponent

From the message M the hashed block is derived again
2) $G'' = H(M)$
Then G' and G" are compared
3) $G' = G''$
on equal, the signature is verified, or authenticated.

It is important to emphasize that signature verification is not performed directly on the signature itself but on two values, one derived from the signature submitted, and the other one from the message submitted.

Performance: (0.8 mips computer)

- Key generation: 20 sec min, 107 sec max , 50 sec mean
- Signature generation: 6.5 sec
- Signature verification: 0.3 sec

4. Authentication
4.1 Authenticity and Anonymity

Authenticity and anonymity are two complementary issues in our economic and democratic system. Our economic system is a market oriented system where to maintain both authenticity **and** anonymity is a crucial task in the effort to establish an open market for electronically communicated services or goods.

4.1.1 The Authenticity Issue

It is implicitly claimed that the cryptographic algorithm selected for generating signatures also fits for contracting. That is true only if it is possible to establish a strong dependency relation between the signer - holder of the token in our case, and the secret parameter - in our case the secret signature exponent d stored within the token. This dependency is established by a couple of provisions.

The identification of the token holder against the token is realized by secret value (PIN) that
- never leaves the token, and that
- is keyed-in by the token holder on a key-pad the token is furnished with in order to activate the token for signature purposes.

Any attempt to find out the secret value (PIN) by trial input (exhaustive search) is countered by a locking mechanism. Only a certain small number of wrong inputs is permitted - in our case after keying-in three wrong PINs the token is automatically locked.

The signature exponent (key) of the token holder is stored unmanipulatible within the token. Neither the token holder nor any other agency (third party) is able to read it out.

The public signature verification key (encryption exponent e) used to verify the signature is signed (certified) by the secret key of a trusted authority e.g. a notary public.
The public signature verification key of this notary public again is signed by a public central authority, e.g. a central notary public, that may be responsible for licensing (registration) of notary public.

The last two requirements for maintaning a valid digital signature establishes an **authentication hierarchy** with the following properties:

1. There is an increase in publicity from signer (token holder) to notary public to central notary public, equivalently, a decrease in the potential anonymity: the user may - in certain applications - remain anonymous, the notary public is public per se, the central notary public is known to virtually anybody, and is known country-wide, or world-wide, and cannot act anonymously.

2. In combination with an asymmetric crypto-algorithm for signature generation and verification it is possible for any partner (receiver) of a communication to verify the signature submitted provided the sender transmits:
   - the message text M (in clear)
   - the signature $S = D_S(M)$ generated with the sender's private key
   - the public key E_S of the sender
   - the public key signed with the secret key of the notary public $S = D_{NP}(E_S)$
   - the public key (signature verifivation key) of the notary public E_{NP}
   - that key signed with the secret key of the central notary public $D_{CN}(E_{NP})$

By this any receiver can verify the signature of the sender, and by that authenticate the sender - each time during a session a signature is transmitted.

The OSIS token a is facility to an open market for services communicated via a network and thus, it has to support a variety of payment functions from anonymous payment to payment by (electronic) cheques. Electronic money or cheques are usually issued and signed by banks, i.e. maintaining payment systems is the essential task of banks. For this reason, the OSIS approach to open markets combines the electronic payment facilities with the trustworthyness of banks and takes banks as substitutes for the notary public, and a central bank as a central notary public respectively. Not only for that reason, but also of compatibility reasons, banks (and central banks) are taken as trustworthy third parties. Banks are the cornerstone in the triangle of customer, service suppliers, and banks.

It is important to note that in contrast to many other payment systems the invocation of the third party is not necessary at the time the customer negotiates with the service supplier. The customer is authorized by his bank beforehand and furnished with a limited degree of capabilities, i.e. with a limited number of electronic cheques with an limited amount of liability.
Thus, we get the following **authentication hierarchy** in the OSIS system:

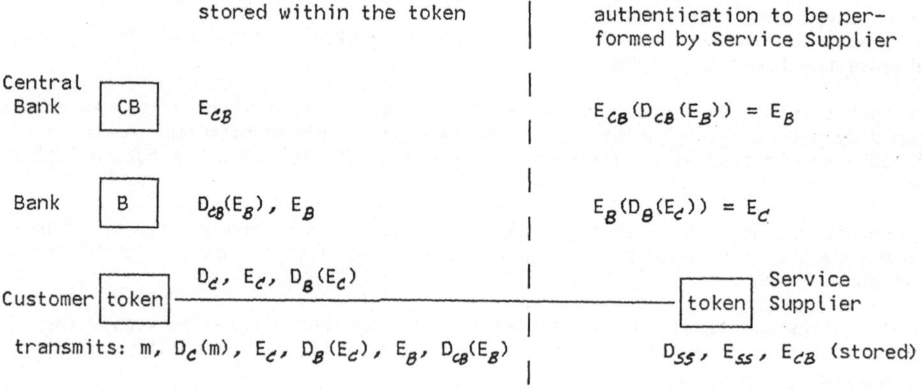

In addition to the complete key information submitted the service supplier may keep a list of valid central bank keys in order not to rely ultimately on what the customer sends. By that, the service supplier has the opportunity to tag those central banks whose customer are to be served in a special way.

4.1.2 The Anonymity Issue

Anonymity can only be maintained by degree, i.e., to be anonymous towards one party (or group or individual) does not necessarily imply to remain anonymous towards other parties. Thus, anonymity is relative and not absolute. One motivation behind remaining anonymous is privacy or corporate secrecy. E.g. a company will engage an information broker as a trusted party to do some specific search in a database in order not to disclose its intended new product line. The most crucial point in establishing anonymity is traceability. In all cases where information exchange occurs upon an event, there is the danger of tracing back to the initiating entity. This is epecially true for almost all payment systems.
A statement has to be made here on the degree of anonymity to be obtainable when using data communication networks: in most of the publicly available digital communication networks the network user is identifyable by the network address of the point of entry.

The payment system designer has to clearly find out
- whose anonymity is to be maintained towards whom, and
- who is able of backtracking

4.1.2.1 Anonymity in Electronic Services Systems

In electronic service systems there is a need for anonymity in a variety of ways:

1. **Customer anonymity**: a) The customer wants to remain anonymous towards the information service supplier.
   b) The customer wants to remain anonymous towards both the service supplier and the banks.

2. **Payer anonymity**: The customer wants to remain anonymous only towards the bank, not necessarily towards the service supplier.

3. **Network user anonymity** (subscriber anonymity): The network user wants to remain anonymous towards the network provider. In OSIS the notion of openness in its ultimate form implies that the user enters - uses - the network without necessarily being and/or becoming a subscriber in a formal way.

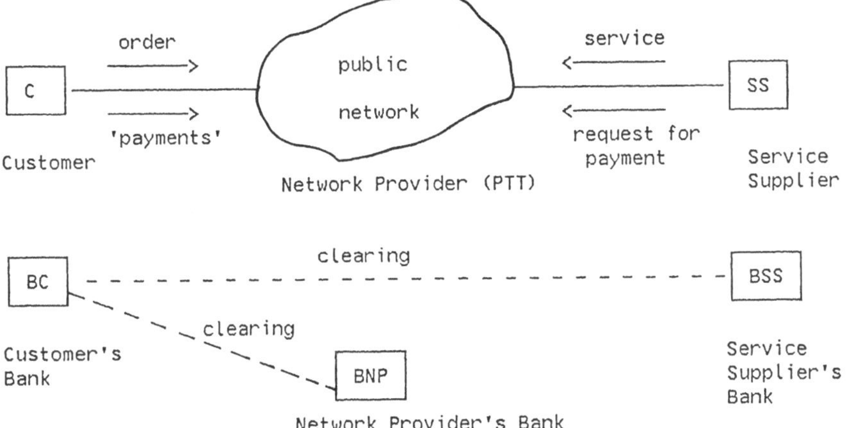

We propose two practical approaches to cover these kinds of anonymity by introducing:

- **digital pseudonyms**: to establish customer anonymity (payer anonymity is a special case of it)
- **electronic money**: to establish all kinds of the abovementioned anonymities.

4.1.2.2 Electronic Money

Given that the national (governmental) Central Banks permit 'electronic' bank notes (as a new and convertible kind of (national) currency among coins and notes) the token could be regarded (and used) as an electronic wallet, or electronic purse.

Electronic notes are issued in two sucessive steps: Electronic prototype notes are issued at token generation time and stored (optionally) into the token. These prototypes contain the respective value, the currency, the serial number, and the signature - very similar as conventional paper notes. The activation step ist performed by the user banks upon request of the tokenholder for embursement.

To transpose the prototype notes into usable notes - to refill the token/ purse - the customer submits the token for refilling to his banks via an ATM like device. The tokenholder's banks gets copies of the prototypes from the token, attaches its

name, bank number, and signature to each note, and charges the tokenholder's account with the total amount returned to the token.
Chaum suggests to tag each copy of the prototype money before sending it to the bank for signing in order to prevent the bank from copying (multiplying electronic money) and dispatching it to other clients. This tag is removed from the signed electronic notes by the token for anonymity reasons, [Chau84].
There are very certainly upper bounds for storing electronic money into tokens be it for the tokenholder's sake (to reduce the risks of the tokenholder), or for reasons to control funds flow by national banks, etc.

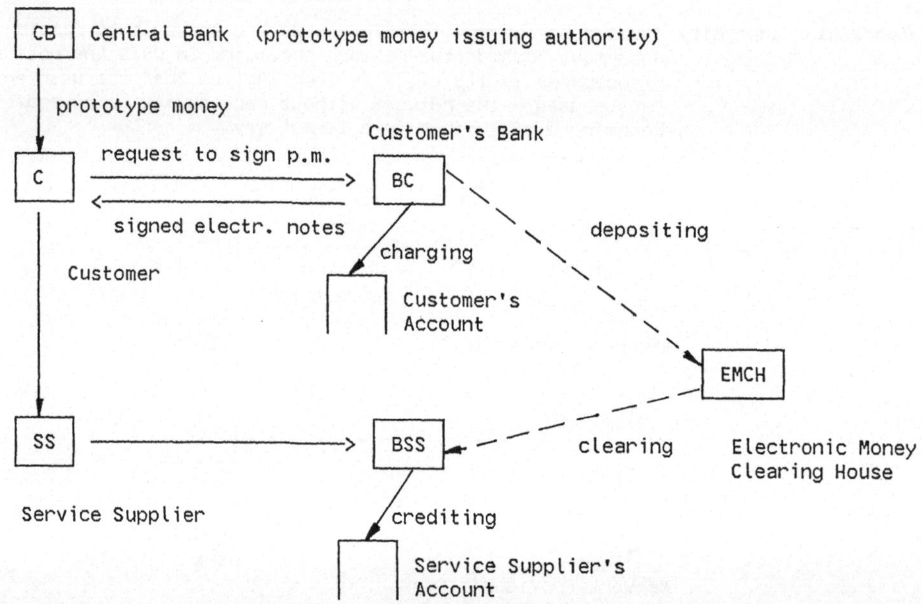

At service time the customer returns the appropriate electronic bank notes for the service supplier upon payment request (either before service or after service). The service supplier performs a validity check, i.e. authentication of customer's bank, central banks, etc., and forwards the notes to his own bank for crediting. Clearing may be done either between the customer's bank and the service supplier's bank, or between service supllier's bank and electronic money clearing house, where the customer's bank has deposited the amount, checks with serial number in order to prevent submitting a bank note twice. The electronic money clearing house could act as a trusted party to maintain anonymity, and to protect the customer from electronically copying his electronic money.

4.1.2.3 Digital Pseudonyms

Digital pseudonyms are introduced to establish anonymity towards the service supplier, and the service supplier's bank, or even towards the customer's own bank. The digital pseudonym may be provided by the key generation agency authorized by the central bank.

$P_C = D_{CB}[Id_B, E_X(CID)]$ P_C := digital pseudonym of customer C
Id_B := id of customer's bank
CID := customer identifying data; i.e., name, address, birthday

This pseudonym has has following properties:

- only the central bank (or some other authorized authority) could have generated it, could have applied transformation D_{CB} (this transformation differs from the digital signature in that the clear text is not - cannot be - hashed).
- everybody (especially every bank) is able to verify the central authority's transformation D_{CB}
- only the entity X is able to recover the customer identifying data CID.

The entity X may be:

- the customer's bank, such that $P_C = D_{CB}[Id_B, E_B(CID)]$ the anonymity is established only towards the service supplier, and towards the service supplier's bank.
- the central bank or some other authority. If payment is made by electronic cheques (financial transaction form, FTF), the customer's bank gets the account number and can very easily resolve the customer's name by table look-up the inverted file.
  If payment is made by invoicing, the customer's bank is not directly involved. The service supplier in this case will address himself to an agency similar to a factoring agency to collect the money from the customer with pseudonym P_C.

After receiving the request for payment from the service supplier, the customer gives the service supplier the permission/ order to have the money collected by a factoring agency and sign this message [1].

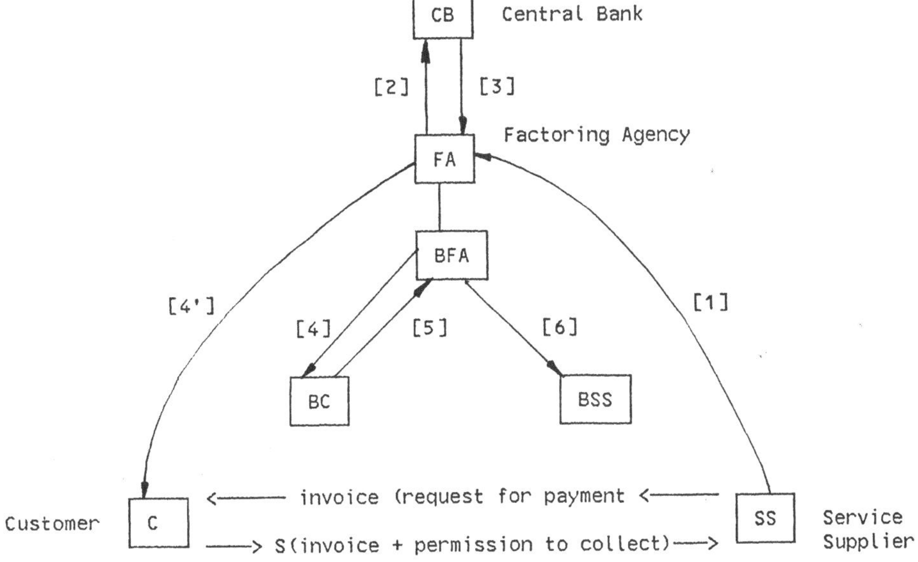

Then the service supplier sends the following data to the factoring agency: pseudonym P_c, invoice inv, permission pe of the customer, and the customer's signature of permission and invoice, encrypted with the key of the factory company E_{FA}[Inv, P_c, D_c(inv, pe)]. The factoring agency will address itself to the central bank (or central authority) [2], in order to get the customer identifying data CID back, [3].

Then Factoring Agency FA will get the money from the customer's bank BC by messages [4] and [5], the customer's account is charged respectively. The customer is notified by [4'].
Finally, the money is transferred from the factoring agency's bank to the service supplier's bank BSS [6] so that the service supplier's account is credited with that amount of money.

We remaind the reader that the proposals for anonymity, electronic money, and digital pseudonyms are not yet generally agreed upon and remain a topic for further study.

4.2 Authentication of Communicating Parties

To guarantee the scurity of the OSIS system we have to develop (a set of) security protocols (or procedures) for each step of a typical OSIS session.

4.2.1 Authentication Protocols Providing Different Levels of Security

The problem of authenticating communicating parties is discussed by presenting three protocols providing increasing levels of security.

1. Authentication protocol providing **security level zero**
The authentication hierarchy described in chapter 4.1.1 may be regarded sufficient for customer authentication. Every customer submitting his public key E , the signature of that key (signed with the secret key of his bank), the public key of his bank, and the signature of that key (signed with the secret key of the central bank), can be authenticated by the service supplier. The prerequisit of this concept to work is that the service supplier provides an open entry to his system by e.g. 'Logon OSIS'. That could work satisfactorily if and only if there is no wiretapping, no masquerading, etc., that use previously recorded messages of the session initialisation phase.
Therefore, we do not regard that protocol sufficient for authentication of communicating parties such as customer and service supplier.

2. Authentication protocol providing **security level one**

The zero level of authentication can be improved in the following way: The service supplier sends a random number - an unpredictable number - to the customer upon service request. The customer adds date and time dt to this number, signs that with his secret key, and sends this signature back to the service supplier.

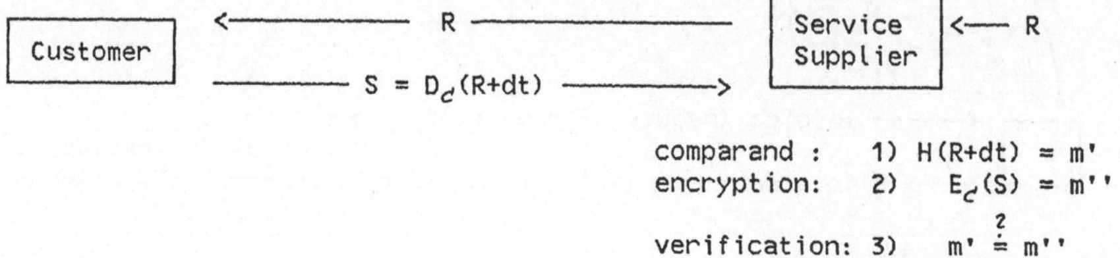

The same protocol can be applied with the roles exchanged, the customer sends a random number to the service supplier, etc, to obtain mutual authentication - but at only a weak level. By this protocol the timeliness of the session is maintained but an active wiretapper has still a good chance to modify messages by exchanging the keys.
This protocol is implemented in the first experimental version of the OSIS system.

3. Authentication protocol providing **security level two**

A highly secure level of authentication is obtained by a protocol to 'expose an eavesdropper' that verifies the public keys of both communicating parties after they have been exchanged in clear, e.g. in the request for service message 'Logon OSIS,E_c', E_c the public key of the customer. The service supplier may answer with his id and public key E_{ss}.
By this protocol - the interlock protocol - described in the next chapter in a general but detailed way, public keys and communicating parties are mutually authenticated securely.

4.2.2 The Interlock Protocol

During the session opening step (initializing phase) the communication parties exchange their public keys. The cheat a wiretapper Z they transmit their public keys again for verification according to the "interlock protocol" proposed by Rivest and Shamir [Rive84]. To introduce this protocol, we have to drop the assumption that messages are only transmitted in clear for a few critical messages.

M_A is the message that A wants to send to B
M_B is the message that B wants to send to A
E_A is A's public key
E_B is B's public key
E_Z is the wiretapper's public key

1) **A**: enciphers $E_B(M_A)$ and sends $E_B(M_A)_{FH}$ ————————> B

   A enciphers M_A with E_B **but** sends only the first half (FH) of the resulting ciphertext block to **B**

2) **B**: enciphers $E_A(M_B)$ **and sends** $E_A(M_B)_{FH}$ ————————> A

3) **A**: **sends** $E_B(M_A)_{SH}$ ————————> B

   A sends the second half (SH) of **the ciphertext block to B**

4) **B**: sends $E_A(M_B)_{SH}$ ————————> A

5) **A** and **B** concatenate the two halves of the messages received and use their secret keys D_A and D_B to read the message.

If the active wiretapper Z succeeds in replacing E_A and E_B by E_Z, he is able to do the following:
After step 1, Z has at his disposal the first half of $E_Z(M_A)$ but that is not enough to read M_A.
He must send B something, otherwise the communication will be terminated, and he will discover nothing about M_A and M_B at this time.
If he sends B the same half ciphertext message he received from A, B will later on try to decrypt it with the wrong key D_B and will get garbage: $D_B(E_Z(M_A)) \neq M_A$
Z may invent a new message, say M'_A encrypt it with E_B, and send B the first half of $E_B(M'_A)_{FH}$
Similarly, the wiretapper Z is forced to replace the unknown M_B by M'_B.

By the time Z discovers the true values of M_A and M_B in steps 3 and 4, it is too late to change M'_A and M'_B because the information is exchanged.
The only assumptions to be made on the messages M_A and M_B is that they follow a certain format with readable text.
With this interlock protocol the public keys of the parties are mutually authenticated, and thus A and B.

4.3 Authentication of Service Sessions

4.3.1 Session Identifier

Having authenticated the public keys of the sender (customer) and of the receiver (service supplier) we introduce a secure exchange of a session identifier. This session identifier is used in the signing procedure of both parties as an additional session stamp in each signature. The session-id SI is composed of values each party provides in the following way:

1) **A**: $E_B(SI_A)$ ——————> **B**

2) **B**: $E_A(SI_B)$ ——————> **A**

A and B combine SI_A and SI_B according to a predefined function to get the final session-id SI.

To exchange the partial session-ids, SI_A and SI_B, we may apply the interlock protocol again, or the exchange of the ids can be combined with the key verification procedure, i.e., messages M_A and M_B contain E_A and SI_A, and E_B and SI_B respectively, according to the protocol described in chapter 4.2.2.

1) **A**: encrypts $E_B(E_A+SI_A)$ and sends $E_B(E_A+SI_B)_{FH}$ ——————> **B**

2) **B**: encrypts $E_A(E_B+SI_B)$ and sends $E_A(E_B+SI_B)_{FH}$ ——————> **A**

3) **A**: sends $E_B(E_A+SI_A)_{SH}$ ——————> **B**

4) **B**: sends $E_A(E_B+SI_B)_{SH}$ ——————> **A**

SI_A and SI_B consist of unpredictable character strings. The session-id SI may be regarded as a bracket between the communicating parties - something that is provided and securely communicated by both - and of the individual dialogue/ session phases.

4.3.2 Extension of the Signature

The session identifier SI has to be included into the signature in such a way that a wiretapper has no chance to discover it. The agreed upon signing procedure outlined in chapter 3.3 looks like this:

A1) $C = H(M)$ M: message to be hashed; H: hashing function
A2) $S = D_A(C)$ C: hashed (compressed) message; S: signature

Signature verification step:
B1) $C' = E_A(S)$ "encryption"
B2) $C'' = H(M')$ M': message received
B3) $C'' \stackrel{?}{=} C'$ verification

Steps A1 and B2 are modified to include the session-id SI:
A1) C = H(M,SI)
B2) C"= H(M',SI)

The session-id is subjected to the hashing process for security reasons. To introduce a further step in the signature protocol in the following way turns out to be insecure, a saboteur might get knowledge of it:

A1)	$c = H(M)$	the message is hashed for signing
A1')	$C = c \oplus SI$	SI is X-ored to the hashed string
A2)	$S = D_A(C)$	the hashed string is signed by the sender
B1)	$C' = E_A(S)$	the saboteur 'encrypts' the signature for verification
	$C'' = H(M')$	computes another hashed block from the message transmitted in clear
	$SI = C' \oplus C''$	the session id SI is obtained by X-oring.

4.4 Authenticity and Security of the Session Phases

We propose to establish strong dependency relations

a) between the communicating parties by an authentication step that mutually authenticates the customer and the service supplier, and by mutually establishing a session-id known only to the parties that connects the events of a session.

b) among the individual service session steps - request for service, odering, request for payment, and payment-by signing all messages of contractual - or legal - value, and by incorporating into each signature the session-id and into each subsequent signature the signature - or part of it - of the previous step.

This supports certainly the verification procedure in case of a dispute.

Above all, we hope that these protocols will have a chance to be legally approved after some refinement steps.

5. Conclusion

In chapter 3.2 we described some characteristics of the assembler implementation on a mainframe computer. That implementation served us to demonstrate the feasibility of the OSIS concept to work by simulating the token within the computer. It served us also to perform some experimental measurements, and to optimize the parameters of the algorithm. The next steps towards the token is an ungoing implementation of the token functions on a hand-held computer, EPSON PX-8 with a Z80 processor.
The proposals for anonymity, especially that of electronic money and of digital pseudonyms are still under discussion in various OSIS European working groups, especially in working group 3, Legal Aspects. Alternative proposals will probably be developed by taking into account a variety of legal constraints in different countries.
I thank the members of OSIS European Working Group 1 Security Aspects for some contributions.

The description of the assembler implementation is based on the implementation documentation by Achim Jung, who implemented the RSA algorithm in the Siemens/ IBM assembler language.

6. References

Adle79 Leonard M. Adleman: A Subexponential Algorithm for the Discrete Logarithm Problem with Applications to Cryptography; in: Proc. IEEE 20th Annual Symposium on Foundation of Computer Science, Oct.1979, p.55-60

Adle83 Leonard M. Adleman; Carl Pomerance; Robert S. Rumely: On Distinguishing Prime Numbers from Composite Numbers; in: Annals of Mathematics, Vol.117, 1983, p.173-206

AhoH76 Alfred V. Aho; John E. Hopcroft; Jeffrey D. Ullman: The Design and Analysis of Computer Algorithms; Eddison-Wesley; 1976

Burk85 Herbert Burkert: OSIS and the Legal Environment, Draft OSIS-WG3-E, 85-06-10

Chau81 David L. Chaum: Untraceable Electronic Mail, Return Addresses, and Digital Pseudonyms; in: CACM, Vol.24, No.2, February 1981, p.84-88; ACM, Inc.; New York

Chau84 David Chaum: A New Paradigm for the Individuals in the Information Age: Cryptographic Systems for Pseudonymous Communication, Payments, and Credentials; in: Proc. Symposium on Security and Privacy, 1984, Oakland, p.99-103

Davi84a D.W. Davies; W.L. Price: Security for Computer Networks: An Introduction to Data Security in Teleprocessing and Electronic Funds Transfer; John Wiley & Sons; 1984

Davi84b D.W. Davies: A Hash function using modular arithmetic: contribution to ICCC'84 (7th International Conference on Computer Communication), Sidney

Denn81 Dorothy E. Denning; Giovanni Maria Sacco: Timestamps in Key Distribution Protocols; in: CACM, Vol.24, No.8, August 1981, p.533-536

Denn82 Dorothy E. Denning: Cryptography and Data Security; Addison-Wesley Publ. Co.; 1982

Denn83 Dorothy E. Denning: Protecting Public Keys and Signature Keys; in: IEEE Computer, Vol.16, No.2, February 1983, p.27-35

Denn84 Dorothy E. Denning: Digital Signatures with RSA and Other Public-Key Cryptosystems; in: CACM, Vol.27, No.4, April 1984, p.388-392

Diff76 Whitfield Diffie; Martin E. Hellman: New Directions in Cryptography; in: IEEE Transactions on Information Theory, Vol.IT-22, No.6, Nov.1976, p.644-654

Fair84 R.C. Fairfield; R.L. Mortenson; K.B. Coulthart: An LSI Random Number Generator (RNG); in: Advances in Cryptology: Proc. CRYPTO 84 (Blakley; Chaum eds), Lecture Notes in Computer Science No.196, p.203-230; Springer-Verlag; 1985

Herl78 Tore Herlestam: Critical Remarks on Some Public Key Cryptosystems; in: BIT, Vol.18, No.4, 1978, p.493-496 (cf. R. Rivest: Critical Remarks on 'Critical Remarks ...', in: BIT, Vol.19, 1979, p.274-275)

Juen83 R.R. Jueneman; S.M. Matyas; C.H. Meyer: Message Authentication with Manipulation Detection Codes; in: Proc. Security & Privacy 1983, p.33-54, IEEE Catalog No. 83CH1882-0

Lemp79 Abraham Lempel: Cryptology in Transition; in: ACM Computing Surveys, Vol.11, No.4, Dec. 1979, p.285-303

Knut81 Donald E. Knuth: The Art of Computer Programming: Volume 2/ Seminumerical Algorithms; Addison-Wesley Publ. Comp.; 1981, 2nd ed.

Morr75 M.A. Morrison; J Brillhart: A method for factoring and the factorization of F_7; in: Mathematics of Computation, Vol.29, 1975, p.183-205

Müll83 Christian Müller-Schloer: A Microprocessor-based Cryptoprocessor; in: IEEE Micro, Vol.3, No.5, Oct.83, p.5-15

NBS 77 National Bureau of Standards (US),: Data Encryption Standard (DES); NBS; Washington, D.C.; 1977; FIPS PUB 46

Poll75 J.M. Pollard: A Monte Carlo method for factorization; in: BIT, Vol.15, 1975, p.331-334

Pome81 Carl Pomerance: On the Distribution of Pseudoprimes; in: Mathematics of Computation, Vol.37, No.156, Oct.1981, p.587-593

Rabi80 Michael O. Rabin: Probabilistic Algorithm for Testing Primality; in: Journal of Number Theory, Vol.12, No.1, Feb. 1980, p.128-138

Rive78a Ronald L. Rivest; Adi Shamir; Leonard Adleman: A Method for Obtaining Digital Signatures and Public-Key Cryptosystems; in: CACM, Vol.21, No.2, February 1978, p.120-125

Rive78b Ronald L. Rivest: Remarks on a Proposed Cryptanalytic Attack on the M.I.T. Public-Key Cryptosystem; in: Cryptologia, Vol.2, No.1, 1978, p.62-65

Rive84 Ronald L. Rivest; Adi Shamir: How to Expose an Eavesdropper; in: CACM, Vol.27, No.4, April 1984, p.393-395

Satt83 J. Sattler; C.P. Schnorr: Ein Effizienzvergleich der Faktorisierungsverfahren von Morrison-Brillhart und Schroeppel; in: Computing, Vol.30, 1983, p.91-110

Sham84 Adi Shamir: Identity-Based Cryptosystems and Signature Schemes; in: Advances in Cryptology: Proc. CRYPTO 84 (Blakley; Chaum eds), Lecture Notes in Computer Science No.196, p.47-53; Springer-Verlag; 1985

Simm79 Gustavus J. Simmons; Michael J. Norris: Preliminary Comments on the M.I.T. Public-Key Cryptosystem; in: Cryptologia, Vol.1, No.4, Oct.877, p.406-414

Solo77 R. Solovay; V. Strassen: A Fast Monte-Carlo Test for Primality; in: SIAM Journal on Computing, Vol.6, No.1, March 1977, p.84-85

Will79 H.C. Williams; B. Schmid: Some Remarks Concerning the M.I.T. Public-Key Cryptosystem; in: BIT, Vol.19, 1979, p.525-538

SCHWACHSTELLEN DER INFORMATIONSSICHERHEIT IN LOKALEN NETZEN

Franz-Joachim Kauffels

Institut für Informatik der Universität Bonn

Lokale Netze sind ein vieldiskutiertes Thema. Während in der allgemeinen Diskussion rein technische Fragen zurücktreten zugunsten anwendungsbezogener Fragestellungen, so gibt es dennoch Punkte, die man nur durch Beachtung der internen Eigenschaften der Netze ausreichend diskutieren kann.

Zu diesem gehört auch das Spektrum der Fragestellungen bezüglich der Informationssicherheit, die man als Sicherheit gegenüber Ausfall, Sabotage und Spionage definieren kann.

Wir wollen hier systematisch Schwachstellen aufspüren und Lösungsansätze diskutieren.

Als Systematik dient uns eine Schichteneinteilung gemäß des ISO-Referenzmodells.

1. Einführung und Problemstellung

Wir wollen zunächst den Gegenstand der Betrachtung näher definieren:
Ein lokales Netz (Local Area Network, LAN) ist ein Datenkommunikationssystem, welches einer Anzahl von Einrichtungen (Endbenutzern, Stationen, Peripherie) eine partnerschaftlich orientierte Kommunikation hoher Datenrate auf räumlich begrenztem Gebiet (Campus, Fabrikgelände, Bürogebäude) ermöglicht.

LAN haben in der jüngeren Vergangenheit zunehmende Bedeutung in der Bürokommunikation, wo sie die Schaffung integrierter Arbeitsplätze unterstützen, in der industriellen Fertigungsumgebung, wo sie im Zuge der Prozeßautomatisierung verteilte Systeme unterstützen, und in den Rechenzentren, wo sie veraltete Verbindungsstrukturen ablösen, gewonnen. Die Vernetzung von PCs (Personal Computern) ist ein weiterer Anwendungsbereich.

Äquivalent zum Anwendungsbereich werden an die lokalen Netze als Nachrichten-Transportstruktur Anforderungen bezüglich der Informationssicherheit gestellt. Wir werden zunächst die Einflüsse, die die Einhaltung dieser Anforderungen in Frage stellen, kathegorisieren und danach ein Strukturmodell für Rechnernetze vorstellen, welches Hilfestellungen bei der Systematisierung der Betrachtung der Einflüsse und Effekte sowie deren Abwehr bzw. Neutralisierung gibt.

1.1. Einflüsse auf die Informationssicherheit

Die Effekte, die die Informationssicherheit lokaler Netze als nachrichtentransportierende Systeme negativ beeinflussen, lassen sich in Abstraktion der Komponenten wie folgt kathegorisieren:

P - Zugriff: Gefährdung der Informationssicherheit durch Dritte ohne direkte Manipulation an Systemkomponenten mit dem Ziel der Nutzung originaler Daten ("lesen", "abhören", "passive Spionage")

A - Zugriff: (Manipulation) Gefährdung der Informationssicherheit durch Manipulation Dritter an Systemkomponenten mit dem Ziel der Nutzung oder der Verfälschung originaler Daten ("schreiben", "aktive Spionage")

S - Ereignis: Gefährdung der Informationssicherheit entweder durch Manipulation Dritter an Systemkomponenten mit dem Ziel der Veränderung der Funktionalität bzw. der Außerbetriebsetzung ("Sabotage") oder durch das System selbst ohne Fremdeinwirkung durch Ausfall von Systemkomponenten ("mangelnde Zuverlässigkeit")

Die erste Gruppe wollen wir als aktive S-Ereignisse, die zweite Gruppe als passive S-Ereignisse bezeichnen.

I.a. setzen A-Zugriffe P-Zugriffe voraus, wenn z.B. der Spion zunächst unauffällig Kenntnis über interne Strukturen, Formate usf. erlangen will. Durch Dritte ausgelöste S-Ereignisse entsprechen entweder mechanischer Zerstörung oder setzen A-Zugriffe voraus, z.B. zum gezielten Schädigen von Software.

1.2. Das ISO - Referenzmodell

Rechnernetze stellen besondere Anforderungen an Konzeption und Realisierung sowohl in nachrichtentechnischer als auch in informationsverarbeitender Hinsicht. Abstraktion, Schichtenbildung und schrittweise Verfeinerung sind allgemein anerkannte Prinzipien für die Konstruktion komplexer Systeme.

Das ISO (International Standardisation Organistion) - Referenzmodell OSI (Open Systems Interconnection) ist ein Schichtenmodell, welches Aufbau und Arbeitsweise von Systemen, die innerhalb eines Netzwerkes, welches eine konforme Implementierung der Spezifikation im Modell ist, kommunizieren können, sowie das Netzwerk selbst Aufgabenorientiert strukturiert. Ursprünglich dient es der Einbettung von Standards, ist jedoch allgemein als Systematisierung anerkannt. Es gibt sieben Ebenen; auf jeder dieser Ebenen gibt es eine Menge von Arbeitseinheiten, die der nächsthöheren Ebene Dienste erweisen und sich dazu Dienste der nächstunteren Ebene bedienen. Auf jeder Ebene gibt es eine Menge von Vereinbarungen (Protokolle), die das Zusammenspiel von gleichberechtigten Ebenen - Arbeitseinheiten (horizontal) und von AEs der benachbarten Ebenen (vertikal) regeln. In jedem an das Netz angeschlossenen System muß eine Mindestmenge der Arbeitseinheiten implementiert sein.

Die unterste Schicht ist die physikalische Ebene, die die übertragungstechnischen Hilfsmittel zur Verfügung stellt, die bei der Verbindung von Systemen benötigt werden. Die nächstübergeordnete Schicht ist die Verbindungsebene, die von den physikalischen Wegen abstrahiert und die Verbindungen verwaltet, sowie eine elementare Fehlerkontrolle ausübt. Die wichtigste Aufgabe der Netzwerkebene ist die Bestimmung optimaler Wege zwischen Knoten im Netz. Die Protokolle der nächsten Schicht, der Transportebene, haben End-to-End-Charakter, da hier der nachrichtentransport-orientierte Teil des Systems im Netzwerk abgeschlossen ist und der nächsthöheren, der Sitzungs-Ebene, ein universeller Transportservice zur Verfügung gestellt wird. Die Transportebene hat für eine optimale Ausnutzung der verfügbaren Kommunikationsmittel zu sorgen. Eine Sitzung der Sitzungs-Ebene bezeichnet die logische Verbindung zwischen zwei Arbeitseinheiten der obersten Ebene. Sie muß dann errichtet werden, wenn zwei Anwendungsprozesse kooperieren möchten. Zwischen Sitzungs- und Anwendungsebene gibt es die Präsentationsebene, die i.w. anwendungsspezifische Formattransformationen durchführt. Die Anwendungsebene selbst zerfällt in einen Benutzer- und einen Management-orientierten Teil. AEs in letzterem dürfen die strenge vertikale Ordnung durchbrechen, um Daten zu sammeln und Effekte direkt vor Ort auszulösen.

Die Abb. 1 zeigt den Nachrichtentransport und die Schichten. Manchmal brauchen Knoten, die zwischen Netzwerken Nachrichten vermitteln und selbst keine Anwendungsprogramme bearbeiten (Gateways) nur die Implementierung der unteren Schichten. Andere, Hersteller-abhängige Netzwerkarchitekturen sind in großen Teilen konzeptionell konform zum ISO-Modell. Wir können uns also hier auf das Referenzmodell beschränken.
Mitunter hat es sich als zweckmäßig erwiesen, unter die physikalische Ebene noch eine Schicht zu setzen, die die Eigenschaften des verwendeten Übertragungsmediums beschreibt. Wir bezeichnen sie als Schicht 0, Medium-Ebene.

Wir wollen nun die Schwachstellen der Informationssicherheit in lokalen Netzen geordnet nach ISO-Schichten besprechen.

2.2. Schwachstellen in der Schicht 0, Medium-Ebene

Die Schicht 0 umfaßt die Übertragungsmedien als solche. Für übliche LANs haben wir zu unterscheiden zwischen

- verdrillter Leitung
- Koaxialkabel
- Lichtwellenleitern

2.1. P - Zugriff auf die Medien

Bei verdrillter Leitung und Koaxialkabel kann, da sie durch die bei der Übertragung von Nachrichten auftretenden magnetischen Wechselfelder im Kontakt zur Umwelt stehen, durch gewollte Herbeiführung des Nebensprecheffektes der P-Zugriff leicht herbeigeführt werden. Es kann sogar zu einem unbeabsichtigten P-Zugriff kommen. Der P-Zugriff wird vom LAN keinesfalls bemerkt, da er nur einen ohnehin vorhandenen Effekt ausnutzt.

Bei Lichtwellenleitern mit herkömmlicher Ummantelung ist kein P-Zugriff möglich. Das Entfernen der Ummantelung und das anschließende Biegen des Lichtwellenleiters zur Lichtauskopplung entspricht in den meisten Fällen einem S-Ereignis. Außerdem wird es mit hoher Wahrscheinlichkeit schnell bemerkt.

2.2. A - Zugriff auf die Medien

Die Technik mancher LANs läßt es zu, daß die Kabel, insbesondere Koaxialkabel, während des laufenden Betriebs "angezapft" werden. Dies ist für eine schnelle Installation nützlich. Ein Gerät, TAP (Terminal Access Point) genannt, umklammert dabei das Koaxial-Kabel. Es werden dann Kontakte an Innen- und Außenleiter gebohrt, womit die Verbindung hergestellt wäre, wie dies die Abb. 2 zeigt.

Eine derart hergestellte Verbindung fällt im Netz nicht auf, das Eindringen in das System wird nicht bemerkt. Nachrichtentechnisch hat nun ein Spion alle Möglichkeiten des A-Zugriffs.

Wegen der ohnehin schwierigen Verbindungs- und Verzweigungstechnik ist es nicht möglich, einen A-Zugriff auf einen Lichtwellenleiter durchzuführen, ohne ihn wenigstens für kurze Zeit zu unterbrechen. Selbst wenn dies nicht bemerkt wird, ist eine erhebliche Beeinflussung der Dämpfungsbilanz nicht auszuschließen, so daß der A-Zugriff offengelegt wird.

2.3. S - Ereignisse

Passive S-Ereignisse treten mit sehr geringer Wahrscheinlichkeit auf. Aktive S-Ereignisse, wie mechanische Zerstörung, Zerstörung durch Säure oder Überhitzung betreffen alle Medien etwa gleich stark. Lichtwellenleiter können z.B. durch Stahltrossenmäntel weniger angreifbar gemacht werden. Eine Bewehrung der Medien z.B. durch zusätzliche Stromkabel ist meist unpraktikabel.

Weitere aktive S-Ereignisse sind von außen induzierte Störungen, die die Funktionalität herabsetzen. Bei verdrillten Leitungen und Koaxialkabeln können sie in Art des P-Zugriffs realisiert werden.

3. Schwachstellen in der Schicht 1 (Physikalische Ebene)

In dieser Schicht kommen aktive Komponenten zum Tragen. Grundsätzlich sind sie als anfälliger gegen P- und A-Zugriffe sowie S-Ereignisse anzusehen.

Es interessieren hier insbesondere die Geräte (Kommunikationsgeräte und Datenverarbeitungsgeräte) und die LAN-Topologien. Eine Topologie ist eine abstrakte Beschreibung eines Netzes, ein Graph, dessen Knoten die Stationen (Geräte) und Kanten die Leitungen sind.

3.1. P - und A - Zugriffe sowie S - Ereignisse bei Geräten

Geräte sind i.a. sehr verletzlich. Unter Ausnutzung elektromagnetischer Effekte können Geräte leicht und unbemerkt P-Zugriffen unterliegen. Hilfreich sind hier lediglich die FTZ-Vorschriften über Störstrahlfestigkeit, die die Abstrahlung der Geräte nach außen minimieren und ebenfalls eine Abschirmung gegen Strahlungen von außen (S-Ereignisse) vorsehen. Viele ausländische Geräte erfüllen diese Vorschriften nur mühevoll. A-Zugriffe sind schwieriger unauffällig zu realisieren.

Von den aktiven S-Ereignissen sind Herabsetzung der Funktionalität bzw. Zerstörung durch gewollt induzierte Hochspannung die wichtigsten. Passive S-Ereignisse wollen wir hier nicht besprechen.

3.2. Stern - LAN oder PABX

Die Topologie ist in der Abb. 3 dargestellt. Sie kann entweder für lokale Netze oder für Digitale Nebenstellenanlagen (PABX = Private Automatic Branch Exchange) verwendet werden. Bei LAN muß man unterscheiden, ob die Topologie mit einer aktiven vermittelnden Zentrale (aktiver Stern) oder lediglich mit einem passiven Koppelglied (passiver Stern) bechrieben wird. Will eine Station mit einer anderen kommunizieren, so wendet sie sich bei einem aktiven Stern an die Zentrale und diese stellt die Verbindung her. Passive Sterne werden wie logische Ringe oder Busse verteilt verwaltet. Einzelheiten siehe dort oder in (5).

3.2.1. P - und A - Zugriffe bei Stern-Topologien

P-Zugriffe hängen vom verwendeten Übertragungsmedium ab. A-Zugriffe können die Informationssicherheit vor allem bei großen Zentralen (insbes. PABX-Zentrale) beeinflussen. Ein A-Zugriff wird vornehmlich dadurch erreicht, daß sich der Spion an die umfangreiche Zentrale auf einem legalen Weg anzuschließen versucht. Die Entdeckung hängt dann von seiner Aktivität und der Komplexität der Installation ab.

Aktive Komponenten können gegen P- und A-Zugriffe nur durch z.B. Bleiummantelung geschützt werden.

Passive Sterne werden mittels distributiver Regelung des Nachrichtentransportes in Art eines logischen Busses oder Ringes verwaltet. Der Erfolg von P- und A-Zugriffen hängt dann von den höheren Funktionsschichten ab.

3.2.2. S - Ereignisse bei Stern-Systemen

Je umfangreicher eine Zentrale bei aktiven Sternen ist, desto wahrscheinlicher ist ein passives S-Ereignis. Der Ausfall der Zentrale zieht den Gesamtausfall des Netzes nach sich. Zentralen müssen daher besonders gegen passive S-Ereignisse geschützt werden. Die Schaffung von Redundanz ist hier das einzige geeignete Mittel. Es sind zwei Vorgehensweisen möglich: die Vervielfachung von kritischen Baugruppen innerhalb einer Zentrale und/oder die Distribution der Zentrale in mehrere Teilzentralen, die in der Lage sind, Aufgaben einer von einem S-Ereignis betroffenen Teilzentrale nach Erkennung des S-Ereignisses zu übernehmen. Die neueste Generation der PABX-Anlagen arbeitet nach diesem Prinzip (DCBX = Distributed Computerized Branch Exchange).

Die Distribution ist das einzige geeignete Mittel gegen aktive S-Ereignisse, da z.B. nach einem Software-Eingriff in eine Teilzentrale den anderen Teilzentralen das abnorme Verhalten schneller auffällt als einer Zentrale, die sich selbst beobachtet und die Reaktionsfähigkeit bedeutend besser ist, da ein Saboteur sich nicht gleichzeitig in alle Teile einschleusen kann. Auch gegen mechanische oder elektrisch induzierte Störungen sind die verteilten Zentralen besser gewappnet.

Passive Stern-Systeme haben hier weniger Probleme, da es eigentlich nur das elementare aktive S-Ereignis der Zerstörung des passiven Koppelpunktes gibt, welche das gesamte Netz außer Betrieb setzt. Hier hilft ebenfalls eine redundante Ausführung, wie sie die Abb. 4 zeigt. Passive S-Ereignisse können wegen der geringen Wahrscheinlichkeit des Auftretens außer Betracht gelassen werden.

3.3. Ring - LAN - Systeme

Ein Ring-LAN (Abb. 5) wird in der Regel unidirektional betrieben. Aus Gründen der Minimierung der Gesamt-Nachrichtenverzögerung ist bei den meisten Systemen die Anzahl der auf dem Ring darstellbaren Bits kleiner als die Länge eines Nachrichtenpaketes. Daher darf zu einer Zeit nur eine Station senden. Die Zuteilung des Übertragungsmediums erfolgt nach verteilt realisierten Verfahren, die wir später kurz besprechen. A- und P-Zugriffe sind für die angeschlossenen Endgeräte wie in 3.1. und bezogen auf die Leitungen wie in 2. zu bewerten.

3.3.1. S - Ereignisse bei Ring - LAN

Die interessierenden S-Ereignisse sind der intern und extern verursachte Ausfall. Passive Beipässe können den Ausfall einer Station unkritisch gestalten, da bei jeder Art von Deaktivierung das logische Relais auf die Umwegschaltung abfällt (Abb. 6). Der Ausfall einer Leitung führt bei einem einfachen System gemäß Abb. 5 zum Totalausfall. Der Ausfall einer Leitung wird sofort an fehlenden Signalströmen erkannt. Aus Sprachorganisationsgründen wird auch bei Abwesenheit eines Nachrichtenpaketes ein "Ruhesignal" über den Ring gesendet. Analog wird eine Störung durch Induktion an der verfälschten Signalform, erkannt. Weiterhin erhält eine sendende Station in der Regel ihre eigene Nachricht zurück. Dadurch fällt ein Fehlverhalten des Systems ebenfalls sofort auf. Dies macht man sich bei der normalen Operation zur Erkennung von Übertragungsfehlern und logischen Fehlern zunutze (5.).

3.3.2. Abwehr von S - Ereignissen, bzw. Rekonfiguration

Der Leitungsausfall kann nur durch die Schaffung von Redundanz bewältigt werden. Bei allen Konstruktionen, die wir anchließend besprechen, müssen in den Stationen Algorithmen implementiert werden, die die Erkennung von Fehlern und das Wiederaufsetzen nach ihnen nach vorgeschalteter Rekonfiguration realisieren. Das Grundprinzip ist, auf Topologien auszuweichen, die vorgefertigte Umwege besitzen, wodurch die Anzahl der Leitungen steigt. Wir wollen einige Beispiele besprechen. Eine tiefergehende vergleichende Darstellung findet man in (3.).

3.3.2.1. Doppelring

Neben dem eigentlichen Ring existiert ein Ausweichring. Im Falle eines Einfachfehlers (Unterbrechung an einer Stelle eines Ringes) wird auf den zweiten Ring ausgewichen. Siehe dazu die Abb. 7.

Einen einzigen Doppelfehler kann man auch noch beheben, wie die Abb. 8 zeigt, wobei jedoch die Auswahl der Stationen, an denen die Rückschaltung vorgenommen werden soll, durch einen verteilt realisierten Algorithmus nur mit hoher Verzögerung vorgenommen werden kann, wie Erfahrungen mit solchen Konstruktionen gezeigt haben. Ein solches Verfahren wird z.B. bei PLANET benutzt.

Ein Doppelring ist nicht in der Lage, auf wesentlich mehr Fehler zu reagieren.

3.3.2.2. DDLCN

Beim Distributed Double Loop Computer Network werden zwei Ringe gegenläufig betrieben. Im Normalbetrieb werden hier im Gegensatz zu den Doppelringen alle Leitungskapazitäten ausgenutzt. Eine Nachricht wird also im Regelfall in die Richtung geschickt, in der es "näher" zum Empfänger ist. DDLCN arbeitet mit dem Register-Insertions-Verfahren. Es existieren jedoch im Gegensatz zu dem bekannteren einfachen DLCN-System in jeder Teilnehmerstation zwei verschiedene umschaltbare Puffer. Tritt nun ein Einfachfehler auf, so ist lediglich dieses betroffene Stück Übertragungsleitung nicht mehr arbeitsfähig. Die Puffer in den benachbarten Stationen sorgen dennoch für einen reibungslosen Transport. Dazu wird die der ausgefallenen Leitung parallel liegende im Halbduplexbetrieb benutzt. Der Registerinsertionsmechanismus beinhaltet eine Flußkontrolle, die mit einer langsam gewordeneren Übertragungsstrecke keine weiteren Probleme hat.

Tritt ein Doppelfehler auf, so werden dies die in unmittelbarer Nachbarschaft befindlichen Stationen dadurch bemerken, daß keinerlei Datenströme mehr vom jeweiligen Nachbarn kommen. Der gesamte Ring wird dann im Halbduplexverfahren betrieben. Es können demnach ruhig noch eine Reihe von Einfachfehlern auftreten. Erst ein weiterer Doppelfehler legt das System lahm. Zu den Algorithmen siehe (4.) und (5.), weiterhin Abb. 9, 10 und 11.

3.3.2.3. Zopf

Die Verzopfung eines Ringes in unterschiedlichen Graden stellt ein probates Mittel dar, Fehlstellen zu überspringen. Leider werden den Fehlstellen unmittelbar folgende Stationen entweder isoliert oder sind nur indirekt erreichbar.

Es werden Routing-Entscheidungen notwendig, die jedoch mit angemessener Komplexität getroffen werden können.

Die Verzopfung wird beim SILK-Ring angewendet. Siehe hierzu Abb. 12. Nähere Einzelheiten in (6.).

Gegen aktive S-Ereignisse im Sinne der Sabotage sind sicherlich auf mehrfacher Verzopfung basierende Systeme am besten gewappnet, da ein Gegner zur effizienten Außerbetriebsetzung zunächst die vollständige physikalische Struktur ausmachen muß.

Weiterhin konvergieren diese Ringe mit zunehmendem Verzopfungsgrad gegen vollständige Graphen.

Zum Abschluß sei darauf hingewiesen, daß Ringsysteme prädestiniert für die Realisierung mit Lichtwellenleitern sind.

3.4. Bus - LAN

Die Bustopologie ist die bei LAN am weitesten verbreitete. Sie hat sich vor allem im Bereich der Bürokommunikation eine Vorrangstellung sichern können. Die bei Ringsystemen unterschiedlichen Nachrichtenverzögerungen treten hier nicht auf. Beim Bus sind alle Stationen gleichberechtigt an das wechselseitig ausgeschlossen zu benutzende Übertragungsmedium angeschlossen. Stationsfehler führen i.a. nur zur Nichtadressierbarkeit der Station. Das passive Medium ist sehr zuverlässig. Bei Anschlag auf das Medium zerfällt dieses in zwei Teile, die jedoch evtl. noch autonom lebensfähig sind und auf den Anschlag angemessen reagieren können.

Kritischer sind P- und A-Zugriffe. Bei Bus-LAN wird als Übertrgungsmedium ausschließlich Koaxialkabel verwendet, welches ideal für P-Zugriffe ist. A-Zugriffe können fast legal über die hier hauptsächlich verwendeten TAPs hergestellt werden; aufgrund nachrichtentechnischer Eigenheiten von Basisband-Bus-LANs, auf die wir hier nicht näher eingehen können, bestehen gute Chancen, daß A-Zugriffe nicht bemerkt werden. Ein A-Zugreifer kann sich, wie wir in 4.1. noch ausführen werden, leicht wie eine legale Station verhalten.

Abhilfe können nur passive Sternstrukturen mit Lichtwellenleitern schaffen, die logisch wie ein Bus verwaltet werden, da hier die Voraussetzungen für einen A-Zugriff sehr ungünstig sind. Die passiven Koppler solcher Systeme haben eine festgelegte Anzahl von Anschlüssen, die somit auch kontrollierbar ist. Dies ist bei Koaxialkabel-Bussystemen nicht so.

3.5. Baumförmige Topologien

Baumsysteme gehen mit der Breitbandtechnik einher und werden logisch wie Bussysteme verwaltet. Zusätzlich kritischer Punkt ist das Headend (Wurzel), welches bei der Mid-Split-Übertragungstechnik auch Frequenzumsetzer ist. Diese Elemente sind jedoch von der CATV(Common Antenna Tele Vision)-Technik her bekannt und leicht und billig redundant auszuführen. Doppelkabelsysteme haben von der Sicherheit her keine besonderen Vorzüge gegenüber Mid-Split-Systemen, da je ein Kabel für Hin- und Rücksendung benutzt wird und schon der Ausfall eines Kabels einen evtl. Totalausfall nach sich zieht. Die Breitbandtechnik bietet die Möglichkeit der Verschlüsselung durch besondere Modulationsverfahren, die zusätzlich mit stochastischer Frequenzbandvergabe gekoppelt werden können. Solche Verfahren sind aus der militärischen Funkübertragungstechnik bekannt und besonders geeignet, Systeme auf dieser Ebene gegen A- und P-Zugriffe zu schützen. Gegen S-Ereignisse sind Breitbandsysteme ebenso anfällig wie Basisbandsysteme. Besondere Schutzmaßnahmen müssen im Hinblick auf den zentralen Frequenzumsetzer bzw. Verstärker getroffen werden.

Fazit: Welches System zu bevorzugen ist, hängt stark vom jeweiligen Anwendungsfall ab. Man kann hier keine allgemeingültigen Aussagen machen.
Auf Fehlerquellen durch evtl. fehlerhafte Verbindungsstücke wollen wir hier nicht näher eingehen.

4. Schwachstellen der Informationssicherheit in der Schicht 2, Verbindungs-Ebene

Die ersten etwas komplexeren Algorithmen in Rechnernetzen siedeln ab der Schicht 2. Wir können hier die wesentlichen Probleme nur anschneiden und beschränken uns dabei auf gängige Verfahren.

4.1. CSMA - Protokolle

Diese Wettbewerbsprotokolle haben eine erhebliche Verbreitung im Zusammenhang mit Systemen wie ETHERNET erfahren. Sie regeln den Zugang zum gemeinsam benutzten, wechselseitig ausgeschlossenen zuzuteilenden Übertragungsmedium. Das bekannteste Verfahren ist CSMA/CD (Carrier Sense Multiple Access with Collision Detection: Vielfachfachzugriffssteuerung durch Abhören des Mediums mit Erkennung von Kollisionen). Bevor eine Station sendet, hört sie das Medium ab, ob "frei" ist; wenn ja, sendet sie, wobei es zu Konflikten mit anderen Stationen kommen kann, die in der gleichen Phase sind; wenn nein, versucht sie es später nochmals. Hier kann es jedoch vorkommen, daß eine Station ihr Paket nicht an das Netz senden kann, wenn das Medium stark besetzt ist und dieses Paket mehr als 15mal kollidiert. Nach einer langen Wartezeit wird also das Paket an eine höhere Ebene zurückgegeben. Abgesehen davon, daß dieses Verhalten des Verfahrens das System für Echtzeitanwendungen unbrauchbar macht, ergeben sich erhebliche Probleme für die Zuverlässigkeit.

Ist bereits ein A-Zugriff an das Busmedium erfolgt, so kann der Spion sich leicht in den Verkehr einmischen und so S-Ereignisse herbeiführen. Die Spezifikation des Übertragungsprotokolls ist leicht zugänglich und sogar als Standard veröffentlicht. Wenn er sich an die Konventionen hält, kann er nicht nur Nachrichten empfangen, sondern auch Pakete versenden. Dadurch kann er bei weiterer Kenntnis der Systemstruktur erheblichen Schaden anrichten. Zwei oder mehr Spione am Bus-LAN können freizügig miteinander kommunizieren, wenn sie den Adreßraum richtig ausschöpfen, da in vielen Fällen keine Kontrollinstanz für die Pakete auf dem Netz vorhanden sind.

CSMA-Systeme sind nicht in der Lage, ein durch S-Ereignisse geschädigtes System zu rekonfigurieren. Eine Verbesserung ist nur durch eine zwischengeschaltete LLC (Logical Link Control) zu erreichen.

4.2. Token - Protokolle

Bei Ringsystemen sind die Token-Protokolle führend. Auch Busse lassen sich mit ihnen verwalten.

4.2.1. Arbeitsweise der Token - Protokolle

Ob eine Station senden darf oder nicht, hängt davon ab, ob es ihr gelungen ist, ein bestimmtes Zeichen, das Token, zu aquirieren. Das Token wird nach einer erfolgten Sendung oder wenn kein Sendewunsch vorlag, an den Nachfolger im physikalischen oder logischen Ring weitergegeben. Auch bei erheblicher (maximaler) Last des Gesamtsystems sind Token-Zugangsprotokolle in der Lage, eine Durchsatzgarantie für jede Station und eine obere Schranke für die Wartezeit zu garntieren. Wenn das System also nicht durch äußere Einflüsse bechädigt wird, ist sichergestellt, daß ein Paket auf das Netz kommt. Außerdem ist eine zuverlässige Kontrolle darüber gegeben, ob das Paket auch vom Empfänger aufgenommen wurde. Für Bussysteme wurde das Token-Übertragungsprotokoll in folgender Weise adaptiert (Token Bus): auf dem Bus wird ein logischer Ring etabliert. Auf diesem läuft das Token Ring Verfahren. Der Token Bus ist in der Lage, sich dynamisch zu rekonfigurieren, es ist sogar üblich, daß das System wächst und schrumpft. Dadurch ist eine hohe Zuverlässigkeit gegeben, da ein deterministischer Algorithmus dafür sorgt, daß auf jeden Fall der Verkehr innerhalb des logischen Ringes aufrechterhalten bleibt.

4.2.2. Abwehr von S - Ereignissen

Das Token-Protokoll auf einem Ring hat keine Rekonfigurationsmöglichkeiten, wenn der Ring soweit zerstört ist, daß es zwischen zwei oder mehr Stationen keine Verbindung mehr gibt. Ansonsten greifen die in 3.3.2. genannten Maßnahmen. Nach einem erfolgreichen A-Zugriff kann jedoch ein Spion mit den genannten Konsequenzen senden und empfangen. Anders ist es jedoch beim Token Bus.
Ein Spion wird es nicht leicht haben, sich in das System einzuschalten, da das Einfügen eines neuen Mitglieds in den Ring zufällig von einer bereits im Ring befindlichen Station bewerkstelligt und initiiert wird. Man kann also in allen Stationen Informationen darüber ablegen, wer berechtigt zum Eintritt in den logischen Ring ist. Diese Information kann man geeignet schützen und so eine Fremdeinwirkung sofort aufspüren und lokalisieren.

Durch die dynamische Rekonfigurierung wird ein Token Bus auf Anschlag auf das gemeinsame Übertragungsmedium durch die Schaffung zweier geschlossener Subsysteme reagieren. Diese Subsysteme können dann noch dazu herangezogen werden, Datensicherung oder ähnliches vorzunehmen. Der Token Bus ist das einzige Übertragungsprotokoll außer dem DDLCN-Protokoll, welches auf nichttriviale Fehler reagieren kann. Er ist ideal für die Durchsetzung von Schutzanforderungen.

4.3. HDLC - Protokolle und Verwandte

Für eine Gruppe der Lokalen Netze werden HDLC (High Level Data Link Control)-Prozeduren oder HDLC-ähnliche Prozeduren für die Kontrolle eines globaleren Informationsflusses auf Paketebene benutzt. Unter gewissen Situationen können diese Protokolle

Fehlfunktionen aufweisen, die wir wegen ihres seltenen Vorkommens bei Inhouse-Netzen einerseits und der logischen Komplexität andererseits hier nicht näher besprechen können. Das Protokoll der Schicht 4 sollte jedoch in der Lage sein, derartige Fehler zu erkennen und zu unterdrücken. Ist dies gegeben, so ist von diesen Protokollen her keine Gefährdung der Informationssicherheit zu erwarten.

HDLC-Protokolle sind an logische oder tatsächliche Verbindungen zwischen Kommunikations-Quellen bzw. Senken gebunden. Sie haben keine große Einflußmöglichkeit bei durch Sabotage entstandenen Ausfällen.

Es ist für einen Spion leicht möglich, eine Verbindung abzuhören, wenn er das Medium abhören kann, gleich welches Verbindungsprotokoll gefahren wird. Unter HDLC ist es jedoch sehr schwierig, Nachrichten in das System zu inserieren, da diese Nachrichten, wenn sie nicht in den allgemeinen HDLC-Ablauf passen, von den Empfängern als fehlerhafte Nachrichten zurückgewiesen werden. Eine virtuelle HDLC-Verbindung besteht oft, bei IBM's SDLC (Synchronous Data Link Control) nur, aus Primär- und Sekundärstationen, von denen erstere netzweit bekannt sind und alle Rechte haben. Ein Spion müßte zur Erreichung eines durchschlagenden S-Effektes Primärstation werden, was in der Regel Schwierigkeiten bereitet.

4.4. Erhöhung der Informationssicherheit durch eine logische Verbindungskontrolle LLC

In der Standardisierung wird von IEEE der Ansatz verfolgt, schon auf der Schicht 2 zuverlässige logische Verbindungen zur Verfügung zu stellen, bei denen im großem Umfange Fehler erkannt werden können und nach Fehlern wiederaufgesetzt werden kann. Eine Verbindung hat so je eine definierte Etablierungs-, Durchführungs- und Terminierungsphase. Alle diese Phasen sind Hindernisse beim Eindringen in das System, da immer umfangreichere Kenntnisse notwendig sind und immer mehr "Fallen" eigebaut werden können. Im Zuge der Verbesserung der Informationssicherheit wird die Verwendung solcher fortgeschrittenen Protokolle dringend empfohlen. Die Protokolle können mit allen Zugangsprotokollen, die im Standard verankert sind, also sowohl Token Bus und Token Ring als auch CSMA/CD-Systeme, zusammenarbeiten. Die Logische Verbindungskontrolle ist außerdem in der Lage, durch eine genau definierte Schnittstelle den Management-Einheiten höherer Schichten Fehlerfälle mitzuteilen und evtl. dort programmierte Reaktionen auszulösen.

Fazit: Die im IEEE-802 verankerte Kopplung von Logischer Verbindungskontrolle zu einem zuverlässigen Zugangsprotokoll, wie es der Token Bus darstellt, ist nur zu empfehlen. Für den Token Bus sind Systeme bekannt bzw. in Entwicklung, die auf Lichtwellenleitern basieren. Sie können die Grundlage für wirklich zuverlässige Transportsysteme bilden.

Die Netzwerkschicht hat bei LANs nur eine untergeordnete Bedeutung. Mit dem Hinweis darauf, daß sich durch die Einbeziehung von Kopplungen zu externen Netzen erhebliche weitere Probleme auftun, wollen wir ihre Besprechung auslassen.

5. Sicherung der Information auf der Transportschicht

Wie bereits in 1.2. ausgeführt, stellt diese Schicht einen universellen Transportservice hoher Qualität für die darüberliegenden Schichten zur Verfügung. Die Protokolle auf dieser Schicht können unterschiedlich sein, haben jedoch alle folgende Grundelemente:

- Verbindungsaufbauphase: aus dieser Session-Schicht muß der Wunsch nach einem Verbindungsaufbau mit einer anderen entfernten Session-Arbeitseinheit kommen. Dieser Wunsch muß mittels eines Passwortes authentifiziert werden. Ist dies in Ordnung, verhandeln die Transportschicht-AEs in den korrespondierenden Rechnern die Qualität des Services. Dabei kann das Passwort auch nochmals zur Überprüfung an die entfernte Station gesendet werden. Ggf. kann die entfernte Station die Verbindungsaufnahme ablehnen. Die Transportebene beauftragt bei positivem Authentifizierungsverlauf die unteren Schichten mit der Bereitstellung eines logischen Kanals. Dieser beruht dann auf eindeutigen Wechselbeziehungen und ist lediglich abhörbar. A-Zugriffe und S-Ereignisse, die auf höhere Schichten durchschlagen, können höchstens zum Abbruch der Verbindung führen, wenn das Protokoll geeignet ausgelegt ist.
- Transferphase: in dieser Phase werden die Daten ausgetauscht. Es gibt Möglichkeiten zur Fehlererkennung, Flußkontrolle und zum Wiederaufsetzen nach Fehlern. Die Transportschicht-AEs werden immer bestrebt sein, die logische Verbindung aufrecht zu erhalten. Ein Eindringen in diesen Kanal zur aktiven Schädigung ist nur unter Außerbetriebnahme einer aktiven Sekundär-Station möglich. Dies kann jedoch durch geheime Kontrollnachrichten, die die Netznachrichten überlagern, verhindert werden. Auch hier ist also Redundanz Voraussetzung für die Schaffung von Informationssicherheit.
- Verbindungsabbauphase: Verbindungen werden in einem Hand-Shaking-Verfahren gelöst. Sie sind dann nicht wiedererweckbar. Für eine Fortsetzung des Datentransfers muß eine neue Verbnindung aufgebaut werden. Manchmal findet man auch das Aborten von Verbindungen. Dies führt jedoch zu einseitig hängenden Verbindungen, die leicht A-zugreifbar werden. Daher sollte ein zuverlässiges Transportprotokoll diese Möglichkeiten nicht beinhalten.

Ein gutes Transportprotokoll bietet also die Möglichkeit, durch geeignetes Zusammenspiel mit den unteren Schichten, Information zu schützen. Dies kann zusätzlich durch Codierung der Information und ausgeprägte Timeout-Mechanismen ("Zeitfallen") bewirkt werden.

Je umfangreicher der Service ist, den die unteren Schichten anbieten, desto effizienter können solche Systeme schützen. Eine Schicht 2 mit LLC und innerhalb dieser wiederum einen Authentifizierungsprozeß kann den Schutz wesentlich erhöhen, da sich eine Schicht 4 AE wiederum ausweisen müßte. Ein Saboteur oder Spion müßte sich also dann mindestens in den Besitz einer solchen AE bringen oder den Besitz vortäuschen.

Letztlich konvergieren diese Ideen zum Schutz gegen solche, wie man sie in Capability-basierten Rechen- und Betriebssystemen findet.

Der normale Trend zur Vereinfachung von Verbindungsaufbau, Verbindungsmanagement und Verbindungsabbau sollte im Zuge des Schutzes gegen unbefugtes Eingreifen in das System umgekehrt werden: je komplizierter eine Kontrollstruktur ist und je mehr Fragen eine etwaige Zielstation stellt, um schließlich der Aufnahme einer Verbindung zuzustimmen, desto schwieriger wird es für einen Unbefugten, in das System einzudringen.

6. Der Schutz in den höheren Schichten

In den höheren Schichten ist es immer so, daß irgendwelche Subjekte (aktive Komponenten wie Benutzer oder Prozesse) auf Objekten arbeiten. Der Schutz dieser Objekte, die letztlich die allgemeinen Ressourcen darstellen, ist ein allgemein bekanntes Problem. Lösungen mit Pförtnern oder Schutzobjekten können zwar angegeben werden, sind jedoch in vielen Fällen höchst komplex.

Da diese Problematik die Konstruktion zuverlässiger Verteilter Systeme betrifft, für die die Lokalen Netze nur eine Basis bezüglich de Nachrichtentransports sein können, wollen wir hier nicht näher darauf eingehen.

7. Zusammenfassung

Lokale Netze haben identifizierbare Schwachstellen der Informationssicherheit. Schon bei der initialen Systemauswahl entscheidet sich, in welchem Maße die Schwachstellen ausgeprägt sind und wie man sie ggf. beseitigen kann.

Das ineinandergreifende Zusammenwirken von Funktionseinheiten der Schichten 2.....7 kann bei geeigneter Auslegung ebenfalls verstärkten Schutz gewährleisten. Wie bei den meisten Betrachtungen über die Informationssicherheit muß man feststellen, daß der Schutz eines Systems nur bis zu einer gewissen Grenze möglich ist. Die eigentliche Schwachstelle ist der Mensch, der über die Schutzmaßnahmen Bescheid weiß oder Teil von ihnen ist. Ein technisches System wie ein LAN ist schwerlich in der Lage, sich gegen alle Angriffe zu schützen, die von Seiten des Menschen gegen es geführt werden, denn er hat mehr Einfallsreichtum.

8. LITERATUR

(1) IEEE 802 Standard für Local Area Networks, IEEE Publications Service, 1983/84/85

(2) ECMA 80 ff Standards für Local Area Networks, ECMA Genf 1983/84/85

(3) Falconer, R.M. A Study of Techniques for Enhancing the Relialility of Ring Local Area Networks, Proc. IFIP WG 6.4 Workshop on Ring Technology Local Area Networks, Kent, 1983, North Holland, 1984

(4) Liu Distributed Loop Computer Network in: Advances in Computers 17 (Hrsg. Yovitz) Academic Press 1978

(5) Kauffels, F.-J. Lokale Netze - Systeme für den Hochleistungs-Informationstransfer, Verlagsgesellschaft R. Müller, Köln 1984

(6) Hasler AG, Bern SILK - Ein System für die Inhouse-Informationsübertragung

Protokoll der Anwendungsebene
Protokoll der Präsentationsebene
Protokoll der Sitzungsebene
Protokoll der Transportebene
Netzwerk-
ebenen P.
Verbindungs-
ebenen P.
P. der Physi-
kalischen E.
7
6
5
4
3
2
1
Station A
Netz An
Gateway
Netz Bn
Station B

Abb.1

Koaxialkabel
Tap Schraube
Tap Block
Kabelschacht
Tap-Anklemmschraube
Basisblock
Teilweises
Anklemmen
Außenleiter-
Anschluß
Montage-
Blocks
Vollständi-
ges An-
klemmen
Innenleiter-
Anschluß 2
noch nicht
eingefahren
Montage-
Block
Innenleiter-
Anschluß 1

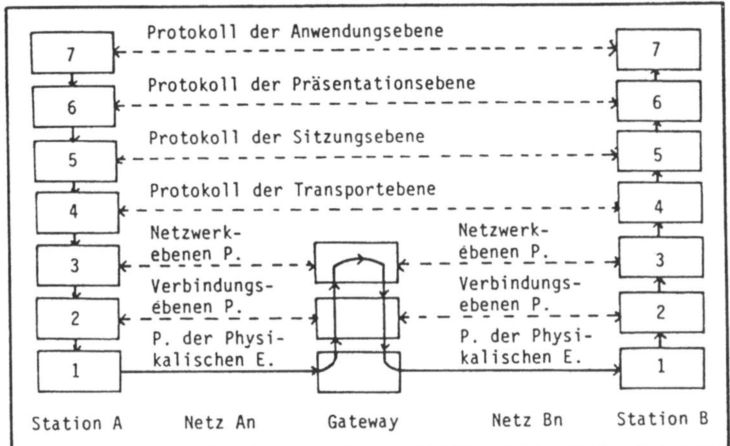

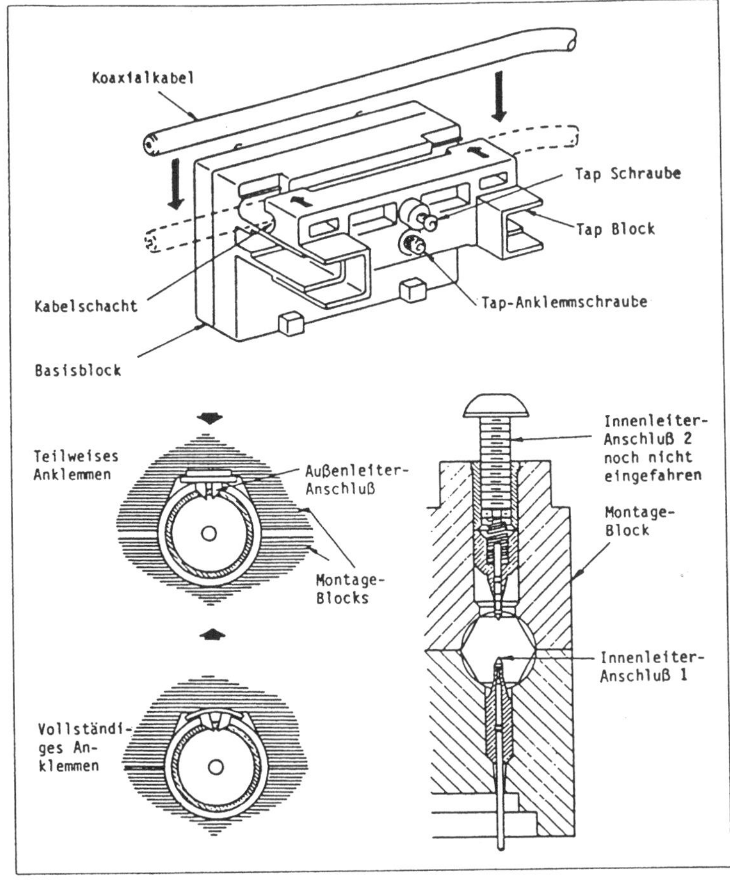

Abb.2

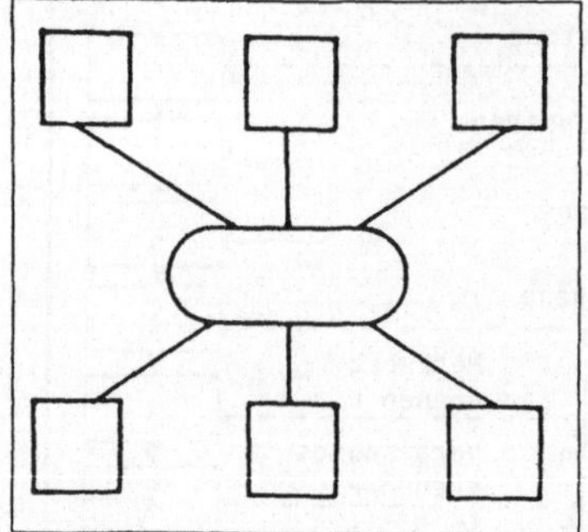

Abb. 3

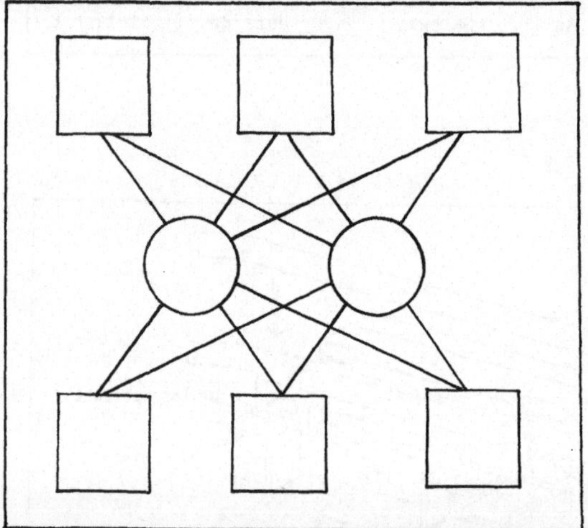

Abb.4

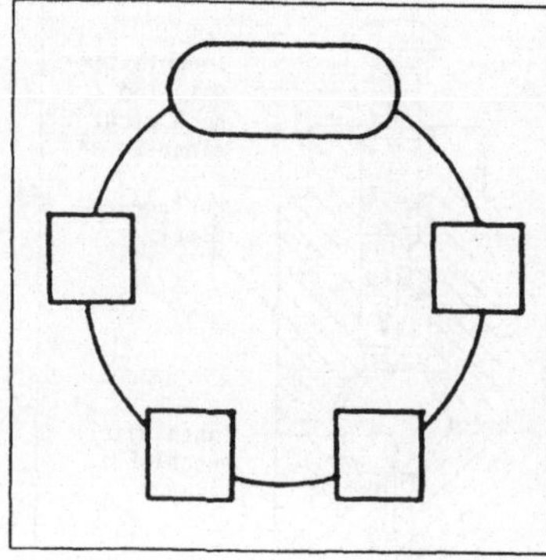

Abb.5

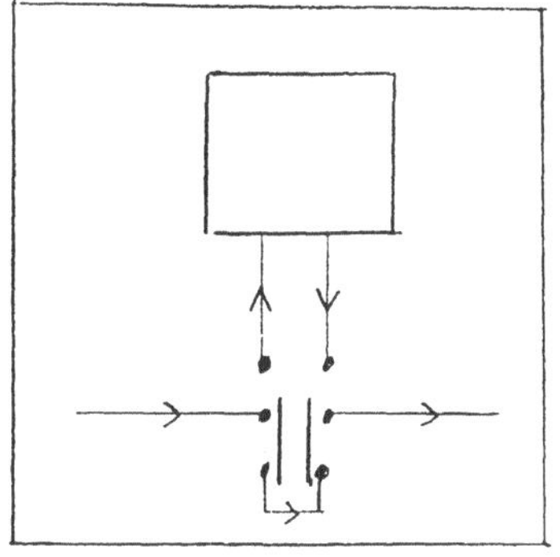

Abb.6

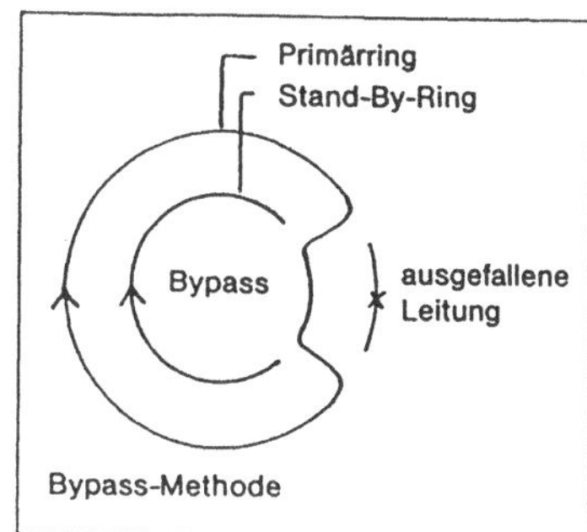

Abb.7

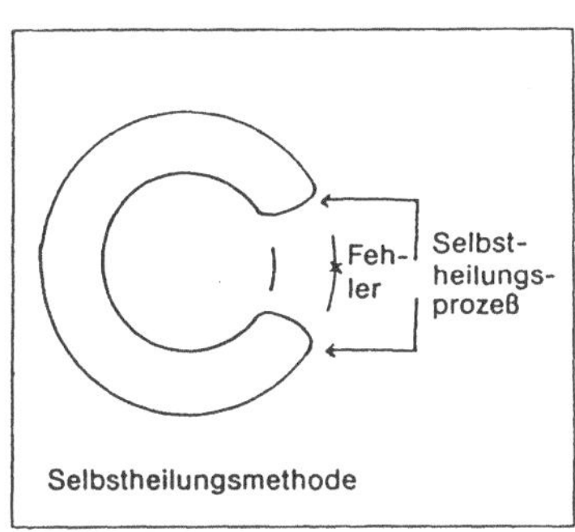

Abb.8

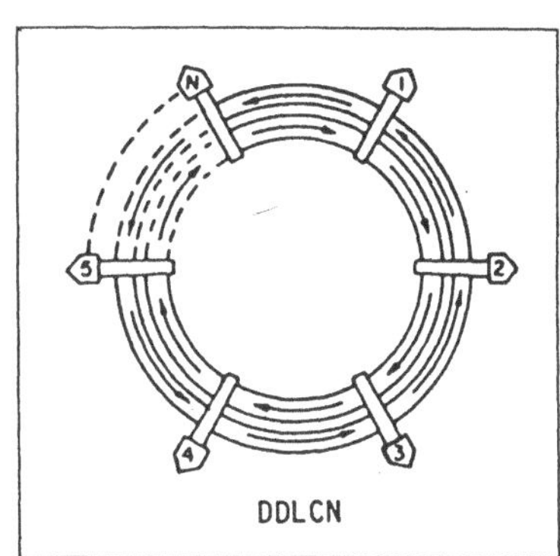

Abb.9

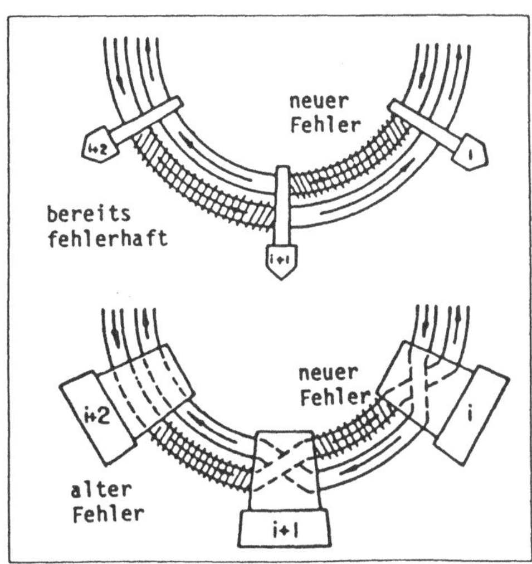

Abb.10

Ein Ring 1
Aus Ring 1
S1
S5
S7
S3
S2
S6
FIFO-Puffer
S8
S4
Aus Ring 2
Ein Ring 2
S9
S10
Eingangs-
Warte-
schlange
DDLCN-
Ring-
Interface
Ausgangs-
Warte-
schlange
zur Station
von der Station

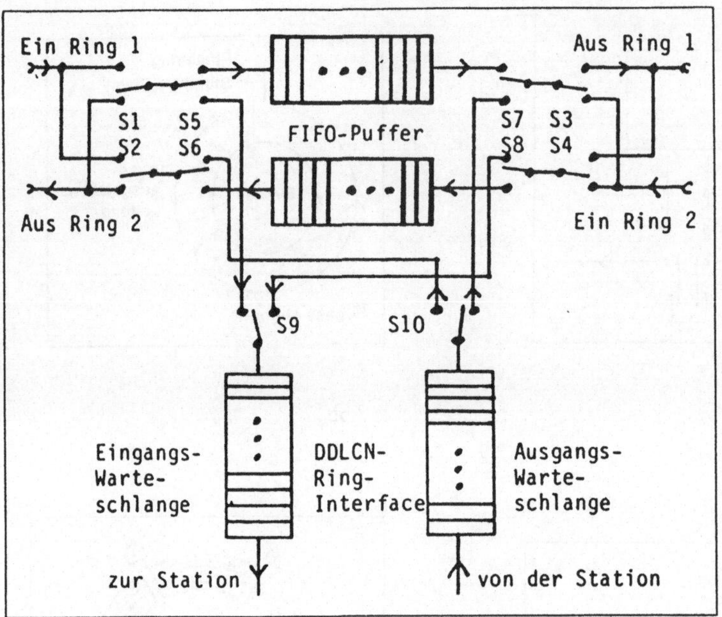

Abb.11

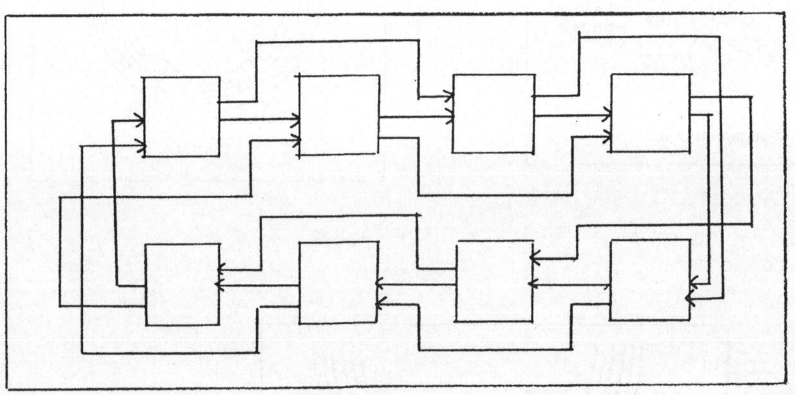

Abb.12

MODELLIERUNG UND IMPLEMENTATION SICHERER BÜROSYSTEME

Franz-Peter Heider

Gesellschaft für elektronische Informationsverarbeitung, Bonn

Das Bürosystem von morgen ist ein dezentrales lokales Netz leistungsstarker Arbeitsplatzrechner mit einer Anzahl zweckgebundener gemeinsamer Spezialmodule, wie etwa Datenbankrechner, Drukkern oder Platten. Einbezogen in dieses System sind zentrale Großcomputer. Jeder Netzknoten kann mit jedem anderen Netzknoten bei hoher Übertragungsgeschwindigkeit direkt kommunizieren. Über Gateway-Hosts ist das lokale Netz mit offenen Weitverkehrsnetzen verbunden.

Ein Bürosystem dieser Art ist zugleich ein Informationssystem und ein Kommunikationssystem, es konzentriert und kumuliert Wissen aus verschiedenen Unternehmensbereichen, welches effizient aufbereitet und abgerufen werden kann, es kombiniert Sekretariatsfunktionen wie Dokumenten-Erzeugung und -Ablage mit Management-Dienstleistungen wie Planung und Kalkulation. Es hebt insbesondere die räumlichen und zeitlichen Nebenbedingungen auf, die sich aus der Verarbeitung auf Papier gespeicherter Informationen ergeben. Selektives "Information Retrieval" und eine breite Palette von Datenkommunikations-Optionen, Nachrichten- und File-Transfer sind gleichermaßen präsent.

Mit dieser Zunahme der Leistungsfähigkeit des Bürosystems wächst die Schutzbedürftigkeit der vorhandenen Informationen, die letzten Endes ein Garant der Wettbewerbsfähigkeit ist. Mehr noch:

Die Lösung des SICHERHEITS-Problems ist ein kritisches Kriterium für die Akzeptanz fortgeschrittener Bürosysteme in Behörden, Industrie-, Bank-, Versicherungs- und Dienstleistungs-Unternehmen. Sicherheitsprobleme in solchen Systemen stammen aus verschiedenen Quellen. Der Schutz der physikalischen Darstellung von Information ist andersartig als der Schutz der Information selbst. Zugangskontrollen zu wertvollen Personal-, Finanz-, Gesundheits-, Steuer-, Forschungs- und Entwicklungsdaten und dergleichen stellen andere Aufgaben als die Gewährleistung vertraulicher Kommunikation. Hinzu kommt die zunehmende Besorgnis der Menschen über die Auswirkungen von Computer- und Kommunikationssystem- Verletzlichkeit auf ihre informationsbestimmte Gesellschaft. Die Grundidee unseres Ansatzes liegt darin, SICHERHEIT als einen integralen Bestandteil jedes verteilten Computer- oder Kommunikationssystems zu sehen, nicht als eine lästige Zusatzbedingung, sondern als unverzichtbare Voraussetzung.

Unser Ansatz hat das Ziel, die meisten, äußerst realen, Bedrohungen der Vertraulichkeit und des individuellen Datenschutzes einerseits und der Sicherheit wertvoller industrieller Informations-Resourcen andererseits durch informatische und technische Mittel auszuschalten. Er wird in nächster Zukunft praktisch demonstrieren, wie sorgfältiges Design gepaart mit diszipliniertem Software-Engineering zur Implementation hochgradig sicherer und zuverlässiger verteilter Bürosysteme führt.

Der erste Schritt in der Entwicklung eines sicheren Bürosystems besteht in der Bildung eines flexiblen begrifflichen Modells verteilter Multi-Prozessor-Systeme. Ein solches Modell beruht auf der Systematisierung und Formalisierung folgender drei Aufgaben-Bereiche:

- dem Studium und der Entwicklung von Verfahren, die einzelnen Arbeitsplatzrechner in übersichtlicher und sicherer Weise miteinander zu verknüpfen,

- dem kontrollierten Fluß von Informationen, die über offene Übertragungsmedien geschickt werden, oder zwischen Dateien innerhalb eines integrierten Datenbanksystems,

- dem autorisierten Zugang zu Daten und Arbeitsplatzrechnern innerhalb des Gesamtsystems.

Im folgenden will ich den Weg skizzieren, der zu unserer Prototyp-Implementation eines sicheren Datenhaltungssubsystems geführt hat.

Den Ausgangspunkt bildet eine detaillierte

Untersuchung der Sicherheitsprobleme
in automatisierten Bürosystemen.

Als Voraussetzung hierfür sind die Dienstleistungen zu klassifizieren, die ein automatisiertes Bürosystem erbringen soll. Statt eine umfangreiche Aufzählung von Einzelbeispielen zu geben, fasse ich deren Auswertung in einer kurzen Liste von Charakteristiken zusammen:

- es gibt klar umrissene verschiedenartige Dienstleistungen, auf die in verschiedenem Maße eingeschränkt zugegriffen werden darf,

- es gibt verschiedene Benutzergruppen mit verschiedenen Privilegien, die verschieden strengen Kontrollen unterworfen sind,

- es ist zu unterscheiden zwischen öffentlicher Information, gemeinsamer und verteilter Information, sowie privater, besonderer Information einzelner Gruppen,

- das System beruht in hohem Maße auf Interaktivität und Kommunikation zwischen den einzelnen Netzwerk-Knoten.

Als nächstes sind die Risiken und Bedrohungen zu analysieren, denen das Gesamtsystem und seine Komponenten ausgesetzt sind. Es ist im einzelnen zu klären,

- wie sich die Störung oder der Diebstahl von Hardware- und Software-Komponenten einerseits und Daten und Informationen andererseits auf die Gesamtleistung des Systems auswirken,

- welche Konsequenzen die bösartige oder betrügerische Anwendung von Dienstleistungen des Systems nachsichziehen kann, wie beispielsweise die Blockierung von Dienstleistungen für andere System-Benutzer, die Kenntnisnahme sensitiver Informationen oder die Modifikation von Informationen.

Neben diesen immanenten Risiken, die aus der bloßen Existenz eines Systems herrühren, sind die passiven und aktiven Bedrohungen gesondert zu berücksichtigen. Als Hauptquellen passiver Bedrohungen seien genannt

- die akustische und elektromagnetische Abstrahlung von Informationen,

- Reste und Bruchteile verarbeiteter Information und Kommunikation nach deren ordnungsmäßiger Abwicklung auf System-Komponenten und

- der Mißbrauch, Fehlbedienungen oder Fehler von oder in der Hardware, Software oder Benutzern,

als Hauptquellen aktiver Bedrohungen

- die Fälschung von Software oder Hardware,

- die verdeckte Übernahme der System-Kontrolle.

Die Komplexität dieser Probleme, insbesondere ihr komplexes Zusammenwirken schließen starre Zugriffskontroll-Modelle als theoretische Modelle zur Beschreibung von sicheren Bürosystemen aus.

Denn nicht nur der Zugriff auf sensitive Information ist zu kontrollieren, sondern auch die Verwendung rechtmäßig erworbener Information ist ein Risiko-Faktor. Es ist daher wesentlich, den sicheren Fluß von Informationen in der Modell-Bildung zu erfassen. Das fundamentale Problem besteht in der Aufdeckung sämtlicher Übertragungskanäle innerhalb eines Systems. Damit sind keineswegs nur die physikalischen Übertragungswege gemeint, sondern alle logischen Übertragungskanäle im Sinne der Informationstheorie, alle Wege also auf denen Information fließen können. Man muß prinzipiell zwischen drei Grundtypen logischer Übertragungskanäle unterscheiden (5):

- zwischen legitimierten Kanälen, die für den Informationsaustausch zwischen System-Komponenten vorgesehen sind, wie zum Beispiel die Übergabe-Parameter eines Dienstleistungsprogramms,

- zwischen Speicher-Kanälen, z.B. Aufzeichnungen eines Betriebssytems, die bei Abarbeiten eines Programms angelegt werden, die von anderen Prozessen gelesen werden können und

- zwischen verdeckten Kanälen, die nicht für den Informationsaustausch im System vorgesehen sind, wie z.B. die Auswirkung der Abwicklung eines Prozesses auf die System-Last.

Zwei fundamentale Probleme schälen sich heraus: das eine ist die gegenseitige Authentifizierung von Benutzern bzw. System-Komponenten bzw. Prozessen, das andere ist die Kontrolle über die Information beim Fluß durch alle möglichen übertragungskanäle zwischen den Komponenten.

Nun hat es in den vergangenen 10 Jahren bemerkenswerte Fortschritte in der Konstruktion sicherer Computersysteme gegeben, allerdings hauptsächlich im militärischen Bereich, wo die entscheidenden Anstöße von der "multilevel security policy" für Time-Sharing-Systeme des US-Verteidigungsministeriums ausgingen. Während zunächst versucht wurde, System-Mängel mittels ausgefuchster Penetrations-Versuchen an vorhandenen Systemen zu erkennen und zu vermeiden, wurde sehr bald erkannt, daß nur ein systematischer Ansatz zu überzeugendermaßen sicheren Systemen führt. Solche Systeme beruhen auf geeigneten mathematischen Modellen, in denen der Begriff SICHERHEIT präzise definiert ist, auf formalen Spezifikationen der vom System zu unterstützenden Sicherheitspolitik, sie hängen ab von der Verwendung geeigneter Programmiersprachen zur Formulierung solcher Spezifikationen, von der Unterstützung des Designs durch hochwertiges Software-Engineering, und sie erfordern schließlich eine formale Verifikation der Gesamt-Implementation. Die Grundidee dieser Untersuchungen ist die eines "Sicherheit-Kerns", in dem alle sicherheitsrelevanten Teile der Betriebssystem-Software isoliert sind.

Die durch formale Sicherheitspolitiken aufgeprägten strengen Handhabungs-Beschränkungen müssen aus Praktikabilitätsgründen in realen Systemen durch die Verwendung sogenannter "vertrauenswürdiger Prozesse" wieder partiell aufgehoben werden. "Vertrauenswürdige Prozesse" sind solche, für die die formalen Restriktionen außer Kraft gesetzt wurden, von denen man sich aber überzeugt hat, daß sie diese Freiheit nicht mißbräuchlich verwenden. Die Einführung "vertrauenswürdiger Prozesse" schafft überdies das noch schwierigere Problem, die Sicherheit des aus Sicherheitskern und "vertrauenswürdigen Prozessen" zusammengesetzten Systems zu verifizieren. Die bisher vorgeschlagenen technischen Lösungen sind aufwendig und teuer und bleiben trotzdem noch von dem eines formal verifizierten sicheren System entfernt (6). Ihr Einsatz im Büro-Bereich scheint uns nicht sinnvoll. Neuere theoretische Untersuchungen zeigen ferner, daß selbst solche Systeme noch innere Schwächen haben (2).

Diese Art Systeme trägt unserer Meinung nach auch nicht dem erhöhten Kommunikationsbedarf Rechnung. Kryptographische Maßnahmen sind das wichtigste Mittel, den meisten passiven wie aktiven Angriffen auf die Kommunikationssicherheit zu begegnen, wie etwa der unbeabsichtigten Freisetzung von Mitteilungsinhalten, der

Überwachung des Netzwerkflusses, der Veränderung der Authentizität, Integrität oder Anordnung des Nachrichtenstroms, der Einfügung falscher Nachrichten, dem Abhören, Wieder-Einspielen von (alten) Nachrichten und Mitteilungen usw. In einer zweiten Analyse-Runde, die eine detaillierte

Untersuchung derzeitiger und in absehbarer Zukunft erhältlicher Schutzmechanismen

auf ihre Verwendbarkeit in Bürosystemen zum Gegenstand hatte, stellte sich heraus, daß heute durchaus an vielen Stellen kryptographische Verfahren eingesetzt werden oder werden können.

Die naheliegendste Anwendung kryptographischer Verfahren betrifft die

- Benutzer-Identifikation

an den verschiedenartigsten Netzwerk-Endknoten. Die älteren Paßwort-Schutz-Methoden werden zunehmend verfeinert durch die Einführung von Systemen mit einer gewissen Eigen-Intelligenz, wie etwa Smart- oder Chipcards mit eingebauten Mikroprozessoren. Auch neuere Versuche mit Sprach- oder Handgeometrie-Erkennung beruhen auf der Verwendung nicht-invertierbarer Transformationen. Dual hierzu ist die

- Terminal-Identifikation.

Das jeweilige Terminal muß sich in sensitiven umgekehrt dem Benutzer gegenüber ausweisen. Andererseits muß es in jeder Phase eines Kommunikationsvorgangs von den anderen beteiligten Netzwerkkomponenten identifizierbar sein. Ein Paßwort-Generator erzeugt in vielen Systemen neue Paßwörter für jede neue Session. Auf einer höheren Stufe ist die

- System-Identifikation

angesiedelt. Jeder Benutzer, jeder Prozeß, jeder Knoten muß sicher sein können, daß er mit dem System verbunden ist, mit dem er verbunden sein möchte. Als neuere Entwicklung sind hier EPROM's zu nennen, mit denen in Systemen mit bis zu 1024 Komponenten ein wechselseitiges Paßwort-Handshaking möglich ist (3).

Nicht-invertierbare Funktionen werden verwendet zur Kontrolle des Zugriffs autorisierter Benutzer mit verschiedenen Schlüsseln oder Paßwörtern auf

- Dienstleistungen mit ausgewähltem Zugriff.

Ein verschlüsseltes

- Logbuch am Arbeitsplatzrechner

hält Aufzeichnungen über alle von diesem Arbeitsplatz ausgehenden Transaktionen fest. Nur ein vertrauenswürdiger Benutzer mit dem nötigen Schlüssel kann das Logbuch regelmäßig auswerten.

Verschlüsselungstechniken sind fundamental für

- die Vertraulichkeit und
- den Authentikations- und Integritätsnachweis von Information.

Der letzte Punkt spielt dabei eine noch größere Rolle als der davor genannte. Von ganz besonderer Bedeutung ist die Erzeugbarkeit unverfälschbarer

- digitaler Unterschriften

auf den Smart-Cards, im Arbeitsplatz-Logbuch und beim Nachrichten-Empfänger. Auch diese sind mit Hilfe von Verschlüsselungstechniken zu realisieren.

Als logische Konsequenz dieser Zusammenstellung drängt sich die

Einbeziehung von Verschlüsselungstechniken
in die Kommunikationsarchitektur

auf. Die standardisierte Beschreibung von Kommunikationssystemen gemäß dem ISO-Referenzmodell für die Architektur offener Kommunikationssysteme ist ebenso eine zweckmäßige Basis für die Einbeziehung verschiedener Verschlüsselungstechniken, wie in (9) skizziert wird. Allerdings sind stets eine Anzahl von Protokoll-Regeln für die Verbindungen zwischen den Netzwerk-Komponenten erforderlich, das sind Programme, die den geordneten Nachrichten-Austausch zwischen den einzelnen Knoten organisieren. Bisher waren deshalb nur in der untersten Schicht des ISO-Modells die Standardisierungsbemühungen für die Verträglichkeitsbedingungen der Verschlüsselungstechniken mit den vorhandenen Protokollen erfolgreich. Die Leitungs-Verschlüsselung scheidet in einem hinreichend großen Netz mit vielen verschiedenen zu schaltenden "Leitungen" als ungeeignet aus, vollen und flexiblen Schutz bieten in einer offenen System-Umgebung nach unserer Ansicht nur end-to-end-Maßnahmen in den höheren Schichten des Referenz-Modelle.

Dann aber stellt sich das Problem, die vielen Schlüssel für die im Netzwerk miteinander kommunizierenden Partner zu erzeugen, verwalten und zu verteilen. Bei der Verwendung konventioneller, sogenannter symmetrischer Verschlüsselungsverfahren liegt hier eine nur schwer zu nehmende Hürde. Die Entwicklung der asymmetrischen oder Public-Key-Verschlüsselungssysteme scheint alle diese Schwierigkeiten der Schlüssel-Verteilung und des Schlüssel-Managements mit einem Schlage zu lösen. Asymmetrische Verschlüsselungssysteme gestatten überdies die Implementation digitaler Unterschriften und unverfälschter Authentikations- und Identifikations-Prozeduren. Ein Nachteil der Public-Key-Verschlüsselung ist der hohe Berechnungsaufwand, der bei Software-Implementierungen zu sehr niedrigen Verschlüsselungsraten führt. Die Einführung kommerziell erhältlicher Public-Key-Chips steht allerdings kurz bevor (10), so daß dem weiträumigen Einsatz der Public-Key-Verschlüsselung nichts mehr im Wege steht.

Ein Übertragungskanal, über den verschlüsselte Information fließt, ist offen nur für die autorisierten Kommunikationspartner mit den passenden Schlüsseln, für alle anderen Teilnehmer ist er geschlossen. Unsere

Modellbildung

beruht daher darauf, Public-Key-Kryptographie zur Kontrolle von Übertragungskanälen in idealisierten Netzen heranzuziehen. Als adäquate theoretische Basis zur Beschreibung von "multi-level" Sicherheitspolitiken bietet sich das Denning°sche Verbandsmodell an, welches die zulässigen Informationsflüsse zwischen den Klassen von System-Objekten der gleichen Sicherheits-Klassifizierung mathematisch als Verband darstellt (4). Jeder solche Verband kann wiederum durch ein gewisses Schlüssel-Verteilungssystem für ein Public-Key-Verschlüsselungssystem beschrieben werden (1).

Einen ähnlichen Gedanken verfolgt Rushby°s Ansatz zur Definition nachweislich sicherer verteilter Systeme (7) - dessen Grundidee die Trennbarkeit der individuellen System-Komponenten durch physikalische oder logische (z.B. kryptographische) Mittel, sowie die Kontrolle über alle Kanäle zwischen diesen Komponenten ist. Rushby°s Methode gestattet eine erheblich einfachere Verifikationsmethode für die Implementation einer umfassenden Sicherheitspolitik einschließlich "vertrauenswürdiger Prozesse" als die früher erwähnten Techniken. Dies wird durch einen "Kern" geleistet, der die physikalische Trennbarkeit der Einzelkomponenten imitiert. Wie mit dem obigen Schlüsselverteilungssystem erhält man ein Werkzeug, mit dem man flexibel auf jeder Neukonfiguration der System-Komponenten reagieren und den Gesamtfluß der Kommunikation neu regeln kann.

Die

Implemenatation

solcher Informations-Fluß-Modelle für sichere verteilte Systeme hängt weitgehend von der Realisierung kryptographischer Kontroller ab, die im gesamten Netzwerk Verschlüsselung zumindest auf dem Session-Level des ISO-Referenz-Modells gestatten. Diese in die Kommunikationswege des Netzes eingehängten "logischen Dioden" oder Guards gestatten den Durchfluß von Information in nur einer vorher festgelegten Richtung. Die GEI entwickelt zusammen mit der Fachhochschule Aachen ein derartiges sicheres Front-End-Gerät zu den Datel-Kommunikationsnetzen der Bundespost, in dem die verschiedenen Erfordernisse integriert sind. Die Konzeption eines Guards ist netzunabhängig, sie wird nur aus dem Grund besserer Verständlichkeit an diesem speziellen System erläutert. Ein Guard besteht aus zwei Hauptkomponenten, der N-Komponente, in der das Netzwerk-Interface-Protokoll abläuft (z.B. X.25), und der E-Komponente, die ihr eigenes Endgerät-Protokoll ausführt. Die paketierten Klartext-Daten werden in diesem Protokoll für die Übertragung gepackt. Die E-Komponente

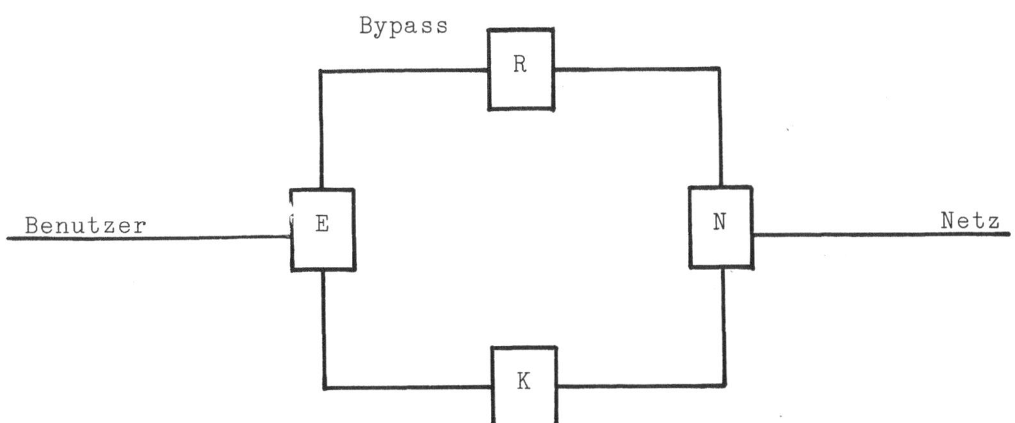

leitet den von der N-Komponente zur korrekten Adressierung an den Empfänger benötigten Teil des Nachrichten-Headers über den Klartext-Bypass, und den Rest-Header und den Datenteil über die K-Komponente, in der die Verschlüsselung stattfindet, an die N-Komponente. Dort werden beide Teile zusammengesetzt und mit dem N-Protokoll ins Netz gegeben. Das System ist sicher, wenn keine Klartext-Nachrichten vom Benutzer in das Netz gelangen können. Dazu ist zu überprüfen, daß der Bypass nicht als Übertragungskanal für Klartext verwendet werden kann. Dies geschieht in der Komponente R, in der die Übertragungskapazität des Bypass-Kanals so reduziert wird, daß er für die Klartext-Übertragung ungeeignet wird. Im obigen Diagramm gibt es keine Übertragungskanäle außer den angegebenen, nur in R ist ein sicherheitsrelevanter vertrauenswürdiger Prozeß auszuführen, die Sicherheit des Systems hängt ansonsten nur von der physikalischen Trennung der 4 Komponenten ab, wie es das Rushby-Modell vorsieht. Der Guard ist protokolltransparent zu den Standardschnittstellen der Post und unterstützt den Teletex-Dienst der Deutschen Bundespost. Er ermöglicht damit die sichere Dokumenten-Übertragung von Teletex-Endgerät zu Teletex-Endgerät, z.B. zwischen Speicher-Schreibmaschinen, PC°s oder Computern jeder Größe. In kleineren Systemen jeder Guard die Schlüssel-Verwaltung selbst übernehmen, in größeren dient er als Basis einer Schlüssel-Zentrale für alle offenen Schlüssel. In der Zentrale ist ein Logbuch realisiert, welches eindeutig und unverfälschbar Aufschluß über die jeweils gültigen öffentlichen Schlüssel und alle Schlüssel-Transaktionen gibt. Der Einbau eines Hochgeschwindigkeits-Verschlüsselungschip in einem solchen Guard ermöglicht es, die Geschwindigkeitsvorteile konventioneller Verschlüsselungsverfahren mit den Vorteilen des Schlüsselmanagements asymmetrischer Verfahren verbinden, in dem die asymmetrische Komponente für den Schlüsseltransport und die symmetrische zur Übertragung verschlüsselter Information verwendet wird.

Das Guardkonzept bildet die Grundlage zur logischen Trennung von Komponenten mit verschiedenen sicherheitskritischen Aufgaben in mehreren System-Untersuchungen der GEI.

Modellierung und Implementation sicherer Bürosysteme

Als besonders geeignete Grundlage für den Aufbau eines größeren Bürosystems mit einer zentralen File-Server-Komponente sehen wir den Einsatz einer relationalen Datenbankmaschine an. Damit lassen sich die in der Form relationaler Datenbanken gehaltenen Zugriffsberechtigungen für das Gesamtsystem sehr effektiv verwalten und überprüfen. Mit einer solchen Datenbankmaschine ist dann leicht eine sichere elektronische Mailbox zu realisieren. Mit Hilfe von Guards ist sodann die Aufwertung zu einem Datenbanksystem möglich, welches jede beliebige "multi-level"-Sicherheitspolitik unterstützt. Unsere dazu entwickelte Konzeption folgt weitgehend dem Rushby°schen Implementierungs-Modell (vgl. hierzu auch (8)).

In der Verbindung mit Smart-Card-geschützten Arbeitsplatzrechnern virtueller Maschinen-Architektur und einander wechselseitig authentisierenden Hardware-Komponenten erhält man auf dieser Basis Bürosysteme, die vielen Belangen formalisierter sicherer Systeme genügen. Die Entwicklung von Software-Tools für die Spezifikation und Verifikation sollte nach unseren Vorstudien insbesondere bei dem skizzierten Ansatz keine unüberwindlichen Probleme bereiten.

Als wichtigsten Fortschritt unserer Konzeption, Kryptographien als vereinheitlichendes Entwicklungs-Werkzeug auf verschiedenen Ebenen der endgültigen Implementation einzusetzen, sehen wir den Nachweis an, daß der Einbau hochwertiger Sicherheitsmaßnahmen in zivile Informationssysteme keineswegs den enormen Aufwand wie bei den derzeitigen militärischen Systemen erfordert. Aufgrund unserer System-Studie sind wir überzeugt, daß auch sichere Bürosysteme effizient und einfach zu handhaben sind. Sicherheit in den Bürosystemen kann unabhängig von der Entwicklung großer Betriebssysteme mit Sicherheitskernen erreicht werden - das unterscheidet unsere Methode von früheren Versuchen zur Konstruktion sicherer Bürosysteme.

Modellierung und Implementation sicherer Bürosysteme

Literatur

1 S. Akl - P. Taylor, Cryptographic Solution to a Multilevel Security Problem, in: Advances in Cryptology, Proc. CRYPTO 1982, Plenum, New York-London, 1983, 237-249

2 F. Cohen, Computer Viruses, Preprint, University of Southern California, Aug. 1984

3 R. Davis - J. Donnell, Using Intel°s 27916 KEPROM Keyed Access EPROM, INTEL-Application Note AP-152, 1984

4 D. Denning, A Lattice Model of Secure Information Flow, Communications of the ACM 19 (1976), 236-243

5 B.W. Lampson, A Note on the Confinement Problem, Communications of the ACM 16 (1973), 613-615

6 C. Landwehr, The Best Available Technologies for Computer Security, IEEE Computer 16 (1983), 86-100

7 J. Rushby, Design and Verification of Secure Systems, ACM Operating Systems, Review 15 (1981), 12-21

8 J. Rushby - B. Randell, A Distributed Secure System, IEEE Computer 16 (1983), 55-67

9 V. Voydock - S. Kent, Security Mechanisms in High-Level Network Protocols, ACM Computing Surveys 15 (1983)

10 Electronics Week v. 20.05.1985, 30-31

11 GEI-Studie: Langfristige Vorhersage über die Einflüsse technologischer und konzeptioneller Trends auf Sicherheitsrisiken und -maßnahmen zukünftiger Führungs- und Informationssysteme, Okt. 1983, klassifiziert

HAT DIE DATENVERARBEITUNG DAS DATENSCHUTZRECHT ÜBRHOLT?

- ÜBERLEGUNGEN AUS DER SICHT DER KONTROLLPRAXIS -

Hans-Joachim Kerkau

Der Berliner Datenschutzbeauftragte

Um die Frage zu beantworten, ob die Datenverarbeitung das Datenschutzrecht tatsächlich überholt hat, ob Schutzgegenstand, Schutzumfang und Schutzinstrumentarium der Datenschutzgesetze angesichts der raschen Entwicklung der Datenverarbeitung noch ausreichen, werden im folgenden die unterschiedlichen Formen der Datenverarbeitung und die Beziehungen zwischen Datenverarbeitung, Datenschutzgesetzen und Datenschutzrecht ausschnittweise betrachtet und anschließend bewertet. Dies geschieht weniger von einem theoretischen Ansatz her, sondern aus dem Blickwinkel der Kontrollpraxis des Berliner Datenschutzbeauftragten. Dabei werden auch die Entwicklungslinien hervorgehoben, die zum gegenwärtigen Gesetzesstand geführt haben, um die Beziehungen zwischen Datenverarbeitung und Datenschutz zu verdeutlichen.

1. Zur Entwicklung des gesetzlichen Datenschutzes

Als vor genau 15 Jahren, im Oktober 1970, das Hessische Datenschutzgesetz[1] verkündet wurde, galt es weniger als Keim für eine damals wohl von niemandem erwartete Entwicklung des Datenschutzrechtes. Eher schien es Schlußstein eines maßgebend vom Hessischen Ministerpräsidenten geförderten Programms zur Automatisierung von Verwaltungsaufgaben zu sein, wie es im Gesetz über die Errichtung der Hessischen Zentrale für Datenverarbeitung (HZD) und kommunalen Gebietsrechenzentren (KGRZ)[2] seinen Ausdruck gefunden hatte. Das Hessische Datenschutzgesetz flankierte professionell das Konzept weniger Großrechenzentren, die - als selbständige organisatorische Einheiten - die automatisierte Datenverarbeitung für die gesamte öffentliche - staatliche und kommunale - Verwaltung Hessens bewältigen sollten. Ihm lag ein Bild von der Datenverarbeitung zugrunde, das sich an der industriellen Fertigung orientierte und den Aufbau von "Datenverarbeitungsfabriken" mit großen Informationssystemen zum Ziele hatte und auf das speziell in Hessen der Kontakt zu dem hessischen Computerpionier und Unternehmer Konrad Zuse gewiß nicht ohne Einfluß war.

Das Hessische Datenschutzgesetz sollte unerwünschten Nebenwirkungen der geplanten Automation vorbeugen und wollte das Vertrauen der Bürger zum Staat im Zeitalter des Computers erhalten,

1) Vom 7. Oktober 1970, GVBl. I 625
2) Vom 16. Dezember 1969, GVBl. II 300-8

sowie allen Befürchtungen, die Automation werde den Bereich der demokratischen Mitwirkungen des Bürgers in Staat und Gemeinden einschränken, entgegenwirken[3], wie es 1970 bereits wörtlich in der amtlichen Begründung hieß.

Um die gleiche Zeit entstand - im Sinne des auch von Hessen verfolgten Konzepts zentraler Datenverarbeitung - auf Bundesebene das Projekt, die ca. 100 konventionell geführten Strafregister bei den Staatsanwaltschaften in einem Bundeszentralregister zusammenzufassen[4]. Aus diesem Anlaß wurde das Bundeszentralregistergesetz[5] verabschiedet, mit dem erhebliche Verbesserungen für die Betroffenen verbunden waren, wie die Verkürzung der Tilgungsfristen, eine Erweiterung des Rechts der Betroffenen, sich als unbestraft zu bezeichnen, und das (relative) Verbot der Weitergabe von Registerauskünften.

Aus Anlaß der Entwicklung der Datenverarbeitung war damit ein Gesetz entstanden, das unabhängig davon den Persönlichkeitsrechtsschutz ausbaute und nicht mehr gerechtfertigte und unerwünschte soziale Sanktionen, wie sie mit dem Bekanntwerden von Straftaten regelmäßig verbunden sind, eingrenzte. Damit ist es das erste Beispiel einer modernen bereichsspezifischen Datenschutzregelung. Als solches wurde es damals jedoch nicht erkannt, weil die Verbindung zwischen dem Ausbau des Persönlichkeitsrechts und dem sich scheinbar aus der Automation ergebenden 'Technikrecht' des Datenschutzes nicht gesehen wurde. Typisch dafür ist bereits der Grundbegriff Datenschutz, der den eigentlichen Schutzgegenstand, die Person, nicht enthält. Auch andere in die Richtung bereichsspezifischer Regelungen weisende Vorhaben[6] blieben bei der anschließenden Vorbereitung des Bundesdatenschutzgesetzes (BDSG) unberücksichtigt.

Der Berichterstatter des Bundesinnenministeriums verstand folgerichtig das geplante BDSG als umfassende[7] Regelung des Datenschutzes. Er hatte insoweit recht, als der Schutzumfang des BDSG gegenüber dem Hessischen Datenschutzgesetz auf den privaten Bereich und die konventionelle Datenverarbeitung - in Dateien - ausgedehnt wurde. Ausgenommen blieb allerdings die Presse, da zur gleichen Zeit der Entwurf eines Presserechtsrahmengesetzes vorlag, der entsprechende Datenschutzbestimmungen enthielt[8], die leider bis heute nicht verabschiedet worden sind. Schließlich setzten die Parlamentarier gegen den hartnäckigen Widerstand der Verwaltung jedoch die Fremdkontrolle nach dem Vorbild des Hessischen Datenschutzgesetzes durch und entschieden sich für die Institution eines unabhängigen Datenschutzbeauftragten.

---

3) Landtagsdrucksache 3065, Vorlage der Landesregierung betreffend den Entwurf für ein Datenschutzgesetz vom 25. Juni 1970 unter 1.7

4) Zweiter Bericht der Bundesregierung über die Anwendung der elektronischen Datenverarbeitung in der Bundesverwaltung, Drucksache VI/648 S. 11

5) BGBl. I S. 243 vom 18. März 1971

6) Z.B. das Vorhaben, im Rahmen des Projektes zur Vergabe eines bundeseinheitlichen Personenkennzeichens ein Melderecht mit bereichsspezifischen Datenschutzvorschriften zu schaffen (Drucksache VI/1223 Antwort der Bundesregierung vom 5. Oktober 1970 auf eine interfraktionelle Kleine Anfrage)

7) Vgl. Auernhammer im Bulletin vom 9. Juni 1971

8) Abgedruckt bei Simitis, Kommentar zum BDSG, 3. Auflage § 1 Rdn 49

Dies alles änderte jedoch nichts daran, daß auch dem BDSG die Vorstellung des Hessischen Gesetzes von der Datenverarbeitung zugrundeliegt, wie noch im folgenden auszuführen sein wird, und daß es deutlich die Züge der hessischen Konzeption des Datenschutzes als Gefahrenabwehr oder Mißbrauchsverhinderung trägt.

Neu sind dagegen die Einschränkungen des Geltungsbereiches. Danach setzen die Schutzwirkungen des BDSG nur ein, wenn personenbezogene Daten in bestimmten Formen - z.B. Dateien - und in festgelegten Phasen verarbeitet werden.

Enthalten auch die neueren Datenschutzgesetze der Länder in Teilbereichen erhebliche Fortschritte gegenüber dem BDSG im Interesse des Bürgers, wie z.B. einen verschuldensunabhängigen Schadensersatzanspruch, so halten sie doch an der Konzeption des BDSG fest. Dies ändert sich auch nicht durch die Aufnahme einer Datenschutzregelung in die Verfassung einzelner Länder, wie etwa Nordrhein-Westfalen, wonach jeder Anspruch auf Schutz seiner personenbezogenen Daten hat und Eingriffe nur im überwiegenden Interesse der Allgemeinheit aufgrund eines Gesetzes zulässig sind. Dabei ist am Rande zu bemerken, daß der Datenschutz häufig gerade dort, wo er in der Verfassung geregelt worden ist, in der Praxis von Seiten der Verwaltung restriktiver gehandhabt worden ist.

2. Kritik am erreichten Gesetzesstand

Besonders bemerkenswert ist, daß die Bundestagsabgeordneten sich bereits bei der Verabschiedung des BDSG der Tatsache bewußt waren, daß es novellierungsbedürftig sei. Unbehagen und Kritik gingen soweit, daß einzelne nicht von einem Datenschutz- sondern von einem Datenfreigabegesetz[10] sprachen. Nicht zuletzt wurde auch der Vorwurf erhoben, daß der technische Sachverstand nicht hinreichend beteiligt worden sei.

Gerade dieser Vorwurf muß heute angesichts der aktuellen Schwerpunkte[11] der Novellierungsdiskussion unberechtigt erscheinen. Man denke nur an

- die Definition des Datenschutzes
- die Unterrichtung der Betroffenen und ihr Auskunftsrecht
- die Anforderungen an die Einwilligung der Betroffenen
- die Ausgestaltung der Zweckbindung
- die Regelung der wissenschaftlichen Forschung
- die Ausgestaltung der Kontrolle durch Aufsichtsbehörden und Datenschutzbeauftragte

---

10) K.H. Janzen, Kompromißverdorbener Datenschutz, Metall 15/76

11) Vgl. dazu die Erklärung der Konferenz der Datenschutzbeauftragten des Bundes und der Länder und der Datenschutzkommission Rheinland-Pfalz zur Novellierung des BDSG vom 4. November 1983

- das Verhältnis zwischen bereichsspezifischer und allgemeiner Datenschutzregelung
- den verschuldensunabhängigen Schadensersatzanspruch und einen Folgenbeseitigungsanspruch
- die Frage der Privilegierung sogenannter interner Dateien
- die rechtliche Ausgestaltung des On-line-Zugriffs
- die Frage des Dateienbegriffes.

Es dürfte auf der Hand liegen, daß die Mehrzahl dieser heute umstrittenen Fragen nicht von DV-Fachleuten hätte gelöst werden können. Dies ist auch nicht verwunderlich, weil das Datenschutzrecht seinem Kern nach jedenfalls kein Technikrecht ist, sondern eine Vorverlegung des Persönlichkeitsschutzes in bestimmten Bereichen, zu denen auch die automatisierte Datenverarbeitung gehört.

Der Vorwurf gegen das Datenschutzgesetz, mehr ein Datenfreigabegesetz zu sein, mag auf den ersten Blick berechtigt erscheinen, sieht man die §§ 9 und 10 BDSG mangels anderweitiger Rechtsgrundlagen als Ermächtigung zur Speicherung und Übermittlung von Daten an. Diese Auffassung ist jedoch durch die Rechtsprechung des Bundesverfassungsgerichts im wesentlichen überholt und hat in der Praxis nie die ihr von den Kritikern zugeschriebene Bedeutung erlangt.

Im Grunde kann man den gegen das BDSG erhobenen Vorwurf der Technikferne umkehren und beachtliche Nachteile des BDSG durch seine zu starke Techniknähe erklären. Denn der Gesetzgeber hat getreu dem aufgezeigten Bild der zentralen Datenverarbeitung den Datenschutz an Voraussetzungen geknüpft, die seinerzeit teilweise berechtigt gewesen sein mögen. Doch unter Berücksichtigung der heutigen Datenverarbeitungslandschaft erscheinen sie willkürlich, zum Teil sogar naiv.

Dies läßt sich ohne weiteres für jene Bestimmungen des BDSG belegen, die den Schutzumfang des Datenschutzes auf bestimmte Verarbeitungsphasen begrenzen: Eine eklatante Lücke aus der Sicht der Praxis ist das Fehlen einer Regelung des Zugriffs auf die Daten als datenschutzrelevante Phase. So stand eine internationale Scheckfälscherbande im Verdacht, sich über einen zugriffsberechtigten Polizeibeamten Informationen über den Fahndungsstand aus einem DV-System der Polizei beschafft zu haben. Ist der Zugriff auch keine BDSG-relevante Verarbeitungsphase, so stellt § 41 BDSG u.a. das unbefugte Abrufen doch unter Strafe. Allerdings - und das zeigt das fehlende Problembewußtsein der damaligen Zeit - wird das Delikt nur auf Antrag der Betroffenen selbst, also der Scheckbetrüger, verfolgt. Auf den Eingang dieses Antrags wartet die Polizei bisher vergebens.

Welche Bedeutung eine Regelung des Zugriffs hat, zeigt allein die Tatsache, daß durch Kontrollen Fälle aufgedeckt wurden, in denen ein einziger Beamter über 100 Abfragen an das polizeiliche System gestellt hatte, ohne daß der Zusammenhang mit seiner Sachaufgabe belegt werden konnte. Die Praxis erweist, daß der unerlaubte Zugriff durch Insider ein beachtliches Risiko bildet. Dagegen erscheint die Hackerproblematik vergleichsweise unbedeutend. Eine Regelung, daß auf Daten nur im Rahmen der funktionellen Zuständigkeit zur Erledigung der übertragenen Aufgabe von den dafür vorgesehenen Personen zugegriffen werden darf, ist daher ebenso unerläßlich wie der Fortfall des Strafantrags nach § 41 BDSG und natürlich eine genaue Kontrolle derartiger Verfahren.

Eine weitere Lücke des Phasenkonzepts besteht im Fehlen der Phase Datenerhebung, sieht man von der unvollständigen Regelung des § 9 Abs. 2 BDSG ab. Bei natürlicher Betrachtung des Umgangs mit Daten führt das Aussparen der Datenerhebung zu einer Rückverlagerung des Rechtsschutzes. Dies steht ganz im Gegensatz zur Rechtsentwicklung, die in vergleichbaren Fällen den Rechtsschutz vorverlegt hat. Ein Beispiel hierfür ist das Recht am eigenen Bild[12]. Danach dürfen Bildnisse nur mit Einwilligung des Abgebildeten verbreitet oder öffentlich zur Schau gestellt werden. Trotzdem hat die Rechtsprechung seit langem den Schutz bereits auf die fotografische Aufnahme ausgedehnt. Inzwischen hat das Bundesverfassungsgericht diese Lücke des BDSG mit dem Volkszählungs-Urteil geschlossen, da Gegenstand seiner Entscheidung gerade die Datenerhebung für die geplante Volkszählung gewesen ist.

Die heutige Datenverarbeitungspraxis zeigt aber nicht nur die Bedingtheit der vom Gesetzgeber getroffenen Auswahl der Phasen, sondern auch die Grenzen eines weiteren von vornherein umstrittenen Grundbegriffes des BDSG auf, nämlich des Dateibegriffes (§ 1 Abs. 2 BDSG), dessen Vorliegen die formelle Voraussetzung des gesetzlichen Datenschutzes bildet.

Abgesehen vom Widersinn dieser Regelung, die in der täglichen Praxis offenbar wird[13], ist sie in dieser Form auch von der technischen Entwicklung überholt. Dies zeigt z.B. die Erprobung und Einführung des Bildschirmtextsystems, weil bereits die Speicherung von Anbieterseiten im Computer des Anbieters oder der Bundespost - vor allem auch die einzelne Btx-Seite - nicht ohne weiteres den Dateibegriff erfüllt und Btx ohne Dateiorganisation der Btx-Inhalte betrieben werden kann. Auch beim zunehmenden Einsatz kleinerer Computer, wie Textverarbeitungsanlagen mehren sich die Grenz- und Zweifelsfragen. Schließlich werden aufgrund z.B. der fortschreitenden Automation des Geldverkehrs die Fragen immer drängender, wie etwa die auf Scheck-, Ausweis- und zukünftig Chipkarten gespeicherten Daten zu behandeln sind. Soll tatsächlich keinerlei Auskunftspflicht über den Inhalt dieser und ähnlicher Karten bestehen

12) § 22 Gesetz betreffend das Urheberrecht an Werken der bildenden Künste und der Fotografie

13) So hängt - formal betrachtet - z.B. die Geltung des Berliner Datenschutzgesetzes für die Daten Gewerbetreibender davon ab, wie diese Daten in den 12 Bezirken erfaßt sind. Ob eine Beschwerde berechtigt ist, müßte danach von Bezirk zu Bezirk entschieden werden

oder gar der Bürger keinen Anspruch auf die Berichtigung fehlerhafter Eintragungen haben? Selbst wenn es sich um die Eintragung negativer Kreditmerkmale handelt?

All diese Beispiele zeigen deutlich, daß das starre Festhalten am Dateibegriff weder der technischen Entwicklung noch den sachlichen Bedürfnissen der Bürger entspricht. Auch wenn man den hinter dieser Regelung stehenden Willen des Gesetzgebers, die Anwendung des Datenschutzgesetzes einzugrenzen und auf das Wesentliche zu beschränken, anerkennt, ist der eingeschlagene Weg - wie dargelegt - nicht mehr gangbar. Hier muß eine Öffnung erfolgen. Zumindest sollte sich der Schutz auf Datensammlungen erstrecken, ein Begriff, der wesentlich weiter gefaßt werden müßte als der heutige Dateibegriff des BDSG. Außerdem müßte eine Generalklausel sicherstellen, daß Fälle vergleichbarer Schwere auch dann einzubeziehen sind, wenn die formellen Voraussetzungen nicht vorliegen. Hier ist vor allem an jede Form der Verarbeitung von rechtlich besonders geschützten Daten zu denken.

Das bei der Schaffung der Datenschutzgesetze vorherrschende Bild der zentralen Datenverarbeitung und damit der zentralen Datenverarbeitungsstelle erklärt auch die Festlegung der speichernden Stelle als Träger von Rechten und Pflichten bei der Verarbeitung der Daten im BDSG (§ 2 Abs. 3 Nr. 1 BDSG) als Zurechnungssubjekt, an das sich der Betroffene zu halten hat. Die heute bereits klar erkennbare teilweise verwirklichte vernetzte Datenverarbeitung - etwa bei der Automation des Geldverkehrs oder der Verbrechensbekämpfung - mit einem grenzüberschreitenden Datenverkehr bis hin zu einer Übertragung via Satellit mit unterschiedlichen Haupt-, Vermittlungs- und Endrechnern, die den unterschiedlichsten öffentlichen und privaten, inländischen und ausländischen Stellen gehören, läßt den Begriff der <u>einen</u> speichernden Stelle nicht mehr ausreichend erscheinen. So stellt sich immer dringender die Frage, wer für die Sicherheit derart heterogener, grenzüberschreitender Fernverarbeitungssysteme zuständig ist, wer etwaige Fehler aufzuklären und zu bereinigen hat. Die herkömmliche speichernde Stelle i.S. des BDSG ist dafür nach der heutigen Rechtslage überfordert. So wird in Ansätzen die Tendenz erkennbar, den betroffenen Kunden - etwa im Geldverkehr - das System als so perfekt darzustellen, daß etwaige Fehler bis zum Beweis des Gegenteils auf Kundenseite liegen müßten. Dies würde jedoch - insbesondere wenn man die zunehmende Bedeutung, die diese Form der vernetzten Datenverarbeitung gewinnen wird, berücksichtigt - in unzulässiger Weise die Verantwortung zu Lasten der Bürger verschieben.

Die sich aus der Regelung der speichernden Stelle ergebenden Probleme reichen bis hin zur Kontrolle, die ebenfalls an diesen Begriff anknüpft. So ist z.B. im Bereich des Berliner Datenschutzbeauftragten die Sparkasse zu kontrollieren. Sie wiederum ist Kopfstelle für einen umfassenden automatisierten Geldverkehr mit den verschiedendsten Kreditinstituten. Wer ist für die Kontrolle dieses bei der Sparkasse installierten Rechners, der im wesentlichen Daten fremder Kreditinstitute aufzeichnet, verantwortlich? Auf derartige Fragen der Systemverantwortlichkeit in Netzen und bei verteilter Verarbeitung gibt das BDSG heute keine Antworten.

Eine spezielle Frage ist auch die Regelung der On-line-Anschlüsse, deren Bedeutung seit der gesetzlichen Regelung des Datenschutzes so angestiegen ist, daß ihre Regelung in § 2 Abs. 2 Nr. 2 letzter Halbsatz nicht aufrechterhalten bleiben kann. Die in dieser Bestimmung enthaltene undifferenzierte Fiktion, daß mit der Einrichtung eines On-line-Anschlusses alle Daten als übermittelt gelten, macht bei strenger Auslegung alle On-line-Anschlüsse mangels Erforderlichkeit rechtswidrig. Andererseit enthält das Gesetz für die Zulässigkeit des On-line-Anschlusses selbst keinerlei Kriterien. Die Brisanz dieser Situation zeigt sich vor allem dort, wo Daten aus dem Medizin-, Sozial- und Sicherheitsbereich oder über strafbare Handlungen, Ordnungswidrigkeiten, religiöse und politische Anschauungen zum Abruf bereitgehalten werden.

Vom Ansatz verfehlt erscheint weiter die Regelung der Auftragsverarbeitung, weil sie speichernde Stelle und Auftragnehmer als Einheit versteht mit der negativen Folge, daß eine Behörde, die nur Zugang zu wenigen bestimmten Daten - etwa aus dem Gesundheitsbereich - hat, auftragsweise mit der Verarbeitung eines größeren Aufgabenkomplexes dieser Art betraut werden kann, so daß faktisch die vom Gesetzgeber gewollten Einschränkungen umgangen werden können.

Schließlich ist eine Gefährdung, die gerade mit der modernen Entwicklung und der zunehmenden Zahl von Registern in der öffentlichen Verwaltung einhergeht, völlig unbeachtet geblieben. Geht man von der Annahme aus, daß in den Registern ein zuverlässiges, aktuelles und möglichst vollständiges Bild, zumindest Teilbild, jedenfalls kein schiefes Bild einer Person gespeichert werden soll, so sind in öffentlichen Registern z.B. bei der Polizei oder der Staatsanwaltschaft erhebliche Mängel festzustellen. Denn trotz der weitgehenden automatisierten Datenverarbeitung in diesen Bereichen bleiben die Daten über Personen bei der Polizei auch dann gespeichert, wenn die Staatsanwaltschaft etwa den Vorgang mangels Tatbestandsmäßigkeit einstellt oder der Betroffene wegen erwiesener Unschuld freigesprochen ist. Darüber hinaus werden die Tatsachen der Einstellung mangels Tatbestandsmäßigkeit und Freispruch nicht in den Registern nachgetragen. Die Eintragungen in den jeweiligen Registern und der damit verbundene Makel, der im Einzelfall durchaus zu erheblichen Nachteilen für den Betroffenen führen kann, genügen den verfassungsrechtlichen Ansprüchen an die Richtigkeit der Aufzeichnung nicht, wenn gravierende Neuentwicklungen nicht in das ursprüngliche Register aufgenommen oder die alten Eintragungen gelöscht werden.

Unbeschadet der noch zu beantwortenden Frage nach der Qualität des gesamten, dem BDSG zugrundeliegenden Schutzkonzepts, der hinter dem Gesetz stehenden Philosophie, ist folgendes Ergebnis unbestreitbar: Weder der Schutzumfang noch erhebliche Teile des Schutzinstrumentariums, insbesondere die verwendeten Begriffe entsprechen dem durch die technische Entwicklung entstandenen Schutzbedarf.

Zu diesem Urteil bedarf es daher nicht eines Blicks nach vorn auf das Herannahen der 5. Generation, den Aufbau europäischer digitaler Netze ISDN usw..

Das Ergebnis betrifft übrigens nicht nur das Gesetz selbst, sondern auch die Anlage zu § 6 BDSG. So sollte eine Ergänzung der Anlage diskutiert werden, die sich mit der Frage beschäftigt, ob nicht DV-Systeme ab einer bestimmten Größe und Zahl von Zugriffsberechtigten einer speziellen DV-Revision bedürfen. Für Systeme der öffentlichen Verwaltung wie etwa für große Einwohner-, Gesundheits- oder Polizeidatenbanken erscheint dies bereits heute unerläßlich.

Dies kann aber nicht bedeuten, ein Technikrecht und damit ein stärkeres Einfließen technischer Formen der Datenverarbeitung der Gegenwart zu fordern. Die Forderung muß vielmehr lauten, das System des Datenschutzes so zu definieren, daß es auch die neuen Formen der Datenverarbeitung und deren Gefährdungspotential einbezieht, und die Begriffe so abstrakt zu fassen, daß sie sowohl den alten wie den neuen Datenverarbeitungsformen gerecht werden. Im Grunde ist damit der Weg gewiesen, durch größere Technikferne, d.h. durch einen höheren Abstraktionsgrad, der wechselnden Technik besser gerecht zu werden.

3. Die Fortentwicklung der Datenschutzgesetze durch die Rechtsprechung und in der Praxis

Es entstünde allerdings ein falsches Bild, würde man bei dem eindeutigen Urteil über das Verhältnis von Datenverarbeitung und Datenschutzgesetz stehenbleiben. Es ist vielmehr offenbar, daß sich nicht nur die Datenverarbeitung, sondern auch Rechtsprechung und Praxis auf der Grundlage des BDSG dynamisch entwickelt haben.

Es war von vornherein eine Schwäche der Datenschutzdiskussion, daß sie sich im wesentlichen mit der amerikanischen, nicht aber mit der deutschen juristischen Auseinandersetzung über Inhalt und Umfang des Persönlichkeitsrechts beschäftigte[14)]. In Deutschland wurde die Diskussion u.a. durch die Entwicklung des Tonbandgerätes angeregt, sie war Schwerpunkt des Deutschen Juristentages 1957 in Düsseldorf und hatte sogar zum Vorschlag eines besonderen Gesetzes zur Neuordnung des zivilrechtlichen Persönlichkeits- und Ehrenschutzes geführt[15)], das nicht verabschiedet worden ist.

Neben der insbesondere von Larenz angeregten Fortentwicklung des Zivilrechts, die auch in spektakulären Entscheidungen des Bundesgerichtshofs ihre Anerkennung fand, hat das Bundesverfassungsgericht seit Ende der 60-er Jahre eine Reihe bemerkenswerter Entscheidungen zum Umgang mit Daten getroffen, die nicht nur in der Fachwelt unter den Stichworten Mikrozensus, Scheidungsakten, Lebach, ärztliche Karteikarte und Suchtberatungsstelle[16)] bekannt geworden sind.

---

14) Anders vor allem Gallwas, Verfassungsrechtliche Grundlagen des Datenschutzes, Der Staat 1979, S. 507 ff und Bull, Verfassungsrechtlicher Datenschutz, Gedächtnisschrift für Sasse, Band II, 1981, S. 86 a ff

15) Bundesratsdrucksache 217/59

16) BVerfGE 27,1; 27,344; 32,373; 35,202; 44,353

Für die Kenner dieser Entwicklung war der vorläufige Höhe- und wohl auch Schlußpunkt der Rechtsprechung, das Urteil des Bundesverfassungsgerichts zur Volkszählung, keine Überraschung, da es in der Tradition der vorangegangenen Entscheidungen stand. Es war vielmehr selbstverständlich, wenn das Bundesverfassungsgericht in seinen Leitsätzen zusammengefaßt feststellt: Unter den Bedingungen der modernen Datenverarbeitung wird der Schutz des Einzelnen gegen unbegrenzte Erhebung, Speicherung, Verwendung und Weitergabe seiner persönlichen Daten von dem allgemeinen Persönlichkeitsrecht umfaßt. Das Grundrecht gewährleistet insoweit die Befugnis des Einzelnen, grundsätzlich selbst über die Preisgabe und Verwendung seiner persönlichen Daten zu bestimmen. Einschränkungen dieses Rechts auf informationelle Selbstbestimmung sind nur im überwiegenden Allgemeininteresse zulässig. Sie bedürfen einer gesetzlichen Grundlage. Der Gesetzgeber hat organisatorische und verfahrensrechtliche Vorkehrungen zu treffen, welche der Gefahr einer Verletzung des Persönlichkeitsrechts entgegenwirken.

Besonders bemerkenswert an dieser Entscheidung ist - was bei der bisherigen Diskussion noch nicht deutlich genug zum Ausdruck gekommen ist -, daß sie die Begrifflichkeit des BDSG, die Phasen der Datenverarbeitung, die Datei, ja ein definiertes Feld der automatischen Datenverarbeitung verläßt und ihre Forderungen ganz allgemein für den Datenumgang "unter den Bedingungen der modernen Datenverarbeitung" erhebt und so alle kleinlichen, in das BDSG eingebauten Haken und Ösen beiseite schiebt, kurz den Schutzumfang gegenüber dem BDSG materiell erheblich erweitert und die formellen Anforderungen für Einschränkungen wesentlich erhöht. So wird erstmals die datenschutzrechtliche, sich aus dem Datenschutzgesetz ergebende Betrachtung mit der Lehre vom Persönlichkeitsrecht verbunden und damit der Schutz des Bürgers vervollständigt.

Das Urteil vermeidet vor allem einen entscheidenden Fehler, der den Datenschutzgesetzen, zum Teil der wissenschaftlichen Diskussion und auch den vorliegenden Novellierungsvorschlägen eigen ist. Sie gehen im wesentlichen davon aus, daß die automatische Informationsverarbeitung eine definierbare Größe sei, mit klar umrissenen Grenzen gegenüber der konventionellen Datenverarbeitung. Daß gerade dies nicht zutrifft, ist eine der entscheidenden Ergebnisse der Kontrollpraxis und wohl auch einer der wichtigsten Reibungspunkte zwischen Verwaltung, einzelnen Politikern und Datenschützern. Denn jenen, denen die Einführung einer Institution wie der des Datenschutzbeauftragten ohnehin viel zu weit ging, war daran gelegen, sie wenigstens auf ein eng begrenztes Feld zu beschränken.

Ein Beispiel für die damit verbundenen Probleme ist folgender Fall: Ein Mann mußte nach einem Autounfall ärztlich behandelt werden. Er ist der einzige Patient, der kein Penicillin erhält und wundert sich darüber. Nach längerem Hin und Her erfährt er indirekt, daß er - wie sich später herausstellt irrtümlich - für kokainsüchtig gehalten wird. Dies erfährt er durch das gesprochene Wort, einen verklausulierten Hinweis einer Krankenschwester. Die Nachforschungen des Datenschutzbeauftragten ergaben, daß eine entsprechende Angabe in den verschiedensten Unterlagen konventioneller Art aber auch in der Datenverarbeitung vorhanden war und auf den

Irrtum eines Arztes eines anderen Krankenhauses - wahrscheinlich eine Verwechselung - zurückzuführen war. Wo soll nun die Grenze zwischen einfacher und dateimäßiger Verarbeitung gezogen werden? Zu Beginn der Nachforschungen ist noch völlig offen, ob überhaupt und ggf. wo überall diese Daten enthalten sind. Nur die Zusammenschau mündlicher, handschriftlicher, maschinenschriftlicher in Akten und Karteien sowie in der DV enthaltener Informationen ermöglicht schließlich die Aufklärung. Dabei ist es oft recht zufällig, ob ein Datum in einer Datei oder Kartei gespeichert ist. Ein Datenschutzgesetz kann nur Sinn haben, wenn es den Bürger auf einfache Weise in die Lage versetzt, derartige Fälle zu klären oder klären zu lassen und die Folgen von Fehlern auszuräumen.

Hat sich das Datenschutzrecht durch die Rechtsprechung nicht nur des Bundesverfassungsgerichts, sondern auch der Zivil-, Arbeits- und Verwaltungsgerichte unter Anwendung einer verfassungsrechtlichen Interpretation stark fortentwickelt, so darf auch nicht übersehen werden, daß daneben die Praxis der Verwaltung selbst - interessanterweise gerade in dem oft so arg kritisierten Sicherheitsbereich - das Datenschutzrecht ebenfalls weiterentwickelt hat. So waren nach dem Wortlaut des Datenschutzgesetzes - nur für Fachleute ohne weiteres erkennbar - sowohl die Sicherheitsbehörden wie bestimmte andere Stellen aufgrund einer geschickten Verweisungstechnik im BDSG von der Auskunftspflicht ausgenommen. Bemerkenswerterweise konnte erreicht werden, daß diese Regelung für den Polizeibereich geändert wurde, indem sich die Polizei selbst durch entsprechende Richtlinien über Kriminalpolizeiliche Sammlungen - KpS - gebunden hat, im Regelfall Auskünfte zu erteilen.

Ergänzt man das Bild nun noch um die Gesetze, die in der Zwischenzeit bereichsspezifische Regelungen des Datenschutzes getroffen haben, wie etwa das Sozialgesetzbuch, die Meldegesetze der Länder, der Staatsvertrag über Bildschirmtext, die entsprechenden Zustimmungsgesetze sowie die neuen Medienerprobungsgesetze der Länder, so muß man feststellen, daß das Verhältnis zwischen Datenverarbeitung und Datenschutzrecht völlig anders zu beurteilen ist als das Verhältnis von Datenverarbeitung und Datenschutzgesetz. Damit hat das BDSG - wie seine Vorläufer - bisher sein eigentliches Ziel erreicht, als Impulsgesetz eine Entwicklung einzuleiten, die die beim Umgang mit personenbezogenen Daten entstehenden Probleme zunehmend bewußt macht und schrittweise löst.

Darüber hinaus muß festgestellt werden, daß das dem BDSG zugrundeliegende Schutzkonzept im übrigen, insbesondere was den Schutzgegenstand, die strukturierte Interessenabwägung sowie die unabhängige Kontrolle angeht, sich gut bewährt hat. Ein markantes Beispiel für die Wirksamkeit der Kontrolle ist das Verhalten der gesamten Kreditwirtschaft anläßlich der Kritik der Datenschutzbeauftragten an der Neuregelung der Kreditauskunft in den AGB, die es bewirkte, daß die AGB binnen weniger Monate wiederum geändert wurde. Eine besondere Stärke des dem BDSG zugrundeliegenden Konzepts ist schließlich darin zu sehen, daß es kein bürokratisches Lizensierungssystem vorschreibt, das sich nach allen Erfahrungen in anderen europäischen Staaten nicht bewährt hat.

4. Ergebnis

Den zweifellos vorhandenen Stärken der Konzeption des Datenschutzgesetzes stehen, was den Schutzumfang und das Schutzinstrumentarium angeht, erhebliche Schwächen gegenüber. Sie liegen - wie dargelegt - vor allem darin, daß das Datenschutzgesetz für neue Formen automatisierter Datenverarbeitung nicht den gleichen Schutz bietet wie für die klassische zentrale Datenverarbeitung, vor allem aber typischen Mißbräuchen - wie dem unerlaubten Zugriff auf Daten - nicht hinreichend begegnet. Insoweit hat die Datenverarbeitung das Datenschutzgesetz überholt, auch wenn die Rechtsprechung sich in zahlreichen Entscheidungen mit Erfolg bemüht hat, Lücken des Schutzumfanges in Einzelfällen durch Interpretation zu schließen.

Daß Defizite bestehen, ist allgemein anerkannt, wie die sieben vorliegenden Entwürfe für Novellierungen, davon zwei zu Landesgesetzen, zeigen. Worin die Defizite genau liegen, darüber besteht keine Einigkeit. So ist es nicht zu verwundern, daß aus Sicht der Kontrollpraxis bei allen Entwürfen Schwachpunkte festzustellen sind. Dies muß auch für den Entwurf der SPD von 1984 gelten, der noch nicht hinreichend ausgereift erscheint, weil er viele der dargelegten Probleme ungelöst läßt. Der Entwurf der CDU aus dem Frühjahr 1985 einschließlich des damit zusammenhängenden Vorschlags eines Verwaltungsverfahrensgesetzes kann als Regelung verstanden werden, die das Rad zurückdrehen, den datenschutzrechtlichen Schutz des Bürgers gegenüber dem Ist-Zustand einengen und den persönlichkeitsrechtlichen Schutz im übrigen verringern will.

Statt dessen scheint eine vertiefte, sachliche Analyse der Probleme geboten. Die Tendenz zur emotionalen Auseinandersetzung wird gefördert, weil es im Gegensatz zur Praxis der Beratungen des BDSG bisher versäumt wurde, Gutachten zu bestimmten Fragen anzufordern, die Grundlage einer eingehenden Sachdiskussion bilden könnten. Dies gilt insbesondere für folgende Fragen: Auf welches Feld sollte sich der Schutzumfang des Datenschutzgesetzes zweckmäßigerweise erstrecken? Wie sind die Grenzen zwischen bereichsspezifischem und einem allgemeinen Datenschutzgesetz zu ziehen? Denn sicher sollte in einem novellierten BDSG nicht mehr die polizeiliche Datenverarbeitung geregelt werden. Als zweites müßte geklärt werden, wie das Schutzinstrumentarium des BDSG normativ auszuformen ist angesichts der bisherigen und der zu erwartenden Datenverarbeitungsentwicklung. Weiter fehlt eine sorgfältige Analyse, ob nicht einfache, bürgerverständliche, inhaltliche Grundsätze der Datenverarbeitung - ähnlich den Regeln einiger ausländischer Gesetze - formuliert werden können, um die Akzeptanz des Datenschutzes zu erhöhen.

Hier liegt auch die Schnittstelle zu den Problemen, die zunehmend mehr unter dem Stichwort "Ethik der Informationsverarbeitung" oder "Berufsethik der Informatiker" diskutiert werden. Von den dabei in den USA bereits seit Anfang der siebziger Jahre aufgestellten Forderungen hat die Debatte bisher keine Kenntnis genommen[17]. (Das im britischen Data Protection Act von 1984 enthaltene Gebot der fairen Datenverarbeitung dürfte hierzu zählen[18]).

Nicht zuletzt sollten Vorschläge erarbeitet werden, wie die tragenden Grundsätze des Volkszählungs-Urteils in ein Gesetz übernommen werden.

Diese Fragen müssen geklärt werden, bevor entschieden wird, wodurch der Bezug des BDSG auf die klassische Datenverarbeitung zu ersetzen ist und damit der Schutzumfang des Gesetzes zu erweitern und das Schutzinstrumentarium normativ umzuformen ist. Nur ein solches Vorgehen wird uns dem Ziel näherbringen, das die hessische Landesregierung bereits vor 15 Jahren in klassischer Weise umschrieben hatte: Das Vertrauen der Bürger zum Staat im Zeitalter des Computers zu erhalten, sowie allen Befürchtungen, die Automation werde den Bereich der demokratischen Mitwirkung des Bürgers in Staat und Gemeinde einschränken, entgegenzuwirken.

---

17) Vgl. z.B. Verhaltenskodex der ACM, abgedruckt in Parker: Ethical Conflicts in Computer Science and Technology, 1978, S. 159 ff

18) Schedule 1, Part I, Ziff. 1

TECHNISCHER DATENSCHUTZ IN DIENSTINTEGRIERENDEN DIGITALNETZEN - PROBLEMANALYSE, LÖSUNGSANSÄTZE UND EINE ANGEPASSTE SYSTEMSTRUKTUR

Andreas Pfitzmann

Institut für Informatik IV der Universität Karlsruhe

Zusammenfassung

Immer mehr kommunizieren Menschen sowie Maschinen über öffentliche Vermittlungsnetze. Dabei fallen zwei Klassen personenbezogener Daten an: die eigentlichen Nutzdaten sowie die Vermittlungsdaten, z. B. Ziel- und Herkunftsadresse, Datenumfang und Zeit.

Ich untersuche, inwieweit Nutzdaten und Vermittlungsdaten durch technische Maßnahmen vor illegalen und legalen Netzbenutzern, dem Kommunikationspartner, dem Betreiber des Netzes und den Herstellern der Vermittlungszentralen geschützt werden können.

Die heute übliche und von der Deutschen Bundespost auch für die Zukunft geplante Netzstruktur diensteintegrierender Digitalnetze erlaubt keinen mit vernünftigem Aufwand überprüfbaren technischen oder juristischen Schutz der Vermittlungsdaten vor dem Betreiber des Netzes und, schlimmer noch, vor den Herstellern der Vermittlungszentralen.

Deshalb werden die zur Abhilfe geeigneten bekannten Grundverfahren zusammen mit einigen Überlegungen zu ihrer Implementierung dargestellt und gezeigt, wie diese Grundverfahren zur Gestaltung eines Anonymität garantierenden breitbandigen diensteintegrierenden Digitalnetzes verwendet werden können. Insbesondere wird eine angepaßte Systemstruktur, ein sogenanntes Vermittlungs-/Verteilnetz, vorgeschlagen.

1 Problemanalyse

1.1 Heutige und geplante Netze

Immer mehr benutzen wir öffentliche Netze:

a) Hörfunk, Fernsehen, Videotext z. B. sind Dienste, die (genauer: deren Informationen) heute vorwiegend über das Rundfunksendernetz der Deutschen Bundespost, mehr und mehr aber über das entstehende Breitbandkabelverteilnetz verteilt werden. Zweck des Breitbandkabelverteilnetzes ist die Verbesserung der Dienstqualität durch Erhöhung der verfügbaren Bandbreite: mehr empfangbare Fernsehprogramme heißt dann Kabelfernsehen, größeres Informationsangebot bei Videotext heißt dann Kabeltext.

b) Fernsprechen, Bildschirmtext, elektronisches Postfach (TELEBOX) für elektronische Brief- und Sprachpost, Fernkopieren (TELEFAX) und Fernwirken (TEMEX) sind Dienste, die heute über das analoge Telefonnetz der Deutschen Bundespost, beginnend ab 1988 mit höherer Dienstqualität über das dann digitale Telefonnetz vermittelt werden.

   Das heutige analoge Telefonnetz und das dieselben Teilnehmeranschlußleitungen benutzende ab 1988 in einigen Ortsnetzen und ab etwa 1993 in der ganzen Bundesrepublik entstehende digitale Telefonnetz sind schmalbandige Netze, d. h. sie sind im Gegensatz zu breitbandigen Netzen nicht in der Lage, Bewegtbilder (z. B. Fernsehen) zu übertragen.

Zur Zeit benutzen wir also zwei grundsätzlich verschiedene Typen von Netzen:

a) Verteilnetze, in denen alle Teilnehmerstationen vom Netz dasselbe erhalten und jeder Teilnehmer lokal auswählt, ob und wenn ja was er tatsächlich empfangen will,

b) Vermittlungsnetze, in denen jede Teilnehmerstation vom Netz individuell nur das erhält, was der Teilnehmer angefordert oder ein anderer Teilnehmer an ihn gesendet hat.

In den realisierten und geplanten öffentlichen Verteilnetzen findet Kommunikation nur in einer Richtung, vom Netz zum Teilnehmer, statt, in Vermittlungsnetzen wird in beiden Richtungen kommuniziert. Da

* langfristig ein Netz für alle Dienste, ein sogenanntes diensteintegrierendes Netz, zumindest im Teilnehmeranschlußbereich preiswerter als mehrere verschiedene Netze ist, und
* man in einem Netz, das Kommunikation in beide Richtungen erlaubt, natürlich auch in nur einer Richtung kommunizieren kann (aber nicht in einem Netz, das Kommunikation nur in einer Richtung erlaubt, auch in beiden Richtungen) und
* alle verteilten Dienste auch vermittelt werden können,

strebt die Deutsche Bundespost an, beginnend ab 1992 alle Dienste in einem Netz zu vermitteln [Schö_84, ScSc_84, ScSl_84, Rose_85]. Damit auch breitbandige Dienste vermittelt zum Teilnehmer übertragen werden können, müssen neue Teilnehmeranschlußleitungen (Glasfasern) verlegt werden. Nach und nach wird dadurch ein Breitbandkabelverteilnetz überflüssig. Ein breitbandiges diensteintegrierendes Vermittlungsnetz kann nicht nur alle Dienste erbringen, die ein Breitbandkabelverteilnetz und ein schmalbandiges Vermittlungsnetz zusammen ermöglichen, sondern es ermöglicht noch zusätzlich breitbandige Kommunikation zwischen Teilnehmern, z. B. Bildfernsprechen.

Da digitale Werte in modernen technischen Systemen nicht nur leichter übertragen, sondern auch leichter verarbeitet werden können, wird das diensteintegrierende Netz ein digitales Netz sein, abgekürzt ISDN (Integrated Services Digital Network). Ersetzt das breitbandige ISDN (abgekürzt Breitband-ISDN oder B-ISDN [Steg_85]) das Breitbandkabelverteilnetz, nennt es die Deutsche Bundespost Integriertes Breitbandfernmeldenetz (IBFN) [ScSl_84]. Pilotversuche zur Erprobung des IBFN sind unter dem Kürzel BIGFON (breitbandiges integriertes Glasfaser-Fernmeldeortsnetz) bekannt [Brau_82, Brau_83].

Die geschilderte Entwicklung ist in Bild 1 etwas detaillierter dargestellt. Danach können wir uns der Frage zuwenden: Welche Auswirkungen hat sie auf den Datenschutz?

1.2 Datenschutz in heutigen und geplanten Netzen

In Bild 2 ist die Endsituation der geschilderten Entwicklung dargestellt: Alle Dienste, z. B. Fernsehen, Radio, Telefon, Bildschirmtext, werden über eine Glasfaser von der Vermittlungszentrale der Deutschen Bundespost zum Netzabschluß des Teilnehmers vermittelt.

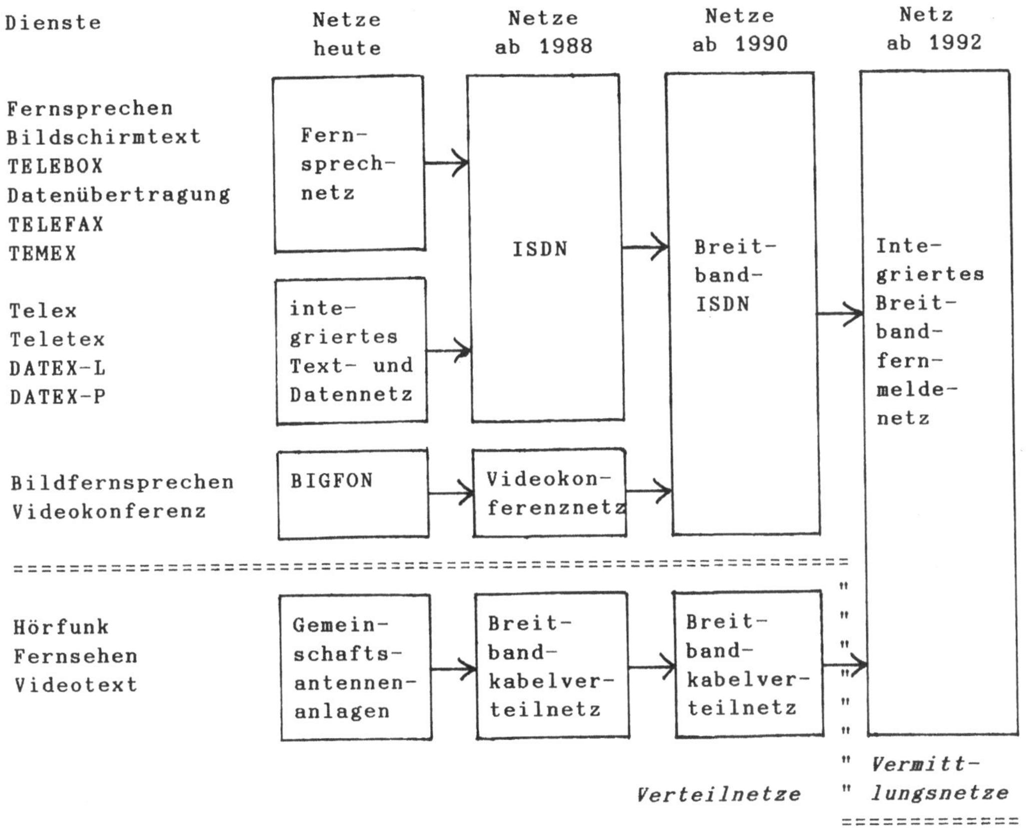

Dienste	Netze heute	Netze ab 1988	Netze ab 1990	Netz ab 1992
Fernsprechen Bildschirmtext TELEBOX Datenübertragung TELEFAX TEMEX	Fern- sprech- netz	ISDN	Breit- band- ISDN	Inte- griertes Breit- band- fern- melde- netz
Telex Teletex DATEX-L DATEX-P	inte- griertes Text- und Datennetz	ISDN	Breit- band- ISDN	Integriertes Breitbandfernmeldenetz
Bildfernsprechen Videokonferenz	BIGFON	Videokon- ferenznetz	Breit- band- ISDN	Integriertes Breitbandfernmeldenetz
Hörfunk Fernsehen Videotext	Gemein- schafts- antennen- anlagen	Breit- band- kabelver- teilnetz	Breit- band- kabelver- teilnetz	Integriertes Breitbandfernmeldenetz

Verteilnetze | *Vermitt-lungsnetze*

Bild 1: Geplante Entwicklung der Netze der Deutschen Bundespost

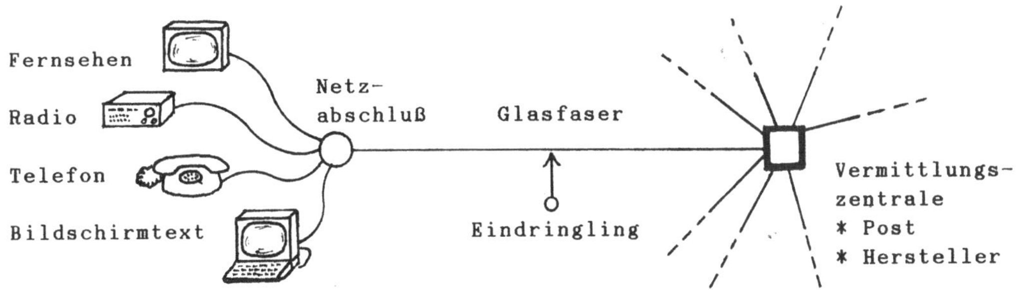

Bild 2: Beobachtbarkeit von Benutzern im sternförmigen ISDN

Will der Teilnehmer z. B. das Fernsehprogramm wechseln, teilt er dies über seinen Fernseher und seinen Netzabschluß der Vermittlungszentrale mit. Die Vermittlungszentrale überträgt dann statt des bisher gesehenen das angeforderte Fernsehprogramm über die Glasfaser.

Die Vermittlungszentrale und auch ein Eindringling, der die Glasfaser abhört, können diesen Programmwechsel registrieren. Glasfasern sind zwar etwas abhörsicherer als elektrische Leitungen, aber auch ihr Abhören stellt kein schwieriges technisches Problem dar [Horg_85 Seite 36].

Die Vermittlungszentrale und auch ein Eindringling können, da Glasfasern im Teilnehmeranschlußbereich Teilnehmern eindeutig zugeordnet sind und alle Dienste über diese eine Glasfaser abgewickelt werden, umfassende Persönlichkeitsprofile erstellen.
Dies kann man natürlich per Gesetz verbieten. Aber ein Verbot ist nur dann wirkungsvoll, wenn seine Einhaltung mit angemessenem Aufwand überprüft und durch Strafverfolgung gesichert und der ursprüngliche Zustand durch Schadenersatz wiederhergestellt werden kann. Beides ist in der geschilderten Situation leider nicht gegeben [Pfit_83]. So bleibt nur die Möglichkeit, zu untersuchen, ob durch vorbeugende technische Datenschutzmaßnahmen das Erstellen von Persönlichkeitsprofilen verhindert werden kann [PfWa_85].

Die erste in Papieren über Kommunikationssicherheit üblicherweise behandelte Datenschutzmaßnahme ist, alle Daten zwischen Vermittlungszentrale und Netzabschluß zu verschlüsseln (Verbindungs-Verschlüsselung, link-to-link encryption [VoKe_83]). Dadurch kann der Eindringling die abgehörten Bitströme nicht interpretieren.
Leider ist diese Maßnahme nicht ganz so einfach und wirkungsvoll, wie sie scheint:

1. Auf der Glasfaser werden etwa 560 Mbit/s übertragen. Unter den Kryptogeräten, die auf einem für halbwegs sicher gehaltenen Kryptosystem beruhen und preiswert, d. h. auf höchstens einem Chip implementiert sind, verschlüsseln die schnellsten 14 Mbit/s [Abbr_84, DESi_84, Hors_85, KaRS_85]. Sie beruhen auf dem Data Encryption Standard (DES).
2. Wenn das Abhören der Leitungen keinen Informationsgewinn verspricht, werden sich Angreifer andere Angriffspunkte suchen: die Vermittlungszentrale oder die Wohnung des Teilnehmers.
   Letzteres wird im weiteren nicht behandelt, da es für den Angreifer aufwendig und kein spezielles Problem diensteintegrierender Digitalnetze ist.

Welche Angriffsmöglichkeiten bietet eine Vermittlungszentrale wem? Zunächst einmal kann die Post (und damit der Staat, genauer die Geheimdienste) als Betreiber die Vermittlungsanlagen beliebig Daten speichern und auswerten lassen. Innerhalb weiter Grenzen darf sie dies auch [Leuz_83 Seite 114, vgl. auch Leuz_84 Seite 24, 25]:

> "... der Betreiber von Bildschirmtext darf über jeden Teilnehmer speichern, wann, wie lange und wie oft er auf welche Weise den Bildschirmtext in Anspruch nahm."

Weiter können Personen (z. B. Postangestellte, Wartungstechniker) oder Organisationen (z. B. Hersteller), die Zugang zur Vermittlungszentrale haben oder hatten, beliebige Informationen erhalten: Vermittlungszentralen sind heute komplexe Rechensysteme mit vielfältigen Möglichkeiten zum Installieren "Trojanischer Pferde", d. h. von Systemteilen, die Information auf verborgenen Kanälen einem nicht empfangsberechtigten Empfänger zukommen lassen [PoKl_78]. Das Finden "Trojanischer Pferde" ist äußerst schwierig [Thom_84] und, da eine Systemüberprüfung auch nach jeder Wartungsmaßnahme nötig wäre, sehr aufwendig.
Natürlich kann das Installieren "Trojanischer Pferde" verboten werden. Ein Verbot, dessen Einhaltung man nicht effizient überprüfen kann, hat, wie schon oben erwähnt, jedoch wenig Wert. Das Erschreckende ist, daß

die Deutsche Bundespost anscheinend nicht einmal den Versuch unternehmen will, nach "Trojanischen Pferden" zu suchen, wie das folgende Beispiel der Bildschirmtextzentrale in Ulm zeigt:
Der Hersteller der Bildschirmtextzentrale muß den Systemaufbau der Deutschen Bundespost nicht offenlegen, was das Aufspüren "Trojanischer Pferde" vollends unmöglich macht. Der Bundesbeauftragte für den Datenschutz, Dr. Baumann, schreibt darüber [BfD_85 Seite 25]:

> "Wer Daten verarbeitet, muß die Wirkung der dafür eingesetzten Programme genau kennen. Deshalb hat es überrascht, daß der Deutschen Bundespost als Betreiber des Bildschirmtext-Systems keine umfassende Dokumentation aller eingesetzten Programme vorliegt. Zur Begründung dafür hat sie auf ihre vertraglichen Regelungen mit der Lieferfirma IBM hingewiesen. Dadurch ist es der Deutschen Bundespost verwehrt, sich genaue Kenntnis der Programme in allen Details ohne Hilfe Dritter zu verschaffen. Vor diesem Hintergrund erscheint schwer vorstellbar, wie die Deutsche Bundespost ihrer Verantwortung für die ordnungsgemäße Anwendung der Datenverarbeitungsprogramme (Par. 15 Nr. 2 BDSG) gerecht werden kann."

Wegen der mangelhaften Wirksamkeit von Verbindungs-Verschlüsselung wird üblicherweise eine zweite Datenschutzmaßnahme vorgeschlagen: die Daten werden zwischen Teilnehmerstationen verschlüsselt übertragen (Ende-zu-Ende-Verschlüsselung, end-to-end encryption), damit sie die Vermittlungszentrale nicht interpretieren kann.
Leider ist auch diese Maßnahme nicht so wirkungsvoll, wie sie scheint:

1. Die personenbezogenen Daten zerfallen in 2 Klassen: die eigentlichen Nutzdaten sowie die Vermittlungsdaten (Ziel-, Herkunftsadresse, Datenumfang, Zeit etc.).
   Durch Ende-zu-Ende-Verschlüsselung können nur die Nutzdaten geschützt werden.
2. Befinden sich die Nutzdaten z. B. in Form einer Datenbank in einem Postrechner (Bsp. Bildschirmtext-Zentrale in Ulm), so ist dieses Verfahren nicht sinnvoll anwendbar.
   Die Nutzdaten können zwar in verschlüsselter Form in der Datenbank abgespeichert werden, dies nützt jedoch nur etwas, wenn die Post die zugehörigen Schlüssel nicht kennt und auch nicht in Erfahrung bringen kann. Letzteres erscheint außer bei kleinen geschlossenen Benutzergruppen unrealistisch, da die Post in große geschlossene Benutzergruppen einen Strohmann einschleusen und bei offenen Benutzergruppen als normaler Nutzdateninteressent auftreten kann.

Daß Kenntnis nur der Vermittlungsdaten bereits weitgehende Schlüsse erlaubt, zeigt folgendes Beispiel: Fast täglich kommuniziert Teilnehmer A mit einem kommunistischen oder (der politischen Ausgewogenheit des Beispiels wegen) rechtsradikalen Zeitungsverlag. ...

Die heute übliche und von der Deutschen Bundespost auch für die Zukunft geplante Netzstruktur diensteintegrierender Netze erlaubt also auch durch die üblichen kryptographischen Techniken keinen mit vernünftigem Aufwand <u>überprüfbaren</u> technischen und/oder juristischen Schutz der Vermittlungsdaten vor dem Betreiber des Vermittlungsnetzes und, schlimmer noch, vor den Herstellern der Vermittlungszentralen bzw. ihren Angestellten.

1.3 Ziele der Arbeit

Es muß also untersucht werden, wie man Nutzdaten <u>und</u> Vermittlungsdaten vor dem Betreiber des Vermittlungsnetzes und den Herstellern der Vermittlungszentralen bzw. ihren Angestellten schützen kann.
Dabei sollen sie natürlich auch vor anderen legalen und illegalen Netzbenutzern geschützt sein, und, soweit nötig, auch vor dem Kommunikationspartner.

2 Lösungsansätze

In diesem Kapitel werden Ansätze zur Lösung des oben geschilderten Problems dargelegt.
Zunächst werden Schutzmaßnahmen dargestellt, die außerhalb des Netzes angesiedelt sind, d. h. die jeder Benutzer für sich trifft.
Danach werden solche Schutzmaßnahmen dargestellt, die innerhalb des Netzes angesiedelt sind, d. h. die Benutzung des Netzes nicht verändern, jedoch den Transport innerhalb des Netzes.

2.1 Schutz außerhalb des Netzes

2.1.1 Öffentliche Anschlüsse

Das Vermittlungsdatum "Herkunftsadresse" wird weitgehend bedeutungslos, wenn man verschiedene öffentliche Anschlüsse benutzt, z. B. Telefonzellen. Dies gilt natürlich nur, falls man sich nicht zu Zwecken der Zugangskontrolle oder der Zahlung von Gebühren identifizieren muß.
Die Anwendung dieser Maßnahme ist stark eingeschränkt: wer etwa will in (Bild-)Telefonzellen fernsehen?

2.1.2 Zeitlich entkoppelte Stapelverarbeitung

Das Vermittlungsdatum "Zeit" wird weitgehend bedeutungslos, wenn man intelligente Teilnehmerstationen (z. B. Personal Computer) Informationen nicht erst dann anfordern läßt, wenn der Teilnehmer sie benötigt, sondern zu einem beliebigen Zeitpunkt vorher.
Will man z. B. eine Zeitung lesen, so kann die Teilnehmerstation sie bereits zum Erscheinungszeitpunkt oder einem Zeitpunkt mit besonders geringen Übertragungskosten (z. B. Nachttarif) anfordern und zum späteren Lesen abspeichern.
Diese Schutzmaßnahme verhindert, daß der Netzbetreiber allein aus dem Vermittlungsdatum "Zeit" und Kontextwissen schließen kann, wer mit wem kommuniziert. Wenn z. B. tagsüber eine Zeitung angefordert wird und 10 Leute als Anforderer in Frage kommen, von denen bekanntlich 9 in Tag- und einer in Nachtschicht arbeiten, wäre ohne zeitliche Entkopplung klar, daß sie der Nachtarbeiter liest.
Kann der Netzbetreiber auf andere Art erkennen, wer mit wem kommuniziert, so erschwert diese Maßnahme doch zumindest das Erstellen von Persönlichkeitsbildern über den Tagesablauf.

Natürlich greift diese Maßnahme nicht bei Kommunikationsformen mit Realzeitanforderungen.

2.1.3 Lokale Auswahl

Man kann Information in großen Einheiten (z. B. ganze Zeitungen, mehrere Zeitungen verschiedener politischer Richtungen von eventuell verschiedenen Verlagen) anfordern und lokal auswählen, was einen wirklich interessiert (z. B. die Artikel, die Zeitung).
Dadurch verschleiert man nicht nur gegenüber dem Netz, sondern auch gegenüber dem Kommunikationspartner, was einen wirklich interessiert.
Das Anfordern von zu großen Informationseinheiten vom wirklichen Kommunikationspartner ist als Schutz gegenüber dem Netz vor allem bei solchen Informationsarten sinnvoll, die unverschlüsselt übertragen werden oder bei denen Netzbetreiber und Kommunikationspartner identisch sind.
Leider ist diese Schutzmaßnahme in den heutigen schmalbandigen Netzen aufwendig (und deshalb für den Anwender durch Erhöhung der Übertragungsgebühren teuer), da sie die Übertragungsmengen erheblich vergrößert. Zusätzlich teuer ist diese Maßnahme durch Erhöhung der Benutzung kostenpflichtiger Dienste (z. B. Anforderung mehrerer Zeitungen), da geplant ist, diese nach Einzelbenutzung abzurechnen.
Die bisherigen Abrechnungsverfahren nach in Anspruch genommener Übertragungsmenge und Einzelnutzung von Diensten sollten aufgrund der technischen und gesellschaftlichen Entwicklung überdacht werden: eine pauschale Gebühr für Anschluß ans Netz unabhängig von Übertragungsmengen wird durch die schnelle technische Leistungssteigerung möglich. Die Dienstnutzung verursacht in Zukunft dem Diensterbringer praktisch keine Kosten, sondern nur die Dienstbereitstellung. Z. B. werden Zeitungen nicht mehr in einer hohen Stückzahl gedruckt und verbreitet, sondern nur ein Original in einer Datenbank abgelegt. Das Orginal kann, praktisch ohne dem Diensterbringer Kosten zu verursachen, kopiert und verteilt werden. Dies motiviert, das Bereitstellen von Informationsdiensten durch Pauschalen und nicht nach Inanspruchnahme zu bezahlen. Dadurch würde nicht nur der Einsatz obiger Datenschutzmaßnahme realistisch, sondern auch die Informiertheit des Bürgers gefördert. Die Pauschale für Informationsdienste könnte durch die GEMA an die Informationsanbieter verteilt werden.

2.2 Schutz innerhalb des Netzes

2.2.1 Verteilung und bedeutungslose Nachrichten

Indem das Netz alle Informationen an alle Teilnehmer sendet (Verteilung, broadcast), kann man den Empfänger der Information vor dem Netz und dem Kommunikationspartner schützen.
Will man dies auch bei bisher vermittelten Diensten tun, so muß jede Teilnehmerstation anhand eines Merkmals (implizite Adresse) entscheiden können, welche Nachrichten wirklich für sie bestimmt sind.
Kann eine Adresse nur vom Empfänger ausgewertet werden, so spricht man von verdeckter Adressierung. Kann eine Adresse von jeder Instanz ausge-

wertet, d. h. auf Gleichheit mit anderen Adressen getestet werden, so nennt man dies offene Adressierung [Waid_85].
Die übliche Implementierung von verdeckter Adressierung verwendet Redundanz innerhalb des Nachrichteninhalts und ein Kryptosystem mit öffentlichen Schlüsseln [Denn_82]. Jede Nachricht wird mit dem öffentlichen Schlüssel des adressierten Teilnehmers verschlüsselt. Nach der Entschlüsselung mit dem zugehörigen privaten Schlüssel kann die Teilnehmerstation des adressierten Teilnehmers anhand der Redundanz feststellen, daß die Nachricht für sie bestimmt ist. Da die Implementierungen von Kryptosystemen mit öffentlichen Schlüsseln langsam sind und jede Teilnehmerstation alle Nachrichten entschlüsseln muß, ist dieses Verfahren im allgemeinen zu aufwendig.
Offene Adressierung läßt sich einfacher realisieren, indem man z. B. Nachrichten mit einem Adreßfeld versieht und die Teilnehmer(stationen) beliebige Zahlen als Adressen erzeugen. Eine Teilnehmerstation muß dann nur bei allen erhaltenen Nachrichten dieses Adreßfeld mit ihren Adressen vergleichen.
Hinsichtlich der Adreßverwaltung kann man bei beiden Formen der impliziten Adressierung öffentliche und private Adressen unterscheiden: Öffentliche Adressen stehen in allgemein zugänglichen Adreßverzeichnissen (z. B. in einem "Telefonbuch") und dienen meist einer ersten Kontaktaufnahme. Private Adressen werden an einzelne Kommunikationspartner vergeben. Dies kann entweder außerhalb des Netzes oder innerhalb als Absenderangabe in Nachrichten geschehen.
Bei offener Adressierung, im Gegensatz zur verdeckten, kann das Netz Informationen über die Empfänger von Nachrichten gewinnen. Dies kann bei Verwendung privater Adressen geschehen, wenn man dieselbe Adresse mehrfach verwendet, weil dann erkennbar wird, daß diese Nachrichten an denselben Empfänger gerichtet sind. Die mehrmalige Verwendung muß also durch fortlaufendes Generieren und Mitübertragen oder durch Vereinbarung eines Generieralgorithmus (Pseudozufallszahlengenerator) vermieden werden. Bei Verwendung öffentlicher offener Adressen kann sogar festgestellt werden, unter welcher Bezeichnung der Empfänger im Adreßverzeichnis eingetragen ist. Die Verwendung solcher Adressen sollte also möglichst vermieden werden.
Gegenüber expliziter Adressierung, bei der die Adreßinformation vom Netz interpretiert und zur Wegwahl und damit zur Minimierung der Netzbelastung verwendet wird, hat implizite Adressierung bezüglich der effizienten Nutzung des Netzes einen leichten Vorteil und einen schweren Nachteil: Das Wegwahl-Problem (routing) im Netz vereinfacht sich, wenn man z. B. Überflutung (flooding [Tane_81]) einsetzt: jede Station überträgt jede Nachricht an alle Nachbarstationen, von denen sie diese Nachricht (noch) nicht empfangen hat. Je nach Netz kann jedoch die Leistung sehr stark absinken.

Durch die Verteilung kann der Empfänger einer Nachricht, wie beschrieben, vollständig geschützt werden.
Der Sender einer Nachricht kann sich schützen, indem er auch bedeutungslose Nachrichten (dummy traffic) sendet. Werden diese mit nicht existenten impliziten Adressen versehen, können sie von allen Teilnehmerstationen weggeworfen werden. Werden auch bedeutungslose Nachrichten gesendet, kann das Netz nicht mehr entscheiden, wann genau und wieviele bedeu-

tungsvolle Nachrichten ein Teilnehmer sendet.
Die nächsten drei Abschnitte behandeln intelligentere und effizientere Maßnahmen zum Schutz des Senders.

2.2.2 Umkodierende Mixer

Bei diesem von David Chaum 1981 für elektronische Post vorgeschlagenen Verfahren [Chau_81] werden Nachrichten nicht notwendigerweise auf dem kürzesten Weg zum Empfänger geschickt, sondern über mehrere möglichst unabhängige, umkodierende und umsortierende Zwischenstationen, sogenannte Mixer, geleitet. Der Absender einer Nachricht verschlüsselt sie so mit Schlüsseln eines Kryptosystems mit öffentlichen Schlüsseln, daß sie nacheinander von einer von ihm gewählten Folge von Mixern mit deren zugehörigen privaten Schlüsseln entschlüsselt werden muß. Dadurch ändert sich das Erscheinungsbild der Nachricht auf jedem Stück ihres Weges, so daß ihr Weg (außer wenn alle Mixer, die sie durchläuft, zusammenarbeiten) nicht verfolgt werden kann. Um dieses Verfolgen nicht durch zeitliche Zusammenhänge zu ermöglichen, muß jeder Mixer eine Reihe von Nachrichten abwarten und dann diese umsortiert wieder ausgeben. Gegebenenfalls müssen Teilnehmer oder Mixer bedeutungslose Nachrichten erzeugen.
Wegen der Zeitverzögerung durch Umsortieren der Nachrichten und des Zeitaufwands für die Entschlüsselungen in einem Kryptosystem mit öffentlichen Schlüsseln ist dieses Verfahren nicht für Anwendungen geeignet, die kurze Übertragungszeiten fordern.
Wandelt man dieses Verfahren aber leicht ab, so kann man anonyme Kanäle schalten, die z. B. den Realzeitanforderungen des Telefonverkehrs genügen könnten. Hierzu wird zum Kanalaufbau eine spezielle Nachricht nach dem oben beschriebenen Verfahren übertragen, die jedem gewählten Mixer einen Schlüssel eines schnelleren Kryptosystems mit privaten Schlüsseln übergibt, den dieser Mixer von da an für die Entschlüsselung des Verkehrs auf diesem Kanal verwendet [Pfi1_85].
Beide Versionen dieses Verfahrens sind aber beim Einsatz in einem Staat mit Fernmeldemonopol sehr aufwendig: da erforderlich ist, daß die Mixer nicht zusammen gegen die Benutzer arbeiten, sollten sie verschiedene Betreiber haben. Dies bedeutet, daß jede Nachricht das öffentliche Netz mehrmals durchläuft, da nicht einfach dessen Vermittlungsstellen allein als Mixer eingesetzt werden können.
Die folgende Maßnahme hat diese Nachteile nicht mehr.

2.2.3 Überlagerndes Senden mit Hilfe paarweise gemeinsamer Schlüssel

In [Cha1_85, Cha3_85] gibt David Chaum folgende Möglichkeit zum anonymen Senden (und Empfangen) an:
Alle Teilnehmerstationen erzeugen für jedes zu sendende Nutzbit ein oder mehrere Schlüsselbits, von denen sie jedes genau einer anderen Teilnehmerstation auf einem geheimen Kanal zukommen lassen. Jede Teilnehmerstation überlagert (bildet die Summe modulo 2) lokal alle ihr bekannten Schlüsselbits und, sofern sie ein Nutzbit senden will, ihr Nutzbit. Jede Teilnehmerstation sendet das Ergebnis ihrer lokalen Überlagerung. Alle gesendeten Bits werden global überlagert und die entste-

hende Summe (modulo 2) aller Bits an alle Teilnehmerstationen verteilt. Wollte keine senden, ist die Summe 0, da jedes Schlüsselbit genau zweimal addiert wurde. Wollte eine senden, ist die Summe gleich dem gesendeten Nutzbit.

Natürlich können Kollisionen auftreten, falls mehrere Teilnehmerstationen gleichzeitig senden wollen. Dies ist ein übliches Problem bei Verteil-Kanälen mit Mehrfachzugriff, zu dessen Lösung es eine große Zahl von Zugriffsmechanismen gibt. Man darf aber nur solche auswählen, die die Anonymität des Senders wahren. Daneben sollten sie bei zu erwartender Verkehrsverteilung den zur Verfügung stehenden Kanal günstig nutzen. Beispiele anonymer Zugriffsmechanismen sind das einfache, aber nicht sehr effiziente Verfahren slotted ALOHA und eine für Kanäle mit großer Verzögerungszeit entworfene, effiziente Reservierungstechnik [Tane_81 Seite 272, Cha3_85].

Durch Verwendung mehrerer Übertragungsrahmen (slots) und die zusätzliche Vereinbarung, daß, wenn jemand in einem Übertragungsrahmen ohne Kollision gesendet hat, er diesen weiterbenutzen darf und andere in diesem Übertragungsrahmen erst wieder senden dürfen, wenn er einmal nicht benutzt wurde, kann man Kanäle schalten [Höck_85, HöPf_85].

David Chaum beweist in [Cha3_85], daß, solange eine Gruppe von Teilnehmerstationen Schlüssel nur in der beschriebenen Form weitergibt und solange diese Gruppe bezüglich der ausgetauschten Schlüssel zusammenhängend ist, andere an diesem Verfahren Beteiligte auch durch Zusammentragen all ihrer Information keine Information darüber erhalten, wer innerhalb der Gruppe sendet. "Bezüglich der ausgetauschten Schlüssel zusammenhängend" bedeutet, daß für je zwei beliebige Teilnehmerstationen T_0, T_1 der Gruppe es eine möglicherweise leere Folge von Teilnehmerstationen T_2 bis T_n der Gruppe gibt, so daß für $1 \leq i \leq n$ gilt:
T_i hat mit $T_{(i+1) \bmod (n+1)}$ einen Schlüssel ausgetauscht.

Der Einsatz dieses Verfahrens ist sehr aufwendig, weil man entweder

- große Mengen an Schlüsseln geheim austauschen muß oder
- sehr schnelle und schwer brechbare Pseudozufallszahlengeneratoren benötigt.

Im ersten Fall müssen bei N Teilnehmern pro Nutzbit zusätzlich mindestens N Schlüsselbits ausgetauscht werden. Man benötigt also für den Austausch jedes Schlüssels je einen geheimen Kanal mit derselben Bandbreite, wie sie das Netz den Benutzern zum Austausch ihrer Nachrichten bereitstellt.

Im zweiten Fall muß man nur relativ kurze Schlüssel geheim austauschen und kann aus diesen sehr lange Schlüssel, die äußeren Betrachtern zufällig erscheinen, erzeugen. Leider sind mir nur leicht brechbare und schnelle (z. B. rückgekoppelte Schieberegister) oder schwer brechbare und aufwendige (z. B. auf DES basierende) Pseudozufallszahlengeneratoren bekannt. Ein Nachweis der Schwierigkeit des Brechens ist bis jetzt nur für äußerst aufwendige Pseudozufallszahlengeneratoren gelungen [VaVa_85, BlMi_82, BlMi_84, BlBS_83, GoMT_82, Sham_83].

David Chaum schlägt in [Cha3_85] vor, das überlagernde Senden auf einem Ring zu implementieren. Dadurch wird einem Angreifer das Brechen von schnellen (und vielleicht leicht brechbaren) Pseudozufallszahlengeneratoren erschwert, weil er die Ausgaben von aufeinanderfolgenden Teilnehmerstationen im Ring nur durch sehr aufwendige physikalische Maßnahmen,

also realistischerweise nicht erfährt.
Bei dieser Implementierung kreist jedes Bit einmal zum Zwecke des Sendens durch sukzessives Überlagern und einmal zum Zwecke des Empfangens um den Ring.
Da diese Implementierung im Mittel nur den vierfachen Übertragungsaufwand verursacht wie ein übliches Sendeverfahren auf einem Ring, während eine Implementierung auf einem stern- oder baumförmigen Netz den N-fachen Übertragungsaufwand gegenüber einem gewöhnlichen Sendeverfahren auf einem Stern oder Baum verursacht, wirkt sie recht effizient.
Da aber die Übertragungsmenge auf jeder einzelnen Leitung, also die geforderte Bandbreite, bei allen Implementierungen gleich ist, könnte die Implementierung auf einem Stern oder Baum trotzdem effizienter sein. Die Implementierung eines Kanals ist um so besser, je kürzer die Verzögerungszeit ist, also die Zeit, die zwischen Sendeversuch und der Rückmeldung, ob eine Kollision auftrat, verstreicht. Für dieses Verfahren können die Knoten von Stern- und Baumnetzen wesentlich einfacher als übliche Vermittlungszentralen sein und so entworfen werden, daß die Verzögerungszeit im Netz nur logarithmisch mit der Teilnehmeranzahl wächst, während sie bei Ringnetzen stets mindestens proportional zur Teilnehmeranzahl wächst [Pfi1_85].

2.2.4 Ringstruktur

Das aufwendige Generieren, ggf. Verteilen und Überlagern von Schlüsseln und Nutzdaten im vorherigen Abschnitt ist nötig, da davon ausgegangen wird, daß ein Angreifer die Ausgänge und Eingänge aller Teilnehmerstationen abhört.
Die Idee für ein weniger aufwendiges Verfahren besteht darin, das Netz bereits physikalisch so zu gestalten, daß realistische Angreifer gar nicht erst die Möglichkeit haben, alle Ein- und Ausgänge einer Teilnehmerstation abzuhören.
Die praktischste Möglichkeit hierzu ist es, die Teilnehmerstationen ringförmig anzuordnen, wie dies im Bereich lokaler Netze seit langem praktiziert wird. Um hier eine Station zu überwachen, müssen entweder ihre beiden Nachbarn zusammenarbeiten oder die Leitungen müssen abgehört werden. Die Annahme, daß letzteres nicht gelingt, kann durch bauliche Maßnahmen, z. B. direkte Verkabelung von Wohnungen in Mehrfamilienhäusern, realistisch gemacht werden.
Ein Angreifer, der z. B. nur den Ausgang einer Station beobachtet, kann nicht ohne weiteres erkennen, wann diese Station sendet, da auch die Nachrichten anderer Stationen auf dieser Leitung vorbeikommen. Ebenso kann ein Angreifer, der nur eine Gruppe von mehreren zusammenhängenden Stationen eingekreist hat, auf Anhieb durch Vergleich der ein- und auslaufenden Nachrichten nur feststellen, welche davon von den Mitgliedern dieser Gruppe gesendet bzw. vom Ring entfernt wurden, nicht aber von welchem Mitglied genau.
Man kann zeigen, daß bei geeigneten Ringzugriffsmechanismen ein Angreifer, der eine Station nicht direkt eingekreist hat, tatsächlich das Senden dieser Station nie feststellen kann [HöPf_85, Höck_85]. Geeignet sind gewisse bekannte Verfahren (slotted ring, token ring), die dahingehend abgewandelt wurden, daß Senderecht zeitlich unbefristet vergeben

wird und daß jede Nachricht einmal ganz um den Ring läuft, d. h. nicht vom Empfänger, sondern erst vom Sender wieder vom Ring entfernt wird. Da durch diese Zugriffsmechanismen bereits Verteilung realisiert ist, ist neben dem Sender auch der Empfänger geschützt.

3 Gestaltung eines Anonymität garantierenden breitbandigen diensteintegrierenden Digitalnetzes

In Kapitel 2 wurden Lösungsansätze beschrieben, die es den Teilnehmern eines Digitalnetzes ermöglichen, anonym voreinander wie auch vor dem Netz Nachrichten auszutauschen. Dieses Kapitel setzt diese Lösungsansätze in Beziehung zur Gesamtheit der Forderungen, die an ein Anonymität garantierendes breitbandiges diensteintegrierendes Digitalnetz gestellt werden.

3.1 Physikalische Ebene: Vermittlungs-/Verteilnetz

Dieser Abschnitt stellt eine mögliche Netzstruktur vor, die mit Hilfe der Verfahren aus Kapitel 2 implementiert werden kann und die die hohen Leistungsanforderungen eines breitbandigen diensteintegrierenden Digitalnetzes erfüllt. Diese könnte somit die in Kapitel 1 genannte, von der Deutschen Bundespost geplante Netzstruktur ersetzen.
Das Verfahren der umkodierenden Mixer ist, wie in Abschnitt 2.2.2 erläutert, bei einer Realisierung in einem Staat mit Fernmeldemonopol wie der Bundesrepublik Deutschland sehr aufwendig und erscheint daher für ein breitbandiges Netz ungeeignet.
In den in 2.2.3 und 2.2.4 beschriebenen Verfahren basiert der Schutz des Empfängers einer Nachricht auf dem Prinzip der Verteilung. Aus Leistungsgründen ist ein breitbandiges diensteintegrierendes Digitalnetz, in dem alle Nachrichten an alle Teilnehmerstationen verteilt werden, undenkbar. So ist es z. B. nicht nur aus Leistungs-, sondern auch aus Zuverlässigkeits- und Kostengründen nicht sinnvoll, Ringe mit mehr als 10000 Teilnehmerstationen zu bauen. Da das in 2.2.3 beschriebene Verfahren aufwendiger ist als das in 2.2.4 beschriebene, dürfte die maximale Teilnehmerzahl dieses Verfahrens erst recht unter 10000 liegen.
Ein breitbandiges diensteintegrierendes Digitalnetz muß folglich ab einer gewissen Größe hierarchisch unterteilt werden. Die Nachrichten werden dabei nicht an alle, sondern nur an hinreichend viele Teilnehmerstationen verteilt (multicast). Eine mögliche Realisierung einer solchen Hierarchie ist ein Vermittlungs-/Verteilnetz, kurz VmVt-Netz genannt.
Ein VmVt-Netz besteht aus Verteilnetzen im Teilnehmeranschlußbereich und einem Vermittlungsnetz, das diese Verteilnetze verbindet (Bild 3). Aus Leistungsgründen wird davon ausgegangen, daß das Vermittlungsnetz und die Verteilnetze physikalisch realisiert werden.
Da in einem Staat mit Fernmeldemonopol das Vermittlungsnetz sicher in einer Hand sein wird, kann durch das Vermittlungsnetz allein in solchen Staaten kein Schutz realisiert werden. Das Vermittlungsnetz kann daher in der Bundesrepublik ohne Rücksicht auf den Datenschutz beliebig gebaut werden. Die Verteilnetze des VmVt-Netzes müssen somit die Hauptlast der Anonymität tragen. Sie können entsprechend den gegebenen Anforderungen

hinsichtlich Leistung und Kosten und in Abhängigkeit vom gewählten Angreifermodell nach 2.2.4 durch physikalische Ringe oder nach 2.2.3 durch überlagerndes Senden in einer dafür geeigneten Topologie realisiert werden.

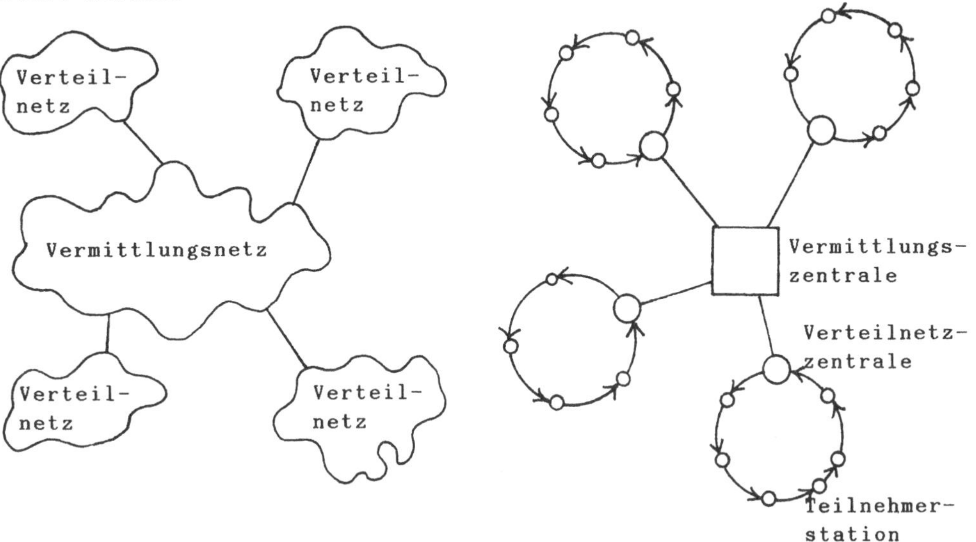

Bild 3: Allgemeine physikalische Struktur des Vermittlungs-/Verteilnetzes (links) und eine günstige Topologie (rechts)

3.2 Adressierung und Adreßverwaltung

Entsprechend der hierarchischen Struktur des VmVt-Netzes sind die verwendeten Adressen ebenfalls zweistufig: jede Nachricht enthält als Adresse eine explizite Adresse des Verteilnetzes des Empfängers und eine imlizite Adresse des Empfängers innerhalb dessen Verteilnetzes.
Es kann dabei sinnvoll sein, die für das Vermittlungsnetz bestimmte explizite Adresse des Verteilnetzes des Empfängers für die übrigen Teilnehmerstationen des Verteilnetzes des Senders unkenntlich zu machen, etwa indem man die bereits adressierte Nachricht mit einem öffentlichen Schlüssel des Vermittlungsnetzes verschlüsselt.

3.3 Netzabschluß

Im VmVt-Netz muß jede Schutzmaßnahme, die innerhalb des Netzes angesiedelt ist, durch die Teilnehmerstationen und deren Netzanschlüsse, die sogenannten Netzabschlüsse, realisiert werden. Da die Teilnehmerstationen nicht von der Post zur Verfügung gestellt werden und somit weitgehend unter der Kontrolle der Teilnehmer stehen, betrifft das in Abschnitt 1.2 angesprochene Problem eines "Trojanischen Pferdes" vorwiegend die Netzabschlüsse. Ist hier von der Post oder dem Hersteller ein "Trojanisches Pferd" untergebracht, so kann dieses bei Verwendung eines Verfahrens nach 2.2.2 oder 2.2.4 das Senden registrieren. Da ein Netzab-

schluß aber um einige Größenordnungen einfacher als ein Vermittlungsrechner ist und sich Teilnehmer, vertreten etwa durch eine Verbraucherorganisation, nicht ganz so gutgläubig anstellen müssen wie die Deutsche Bundespost gegenüber IBM, ist dieses Problem lösbar.
Bei Verwendung des Verfahrens aus 2.2.3 ist über den Netzabschluß das Senden unbeobachtbar. Allerdings ist bei diesem Verfahren die Annahme, daß Teilnehmerstationen von verschiedenen Herstellern angeboten und nicht von der Post zur Verfügung gestellt werden, wenig berechtigt: jede Teilnehmerstation ist permanent am Senden jeder anderen Teilnehmerstation des gleichen Verteilnetzes beteiligt, d.h. ständig belastet, so daß die Teilnehmerstation eigentlich als Teil des Netzabschlusses betrachtet werden kann.

3.4 Abrechnungsprotokolle

Ein diensteintegrierendes Digitalnetz muß nicht nur das Erbringen unterschiedlicher Dienste, sondern auch ihre Bezahlung ermöglichen. Bei der Organisation der Bezahlung muß darauf geachtet werden, daß durch Bezahlungsdaten die Anonymität im Netz nicht verloren geht und niemand betrügen kann.
Letzteres ist besonders wichtig, da eine Datenschutz garantierende Systemstruktur eine Strafverfolgung be- oder gar verhindert [WaPf_85].
In [Pfi1_83, Pfit_84] sind Bezahlungsmöglichkeiten über anonyme Nummernkonten und nicht manipulierbare Zähler in Teilnehmerstationen beschrieben. Beide Verfahren werden in [Kons_85] in eine Klassifikation der bekannten Bezahlungssysteme eingeordnet und durch Verwendung von Chipkarten (smart cards) flexibler gestaltet. David Chaum beschreibt in [Chau_83, Cha1_84, Cha4_85] ein weiteres anonymes Zahlungssystem.
In diesem Zusammenhang sei nochmals an die Möglichkeit erinnert, sowohl die Übertragungsgebühren als auch die Gebühren für Dienste pauschal abzurechnen. Hierdurch entfiele jedwede Gefahr für die Anonymität.

3.5 Weitere höhere Protokolle

Auf einem VmVt-Netz sind beliebige, auch nicht anonyme Kommunikationsformen realisierbar. Fast alle Verfahren, sich über ein Netz einander zu erkennen zu geben (d. h. sich zu authentizieren), machen bereits heute keinen Gebrauch davon, daß man dem Netz gegenüber identifizierbar ist. Z. B. erkennt man Telefonpartner an ihrer Stimme und Sprechweise sowie ihrem Wissen, Briefpartner an ihrer (Unter-)Schrift. Da es für beides digitale Entsprechungen gibt, können übliche Authentikationsprotokolle weiterverwendet werden.
Es sei angemerkt, daß man auch bei vielen Kommunikationsarten, bei denen man heute namentlich auftreten muß, die Möglichkeit zur anonymen Kommunikation nutzen und unter verschiedenen Pseudonymen auftreten kann, wenn man ein Verfahren hat, um Dokumente, die auf eins dieser Pseudonyme lauten, in sicherer und anonymer Weise auf ein anderes eigenes Pseudonym umzuformen [Cha1_84, Chau_85, Cha1_85].

3.6 Praktische Realisierbarkeit

Genügend schnelle Übertragungssysteme zur Implementierung von Ringstrukturen und genügend schnelle Implementierungen von Kryptosystemen für Adreß- und Ende-zu-Ende-Verschlüsselung sind im Laborstadium verfügbar, die Realisierung eines Vermittlungs-/Verteilnetzes mit dem Verfahren aus 2.2.4 ist also möglich. Die Ergebnisse erster Übertragungsleistungs-, Zuverlässigkeits- und Kostenuntersuchungen [Pfi1_83, Bürl_84, Bürl_85, Mann_85, Papa_84] lassen für diese Netze ein in etwa gleichgroßes Leistungs/Kosten-Verhältnis wie für die üblichen reinen Vermittlungsnetze erwarten.

4 Resümee

Breitbandige diensteintegrierende Digitalnetze, die auch die Vermittlungsdaten (wer kommuniziert wann wie lange mit wem?) in überprüfbarer Weise schützen, benötigen auf jeden Fall eine passende physikalische Netzstruktur.
Ohne Verteilnetze im Teilnehmeranschlußbereich scheint ein Schutz der Empfänger unmöglich zu sein. Dies bedeutet, daß hier Leitungen mit sehr hoher Bandbreite benötigt werden. Verwendet man das Verfahren aus 2.2.4, so ist zusätzlich die Topologie des Netzes (Ringe im Teilnehmeranschlußbereich) vorgegeben.
In gewissem Sinne ist das Problem, die Vermittlungsdaten zu schützen, beim Entwurf eines Netzes also dringender als die Probleme des Schutzes der Nutzdaten und der Authentikation, mit denen sich die öffentliche Diskussion zur Zeit hauptsächlich beschäftigt. Letztere lassen sich notfalls auf jeder Netzstruktur im nachhinein durch kryptographische Verfahren lösen, während ersteres bereits beim Entwurf berücksichtigt werden muß.

Danksagung

Für ihre Kritik und Diskussionsbereitschaft danke ich Klaus Echtle, Prof. Winfried Görke, Birgit Pfitzmann, Prof. Detlef Schmid und Michael Waidner.

Literatur

Abbr_84 C. R. Abbruscato: Data Encryption Equipment; IEEE Communications Magazine Vol. 22, No. 9, September 1984, S. 15 - 21

BfD_85 7. Tätigkeitsbericht des Bundesbeauftragten für den Datenschutz (Dr. Baumann); 1. Januar 1985, Bundestags-Drucksache 10/2777

BlBS_83 L. Blum, M. Blum, M. Shub: Comparison of two pseudo-random number generators; Advances in Cryptology, Proceedings of Crypto 82, D. Chaum, R. L. Rivest, A. T. Sherman (eds.); Plenum Press, New York, 1983, S. 61 - 78

BlMi_82 M. Blum, S. Micali: How To Generate Cryptographically Strong Sequences Of Pseudo Random Bits; 23rd Annual Symposium on Foundations of Computer Science, 1982, S. 112 - 117

BlMi_84 M. Blum, S. Micali: How to Generate Cryptographically Strong

Sequences of Pseudo-Random Bits; SIAM J. Comput. Vol. 13, No. 4, November 1984, S. 850 - 864

Brau_82 E. Braun: BIGFON - der Start für die Kommunikationstechnik der Zukunft; telcom report Band 5, Heft 2, 1982, S. 123 - 129

Brau_83 E. Braun: BIGFON - Erprobung der optischen Breitbandübertragung im Ortsnetz; telcom report Band 6, Heft 2, 1983, S. 52 - 53

Bürl_84 G. Bürle: Leistungsvergleich von Sternnetz und Schieberegister-Ringnetz; Studienarbeit, Inst. für Informatik IV, Univ. Karlsruhe, 1984

Bürl_85 G. Bürle: Leistungsbewertung von Vermittlungs-/Verteilnetzen; Diplomarbeit, Inst. für Informatik IV, Univ. Karlsruhe, Mai 1985

Chau_81 D. Chaum: Untraceable Electronic Mail, Return Addresses, and Digital Pseudonyms; CACM Vol. 24, Nu. 2, Febr. 1981, S. 84 - 88

Chau_83 D. Chaum: Blind Signatures for untraceable payments; Advances in Cryptology, Proceedings of Crypto 82, D. Chaum, R. L. Rivest, A. T. Sherman (eds.), Plenum Press, New York, 1983, S. 199 - 203

Cha1_84 D. Chaum: A New Paradigm for Individuals in the Information Age; Proc. 1984 Symposium on Security and Privacy, IEEE, April 29 - May 2 1984, Oakland, California, S. 99 - 103

Chau_85 D. Chaum: Showing credentials without identification. Signatures transferred between unconditionally unlinkable pseudonyms; Eurocrypt 85, A Workshop on the Theory and Application of Cryptographic Techniques, April 9-11, 1985, Linz, Austria, F. Pichler, T. Beth (eds.); Abstract-Band; Proceedings werden vom Springer-Verlag in der Reihe LNCS herausgegeben

Cha1_85 D. Chaum: New Secret Codes Can Prevent a Computerized Big Brother; Draft, erhalten am 13. Mai 1985, erscheint in CACM

Cha3_85 D. Chaum: The Dining Cryptographers Problem. Unconditional Sender Anonymity; Draft, erhalten am 13. Mai 1985;

Cha4_85 D. Chaum: Privacy Protected Payments. Unconditional Payer and/or Payee Anonymity; Draft, erhalten am 13. Mai 1985;

Denn_82 Dorothy E. R. Denning: Cryptography and Data Security; Addison-Wesley Publishing Company, Reading, Mass.; 1982

DESi_84 Ein Schlüssel gegen Daten-Diebe; Peripherie-IC zur Ver- und Entschlüsselung von Daten für Massenspeicher und Übertragung; Markt&Technik Nr. 3 vom 20. Januar 1984, S. 22 - 26

GoMT_82 S. Goldwasser, S. Micali, Po Tong: Why and How to establish a Private Code On a Public Network; 23rd Annual Symposium on Foundations of Computer Science, 1982, S. 134 - 144

Höck_85 G. Höckel: Untersuchung der Datenschutzeigenschaften von Ringzugriffsmechanismen; Diplomarbeit, Inst. für Informatik IV, Univ. Karlsruhe, August 1985

HöPf_85 G. Höckel, A. Pfitzmann: Untersuchung der Datenschutzeigenschaften von Ringzugriffsmechanismen; 1. GI-Fachtagung "Datenschutz und Datensicherheit", München, Oktober 1985, Informatik-Fachberichte, Springer-Verlag Heidelberg

Horg_85 J. Horgan: Thwarting the information thieves; IEEE Spectrum Vol. 22, Nu. 7, July 1985, S. 30 - 41

Hors_85 P. Horster: Kryptologie; Reihe Informatik /47, BI, 1985

KaRS_85 B. S. Kaliski, R. L. Rivest, A. T. Sherman: Is the Data Encryption Standard a Group? Preliminary Draft, April 6, 1985, paper presented at Eurocrypt '85, Linz, Austria

Kons_85 K. Konstantinidis: Möglichkeiten zum anonymen bargeldlosen Zahlungsverkehr; Studienarbeit, Inst. für Informatik IV, Univ. Karlsruhe, Februar 1985

Leuz_83 R. Leuze: Datenschutz fur unsere Bürger; 4. Tätigkeitsbericht der Landesbeauftragten für den Datenschutz 1983;

Leuz_84 R. Leuze: Datenschutz fur unsere Bürger; 5. Tätigkeitsbericht der Landesbeauftragten für den Datenschutz 1984;

Mann_85 A. Mann: Fehlertoleranz und Datenschutz in Ringnetzen; Diplomarbeit, Inst. für Informatik IV, Univ. Karlsruhe, Oktober 1985

Papa_84 P. Papadimitriou: Kürzeste Ringstrukturen und Kostenvergleich zu Sternstrukturen bei Kommunikationsnetzen; Studienarbeit,

Inst. für Informatik IV, Univ. Karlsruhe, Dezember 1984

Pfit_83 A. Pfitzmann: Ein Vermittlungs-/Verteilnetz zur Erhöhung des Datenschutzes in Bildschirmtext-ähnlichen Neuen Medien; 13. Jahrestagung der GI, 3.-7. Oktober 1983, Hamburg, Informatik-Fachberichte 73, Springer-Verlag, S. 411 - 418

Pfil_83 A. Pfitzmann: Ein dienstintegriertes digitales Vermittlungs-/Verteilnetz zur Erhöhung des Datenschutzes; Fakultät für Informatik, Univ. Karlsruhe, Interner Bericht 18/83, Dezember 1983

Pfit_84 A. Pfitzmann: A switched/broadcast ISDN to decrease user observability; International Zurich Seminar on Digital Communications, Applications of Source Coding, Channel Coding and Secrecy Coding, March 1984, Zurich, Switzerland, S. 183 - 190

Pfil_85 A. Pfitzmann: How to implement ISDNs without user observability - Some remarks; Fakultät für Informatik, Univ. Karlsruhe, Interner Bericht 14/85, 1985

PfWa_85 A. Pfitzmann, M. Waidner: Networks without user observability - design options; Eurocrypt 85, A Workshop on the Theory and Application of Cryptographic Techniques, April 9-11, 1985, Linz, Austria, F. Pichler, T. Beth (eds.); Abstract-Band; Proc. werden vom Springer-Verlag in der Reihe LNCS herausgegeben

PoKl_78 G. J. Popek, C. S. Kline: Issues in Kernel Design; Operating Systems, An Advanced Course, R. Bayer, R. M. Graham, G. Seegmüller (eds.); Lecture Notes in Computer Science LNCS 60, 1978; Nachgedruckt als Springer Study Edition, 1979; Springer-Verlag, Heidelberg, S. 209 - 227

Rose_85 K. H. Rosenbrock: ISDN - Die folgerichtige Weiterentwicklung des digitalisierten Fernsprechnetzes für das künftige Dienstleistungsangebot der Deutschen Bundespost; GI/NTG-Fachtagung "Kommunikation in Verteilten Systemen", März 1985, Informatik-Fachberichte 95, Springer-Verlag Heidelberg, S. 202 - 221

Schö_84 H. Schön: Die Deutsche Bundespost auf ihrem Weg zum ISDN; Zeitschrift für das Post- und Fernmeldewesen Heft 6 vom 27. Juni 1984

ScSc_84 C. Schwarz-Schilling (ed.): Konzept der Deutschen Bundespost zur Weiterentwicklung der Fernmeldeinfrastruktur; Der Bundesminister für das Post- und Fernmeldewesen, Stab 202, Bonn, 1984

ScSl_84 C. Schwarz-Schilling (ed.): ISDN - die Antwort der Deutschen Bundespost auf die Anforderungen der Telekommunikation von morgen; Der Bundesminister für das Post- und Fernmeldewesen, Bonn, 1984

Sham_83 Adi Shamir: On the Generation of Cryptographically Strong Pseudorandom Sequences; acm Transactions on Computer Systems, Vol. 1, Nu. 1, February 1983, S. 38 - 44

Steg_85 H. Stegmeier: Einfluß der VLSI auf Kommunikationssysteme; GI/NTG -Fachtagung "Kommunikation in Verteilten Systemen", März 1985, Informatik-Fachberichte 95, Springer-Verlag, S. 663 - 672

Tane_81 A. S. Tanenbaum: Computer Networks; Prentice-Hall, 1981

Thom_84 Ken Thompson: Reflections on Trusting Trust; CACM, Vol. 27, No. 8, August 1984, S. 761 - 763

VaVa_85 U. V. Vazirani, V. V. Vazirani: Efficient and Secure Pseudo-Random Number Generation (extended abstract); Advances in Cryptology, Proceedings of Crypto 84, G. Blakley, D. Chaum (eds.), LNCS 196, Springer-Verlag Heidelberg, 1985, S. 193 - 202

VoKe_83 V. L. Voydock, S. T. Kent: Security Mechanisms in High-Level Network Protocols; acm computing surveys Vol. 15, No. 2, June 1983, S. 135 - 171

Waid_85 M. Waidner: Datenschutz und Betrugssicherheit garantierende Kommunikationsnetze; Diplomarbeit, Inst. für Informatik IV, Univ. Karlsruhe, August 1985

WaPf_85 M. Waidner, A. Pfitzmann: Betrugssicherheit trotz Anonymität. Abrechnung und Geldtransfer in Netzen; 1. GI-Fachtagung "Datenschutz und Datensicherheit", München, Oktober 1985, Informatik-Fachberichte, Springer-Verlag Heidelberg

UNTERSUCHUNG DER DATENSCHUTZEIGENSCHAFTEN VON RINGZUGRIFFSMECHANISMEN

Günter Höckel, Andreas Pfitzmann

Institut für Informatik IV der Universität Karlsruhe

Kurzfassung

Es wird untersucht, wie anonym in Ringnetzen Sender bzw. Empfänger von Nachrichten sein können, wobei kein Bezug auf den Inhalt von Nachrichten genommen wird. Hierzu werden Methoden angegeben, wie man Situationen findet, wo Anonymität verloren geht bzw. wie man zeigt, daß es keine solche Situationen gibt. Die Methoden werden dann auf Ringe mit umlaufenden Übertragungsrahmen (slotted ring) angewandt und die Ergebnisse auf Ringe mit umlaufender Sendeberechtigung (token ring) und Ringe mit Zugriff durch Puffern und Einfügen (register insertion ring) übertragen.

Einführung

In praktisch allen vorgeschlagenen oder realisierten öffentlichen Netzen zur Zweiwegkommunikation können Teilnehmerstationen auf der physikalischen Ebene, Verbindungs- oder Netzwerkebene identifiziert werden. Deshalb könnte der Netzbetreiber oder ein Eindringling leicht beobachten, wann, wie viel und mit welcher anderen Station ein Teilnehmer kommuniziert. Dieses Verkehrsanalyseproblem kann durch Verschlüsselung nicht verhindert werden [Pfit_83, Pfit_85]. Zur Erhöhung des Datenschutzes wird in [Pfit_83, Pfit_84] ein sogenanntes Vermittlungs-/ Verteilnetz vorgeschlagen. Als Struktur für die Verteilnetze erscheint der Ring besonders geeignet. Hier soll untersucht werden, inwieweit bei verschiedenen Ringzugriffsmechanismen eine Verkehrsanalyse erschwert bzw. verhindert wird.

Dazu wird von einem Angreifer ausgegangen, der selbst Ringteilnehmer ist und es wird festgestellt, was er über das Sende- und Empfangsverhalten anderer Teilnehmer durch Beobachtung seiner eigenen Ringschnittstelle in Erfahrung bringen kann. Dabei wird zwischen passiven und aktiven Angreifern unterschieden. Einem aktiven Angreifer wird jede Aktivität erlaubt, die keine Station zu nicht spezifiziertem Verhalten zwingt.

Diese Einschränkung ist nötig, da für Beweiszwecke klar sein muß, wie die Stationen auf Eingangsbelegungen reagieren.

Beweistechnisch werden dem Angreifer zwei Stationen zugebilligt, die wiederum zwei weitere Stationen einkreisen, und es wird geprüft, ob er eine der beiden eingekreisten Stationen als Sender oder Empfänger einer Nachricht identifizieren kann. Hinter dieser Beweistechnik verbirgt sich folgende Idee: kann der Angreifer in dieser stärkeren Position keine Aussagen zur Identifizierung machen, bleibt er in der schwächeren Position, in der zwischen seinen Beobachtungspunkten mehr als zwei Stationen liegen, erst recht im Ungewissen.

Die ersten Untersuchungen werden an Ringen mit umlaufenden Übertragungsrahmen ÜR (slotted ring [Tane_81, Schi_83]) durchgeführt. Im folgenden werden vier Protokolle vorgestellt.

Im ersten darf eine Station senden, wenn ein leerer ÜR am Eingang erkannt wird, und muß ÜR, die an sie adressiert sind, als leer kennzeichnen. Ansonsten wird die Eingangsbelegung e als Ausgangsbelegung a übernommen.
Um das Verhalten formulieren zu können, wird ein ÜR mit dem Attribut d (destination) versehen. d soll dabei die Nummer der gewünschten Empfängerstation angeben. d=0 kennzeichne den leeren ÜR. Das Verhalten einer Station i kann dann in einer der Programmiersprache Ada ähnlichen Syntax [REFE_83] wie folgt beschrieben werden:

```
if e.d = 0 then select a := e                     -- Protokoll 1
                    or a := M(i)
                end select
elsif e.d = i then a.d := 0
else      a := e
end if
```

M(i) ist dabei eine globale Funktion, die eine Nachricht mit $a.d \neq i$ und $a.d \neq 0$ erzeugt. $a.d \neq i$ bedeutet, daß Station i nicht an sich selbst sendet.

Auffinden möglicher Angriffe

Um implizite Adressierung [Pfit_85] modellieren zu können, also um auszudrücken, daß eine Station nur den leeren und einen an sie gerichteten ÜR erkennen kann, wird für jede Station i eine Funktion h_i eingeführt, unter der sie das Attribut d sieht.

$$h_i(d) := \begin{cases} 0 \text{ für } d = 0 \\ i \text{ für } d = i \\ \perp \quad \text{sonst} \end{cases}$$

Das Symbol $\perp$ steht also für einen Wert von d, den Station i nicht erkennen kann. h_i ermöglicht einer Station gerade noch die Einhaltung des Protokolls.

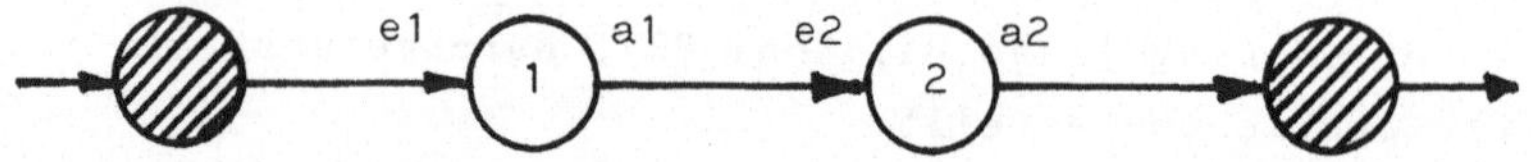

Bild 1 relevanter Ringausschnitt

Der Angreifer habe die Stationen 1 und 2 eingekreist. Er beobachte einen bestimmten ÜR. e1.d gebe den Attributwert dieses ÜR vor der Station 1, a2.d den Attributwert dieses ÜR nach der Station 2 an. Der Angreifer sieht die Attributwerte unter einer Funktion h, die sich aus den h_i derjenigen Stationen i, die der Angreifer besitzt, ergibt. Davon ist $h(0)=0$ und $h(1)=h(2)=\perp$ bekannt. Da den Angreifer auch der Sender einer Nachricht interessiert, wird zusätzlich das Attribut s (sender) eingeführt. s = 0 kennzeichne ebenfalls den leeren ÜR. Auch s sieht der Angreifer nur unter h.

Es wird nun untersucht, ob ein Angreifer Möglichkeiten hat, um auf irgendeinem Wege die ihm verborgenen Attributwerte 1 und 2 in Erfahrung zu bringen. Hierzu werden die möglichen Auswirkungen des Protokolls auf die Attribute eines ÜR beim Durchlaufen der vom Angreifer eingekreisten Stationen untersucht. Durch Vergleich der Beschreibungen für das tatsächliche und das beobachtbare Verhalten der eingekreisten Stationen kann man mögliche Angriffe erkennen.

Zum Auffinden möglicher Angriffe werden im folgenden nur solche Fälle betrachtet, in denen sich der Ausgang gegenüber dem Eingang verändert hat, da bei Übereinstimmung klar ist, daß die eingekreisten Stationen Nachrichten nur weitergeleitet haben.

Es werden alle Möglichkeiten angegeben, die an einer Station i Änderungen am Ausgang gegenüber dem Eingang bewirken. Es gibt zwei Fälle:

1. e.d = 0 & a.s = i d.h. i sendet
2. e.d = i & a.s = 0 d.h. i empfängt

Für das Verhalten der aufeinanderfolgenden Stationen 1 und 2 gibt es dann folgende Fälle, für die a2 ≠ e1 gilt:

1. e1.d = 0 & a2.s ∈ {1,2} d.h. 1 bzw. 2 sendet
2. e1.d = 1 & a2.s ∈ {0,2} d.h. 1 empfängt, niemand bzw. 2 sendet
3. e1.d = 2 & a2.s ∈ {0} d.h. 2 empfängt, niemand sendet

e1.d kennt der Angreifer, sofern er selbst der Sender war. Es ergibt sich folgendes beobachtbares Verhalten:

1. e1.d = 0 & h(a2.s) ∈ {⊥} d.h. jemand sendet
2. e1.d = 1 & h(a2.s) ∈ {0,⊥} d.h. 1 empfängt, niemand bzw. jemand sendet
3. e1.d = 2 & h(a2.s) ∈ {0} d.h. 2 empfängt, niemand sendet

Es läßt sich folgender Angriff erkennen:
Sendet die Station 2 in einem ÜR, in dem der Angreifer an 1 gesendet hat, so ist sie als Sender identifizierbar.

In dem Falle, wo der Angreifer selbst passiv ist, er also auch das Attribut d unter der Funktion h sieht, ergibt sich folgende Beschreibung:

1. h(e1.d) = 0 & h(a2.s) ∈ {⊥} d.h. jemand sendet
2. h(e1.d) = ⊥ & h(a2.s) ∈ {0,⊥} d.h. jemand empfängt, niemand bzw. jemand sendet

Findet der Angreifer den gleichen ÜR sowohl an e1 als auch an a2 benutzt, jedoch verändert, vor, so hat 1 empfangen und 2 gesendet.

Der Grund für den Angriff liegt im wesentlichen darin, daß eine Station in an sie adressierten ÜR nicht senden darf. Läßt man auch dies zu, so erhält man folgende Verbesserung:

```
if e.d = 0 or e.d = i then select a.d := 0          -- Protokoll 2
                               or    a := M(i)
                           end select
else  a := e
end if
```

Wieder ergeben sich bei der Beobachtung zweier aufeinanderfolgender Stationen 3 Fälle, für die e1 ≠ a2 gilt:

1. $e1.d = 0$ & $a2.s \in \{1,2\}$
2. $e1.d = 1$ & $a2.s \in \{0,1,2\}$
3. $e1.d = 2$ & $a2.s \in \{0,2\}$

Diesmal muß der Angreifer an die Station 2 senden und er kann sie als Sender identifizieren, wenn sie den ÜR gleich wieder benutzt. Bei passivem Angreifer ist hier kein Angriff erkennbar. Dies bedeutet jedoch nicht, daß unter dieser Bedingung überhaupt kein Angriff möglich ist, denn bisher wurde nur die direkte Wirkung des Eingangs auf den Ausgang berücksichtigt.

Nachweis von Unsicherheiten des Angreifers

Behauptungen wie: "Der Angreifer kann das Auftreten bestimmter Ereignisse **nicht** nachweisen" scheinen zunächst schwer beweisbar, da man dem Angreifer beliebig lange Beobachtungen und alle denkbaren logischen Schlüsse zugestehen muß. Um solche Behauptungen dennoch in den Griff zu bekommen, wird das Konzept möglicher alternativer Abläufe angewandt. Es werden mögliche alternative Abläufe konstruiert, die für den Angreifer nicht unterscheidbar sind und in welchen das behauptete Ereignis nicht auftrat. Ja, man kann sogar soweit gehen, daß diese Abläufe gar nicht möglich sein müssen, sondern daß der Angreifer die Unmöglichkeit nur nicht nachweisen kann. Dieses Vorgehen ist denkbar, wenn der Angreifer mit nur partiellem Protokollwissen modelliert wird.

Die erste Behauptung lautet dann etwa: Der Angreifer kann nicht beweisen, daß eine bestimmte Nachricht von der Station 1 gesendet wurde. Der Beweis kann in [Waid_84 S.56] nachgelesen werden. Die zweite zu beweisende Behauptung, daß der Angreifer nicht beweisen kann, daß eine bestimmte Nachricht von der Station 2 gesendet wurde, ist leider falsch. Wie ebenfalls in [Waid_84 S.53] nachzulesen, kann der Angreifer die Station 2 nämlich genau dann als Sender identifizieren, wenn sie an die Station 1 sendet und eine Sendung einer Station an sich selbst ausgeschlossen werden kann.

Sorgt man, um obigen Angriff zu vermeiden, dafür, daß jede Nachricht genau einmal um den Ring läuft und dann von ihrem Sender entfernt wird, so kommt man zu folgendem Protokoll:

```
if e.s = 0 then select a := e                        -- Protokoll 3
                      or a := M(i)
                  end select
elsif e.s = i then a.s := 0
else   a := e
end if
```

M(i) ist dabei eine globale Funktion, die eine Nachricht mit Attribut s = i liefert.

Bei Beobachtung der aufeinanderfolgenden Stationen 1 und 2 ergeben sich wieder 3 Fälle, für die a2 ∻ e1 gilt:

1. e1.s = 0 & a2.s ∈ {1,2}
2. e1.s = 1 & a2.s ∈ {0,2}
3. e1.s = 2 & a2.s ∈ {0}

Der Angreifer kann jedoch nur folgende Fälle unterscheiden.

1. h(e1.s) = 0 & h(a2.s) ∈ {⊥}
2. h(e1.s) = ⊥ & h(a2.s) ∈ {0,⊥}

Wieder ist die Station 2 als Sender identifizierbar, wenn ein nicht leerer ÜR verändert am Ausgang erscheint. Diesen Angriff kann man leicht auf n eingekreiste Stationen verallgemeinern. Da jede Station einen von ihr benutzten ÜR als leer kennzeichnen muß, beobachtet der Angreifer spätestens nach n Umläufen den leeren ÜR, nämlich genau dann, wenn jede der eingekreisten Stationen ihre Sendemöglichkeit nutzt. In diesem Fall kann der Angreifer jeder Nachricht ihren Sender zuordnen.

Kombiniert man die bisherigen Verbesserungen der Protokolle, so ergibt sich:

```
if e.s = 0 or e.s = i then select a.s := 0             -- Protokoll 4
                               or   a := M(i)
                           end select
else   a := e
end if
```

Bei Beobachtung der aufeinanderfolgenden Stationen 1 und 2 ergeben sich wieder 3 Fälle, für die a2 ∻ e1 gilt.

1. e1.s = 0 & a2.s ∈ {1,2}
2. e1.s = 1 & a2.s ∈ {0,1,2}
3. e1.s = 2 & a2.s ∈ {0,2}

Der Angreifer beobachtet nur die 2 Fälle:

1. $h(e1.s) = 0$ & $h(a2.s) \in \{\bot\}$

2. $h(e1.s) = \bot$ & $h(a2.s) \in \{0,\bot\}$

Es ist also noch kein Angriff erkennbar. Wieder müssen jedoch alternative Abläufe konstruiert werden, um die Unsicherheit des Angreifers bzgl. des tatsächlichen Ablaufs zu beweisen.

Für diesen Beweis ist das in [Waid_84] vorgestellte Modell etwas ungeschickt gewählt. Da es ferner nur für im wesentlichen gleich lange Nachrichten und gleich lange Leitungen zwischen den Station zu rechtfertigen ist und darüber hinaus die Anzahl der Nachrichten auf dem Ring an die Anzahl der Stationen am Ring gebunden ist, wird zunächst ein allgemeineres Modell für Ringe mit umlaufenden ÜR erarbeitet.

Beschreibung auf Bitebene

Die heute üblichen Übertragungsraten bei lokalen Netzen liegen im Bereich von einigen Megabit/Sekunde. Die Ausbreitungsgeschwindigkeit des Informationsträgers ist durch die Lichtgeschwindigkeit beschränkt. Dies bedeutet, daß sich bei einer Übertragungsrate von a Mbit/sec bei jedem Übertragungsmedium mehr als a Bit auf 300m der Übertragungsstrecke befinden. Es erscheint daher sinnvoll, einen Ring als speicherfähiges Medium zu modellieren. Die Teilnehmerstationen, die selbst Verzögerungen von einigen Bits verursachen, passen sich da sehr gut ein.

Der Ring bestehe aus n speicherfähigen Stellen 0,...,n-1. Jede Stelle kann ein Bit speichern. Die n Bits im Ring sind durchnumeriert von 0 bis n-1. Dadurch kann man in der Beschreibung den Transport und das Einbringen von Information in den Ring trennen. Der Transport erfolge synchron zu einem globalen Takt. Der Ring werde jeweils zwischen den Taktzeitpunkten beobachtet. An einer Stelle i wird nach einem Bit mit Nummer j das Bit mit der Nummer ((j+1) mod n) beobachtet.

Zur Zeit 0 befinde sich das Bit mit der Nummer 0 an der Stelle 0. Ein Bit mit der Nummer j befindet sich dann zu einem Zeitpunkt $k = n*p + i + j$ $(p \in Z)$ an der Stelle i. p heiße Umlaufzahl des Bits j an der Stelle i zum Zeitpunkt k. Eine Stelle i beobachtet die Bits 0,..,n-1 im Intervall [n*p+i,...,n*(p+1)-1+i]. Sie kann daher den n aufeinanderfolgenden Bits die gleiche Umlaufzahl p zuordnen. Die Zuordnung der Bits j zu den Stellen i zu einem Zeitpunkt k kann durch folgende Invariante beschrieben werden:

$$(i + j) \bmod n = k \bmod n$$

Jeweils s Bit werden zu einem ÜR zusammengefaßt. Die Bits mit Nummer j*s,...,(j+1)*s-1 bekommen die ÜR-nummer j für j=0,..,(n div s)-1. Die Anzahl der ÜR auf dem Ring ergibt sich zu m = (n div s). Eine Stelle i beobachtet einen ÜR j im Intervall [n*p+i+j*s,...,n*p+i+(j+1)*s-1]. Innerhalb eines Umlaufs beobachtet eine Stelle i m ÜR in m aufeinanderfolgenden Intervallen, die sie numeriert.

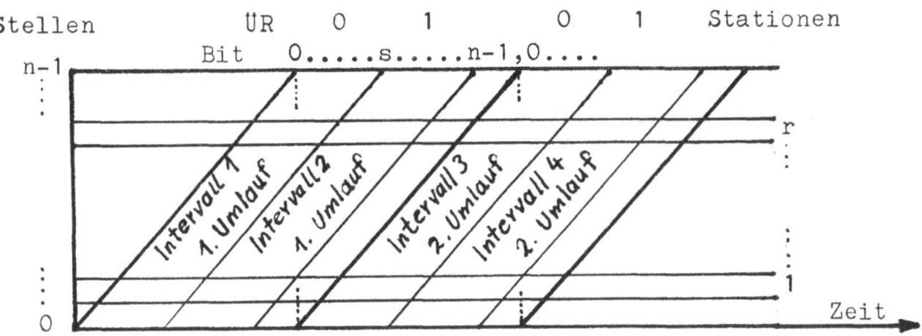

Bild 2 Verdeutlichung der Bezeichnungen

Das Intervall, in dem eine Stelle die Kapazität von (n mod s) Bit beobachtet, die nicht mehr für einen ÜR genutzt werden kann, wird nicht mitnumeriert, da in der weiteren Betrachtung darauf kein Bezug mehr genommen werden muß. Im Intervall mit der Nummer k wird somit der (k mod m)-te ÜR im (k div m)-ten Umlauf beobachtet. Eine Intervallnummer beschreibt also für jede Stelle ein anderes Zeitintervall, in dem allerdings der gleiche ÜR im gleichen Umlauf beobachtet wird.

Eine Station am Ring bestehe aus b benachbarten Stellen. Ein Bit kann also b Taktzeitpunkte früher gelesen werden, als es wieder gesendet werden muß. Dieser Zeitvorsprung muß das Einhalten des Protokolls ermöglichen. Keine Stelle darf mehreren Stationen angehören. Die Stationen werden durchnumeriert von 1,..,r und zwar so, daß die Nummern der Stellen einer Station i alle kleiner sind als die einer Station j, wenn nur i < j gilt. Zwischen Stellen, die keiner Station angehören, kann der Inhalt von Bits nicht verändert werden. Hierdurch werden zuverlässige Übertragungsstrecken modelliert.

Seien i die Nummer einer Station, ie die Nummer ihrer Eingangsstelle und ia die ihrer Ausgangsstelle. Sei ferner B(i',k) die Belegung des Bits an der Stelle i' zum Beobachtungszeitpunkt k, dann stellt

E(i,j,p) := [B(ie,n*p+ie+j*s),..,B(ie,n*p+ie+(j+1)*s-1)]

die Belegung des ÜRs j im p-ten Umlauf am Eingang der Station i dar und

$A(i,j,p) := [B(ia,n*p+ia+j*s),..,B(ia,n*p+ia+(j+1)*s-1)]$

die Belegung des ÜRs j im p-ten Umlauf am Ausgang der Station i.

Da zwischen den Stationen die Inhalte von Bits nicht geändert werden, gilt für $j=0,..,m-1$, $p \in Z$

$$E(i,j,p) = A(i-1,j,p) \text{ sofern } i \in \{2,..,r\}$$

und
$$E(1,j,p) = A(r,j,p-1).$$

Zustandsdefinition

Der Zustand des Rings soll so eingeführt werden, daß der Folgezustand nur vom unmittelbaren Vorgänger abhängt. Ferner soll zur Indizierung der Ringzustände die Umlaufzahl p verwendet werden. Dies bedeutet, daß der Zustand mindestens die Information eines ganzen Umlaufs enthalten muß. Zum Zustand des Rings gehören somit die Belegungen der m ÜR vor und nach einer Station.

Es werden $[A(i,0,p)...A(i,m-1,p)] =: A(i,p)$ und

$[E(i,0,p)...E(i,m-1,p)] =: E(i,p)$ zu einem

Vektor zusammengefaßt.

Wegen $E(i,j,p) = A(i-1,j,p)$ für $i \in \{2,..,r\}$ gilt auch $E(i,p) = A(i-1,p)$ für $i \in \{2,..,r\}$, weshalb die Aufnahme einer der beiden Größen in den globalen Zustand genügt. Eine Station liefert dann abhängig von $E(i,p)$ und ihrem inneren Zustand $Z(i,p)$ eine Ausgangsbelegung $A(i,p)$ und geht eventuell in einen neuen inneren Zustand $Z(i,p+1)$ über. Der globale Zustand des Rings kann dann angegeben werden zu:

$$g_p := E(1,p) \times \prod_{i=1}^{r} (Z(i,p) \times A(i,p))$$

wobei sich g_{p+1} aus g_p wie folgt ergibt:

$$E(1,p+1) = A(r,p)$$

und die Quadrupel $(E(i,p+1),Z(i,p+1),Z(i,p+2),A(i,p+1))$ müssen das Protokoll der Station i erfüllen für $i = 1,..,r$.

Es soll jetzt der noch ausstehende Beweis dafür nachgeholt werden, daß in dem Fall, wo der Sender die ÜR als leer kennzeichnet und gerade als leer gekennzeichnete Rahmen sofort wieder benutzen kann, ein Angreifer, wie er bisher modelliert wurde, nicht auf den Sender einer Nachricht schließen kann.

Bezeichne e eine Eingangskomponente der Station i und a die entsprechende Ausgangskomonente des Ausgangsvektors, so kann das Protokoll wie früher beschrieben werden, durch

```
if e.s = 0 or e.s = i then select a.s := 0
                              or   a := M(i)
                           end select
else  a := e
end if
```

Ein positives Ergebnis

Behauptung 1: Der Angreifer, der die Stationen 1 und 2 eingekreist hat, kann nicht beweisen, daß die Station 1 eine bestimmte Nachricht in einem bestimmten Umlauf (k) gesendet hat.

Vorbemerkung: Zum Beweis dieser Behauptung soll ein alternativer Ablauf konstruiert werden, indem 2 anstatt 1 sendet, der Angreifer allerdings das gleiche sieht. Schwierigkeiten gibt es hier, wenn 1 im tatsächlichen Ablauf auch in den nachfolgenden Umläufen im gleichen ÜR sendet. Diese Sendungen müssen dann auch von 2 übernommen werden.

Beweis: Die Station 1 sende in den Umläufen k bis k+l die Nachrichten N^k bis N^{k+l} im ÜR j und sende im Umlauf k+l+1 nicht mehr in diesem ÜR. Die globale Zustandsfolge soll eingeschränkt auf die Umläufe k bis k+l+1, den betroffenen ÜR j und auf die Stationen 1 und 2 angegeben werden. Da sich, wie aus dem Protokoll erkennbar, der innere Zustand einer Station nicht ändert, genügt für den globalen Zustand des Rings die Angabe der Ein- und Ausgangsbelegungen.

p	E(1,j,p)	A(1,j,p)	A(2,j,p)
k :	x	N^k	N^k
k+1 :	N^k	N^{k+1}	N^{k+1}
.	.	.	.
.	.	.	.
k+l :	N^{k+l-1}	N^{k+l}	N^{k+l}
k+l+1 :	N^{k+l}	leer	y

Dieser Folgenausschnitt wird jetzt so geändert, daß die Station 1 im k-ten Umlauf nicht mehr sendet, der Angreifer aber trotzdem das gleiche beobachtet.

p	$E(1,j,p)$	$A(1,j,p)$	$A(2,j,p)$
k :	x	x'	N^k
k+1 :	N^k	N^k	N^{k+1}
.	.	.	.
.	.	.	.
k+l :	N^{k+l-1}	N^{k+l-1}	N^{k+l}
k+l+1 :	N^{k+l}	N^{k+l}	y

Man muß jetzt nur noch zeigen, daß die abgeänderte Folge überhaupt möglich ist. Da Änderungen nur an $A(1,j,p) = E(2,j,p)$ durchgeführt wurden, muß auch nur nachgeprüft werden, ob die Tupel $(E(1,j,p),A(1,j,p))$ und $(E(2,j,p),A(2,j,p))$ noch das Protokoll erfüllen. Da die Station 1 im k-ten Umlauf gesendet hat, gilt $x.s = 0$ oder $x.s = 1$, also ist mit $x'.s := 0$ das Protokoll von 1 in diesem Umlauf auch erfüllt. Dadurch kann die Station 2 N^k senden, weshalb dann $N^k.s = 2$ gilt und das Protokoll der Stationen 1 und 2 auch bis zum Umlauf k+l+1 eingehalten wird. Insbesondere kann die Station 2 im Umlauf k+l+1 auf $E(2,j,k+l+1).s = 0$ im tatsächlichen Ablauf und $E(2,j,k+l+1).s = 2$ im alternativen Ablauf gleich reagieren.
Es sei hier nocheinmal darauf hingewiesen, daß die Nachrichten N^k in beiden Abläufen gleich aussehen, daß jedoch aufgrund verschiedener Verschlüsselungen die transportierte Information nicht gleich sein muß. Insbesondere wird dadurch die geheime Übermittlung des tatsächlichen Absenders möglich.

<u>Behauptung 2:</u> Der Angreifer kann nicht beweisen, daß eine bestimmte Nachricht in einem bestimmten Umlauf (k) von der Station 2 gesendet wurde.

<u>Vorbemerkung:</u> Diesmal sollen die Sendungen der Station 2 von 1 übernommen werden. Da 2 das Senderecht für den ÜR j schon in vorhergehenden Umläufen bekommen haben kann, muß 1 auch die dort gesendeten Nachrichten abschicken.

<u>Beweis:</u> Die Station 2 sende im ÜR j in den Umläufen k-l bis k die Nachrichten N^{k-l} bis N^k. Sie benutze jedoch im Umlauf k-l einen leeren ÜR. Die globale Zustandsfolge eingeschränkt auf die Umläufe k-l bis k+1, auf den betroffenen ÜR j und die Stationen 1 und 2 sieht dann wie folgt aus:

p	E(1,j,p)	A(1,j,p)	A(2,j,p)
k-l :	x	leer	N^{k-l}
k-l+1 :	N^{k-l}	N^{k-l}	N^{k-l+1}
.	.	.	.
.	.	.	.
k :	N^{k-1}	N^{k-1}	N^k
k+1 :	N^k	N^k	y

Wieder werden Änderungen vorgenommen, so daß die Station 2 im k-ten Umlauf nicht mehr sendet, der Angreifer aber trotzdem das gleiche beobachtet.

p	E(1,j,p)	A(1,j,p)	A(2,j,p)
k-l :	x	N^{k-l}	N^{k-l}
k-l+1 :	N^{k-l}	N^{k-l+1}	N^{k-l+1}
.	.	.	.
.	.	.	.
k :	N^{k-1}	N^k	N^k
k+1 :	N^k	leer	y

Um nun zu zeigen, daß die so abgeänderte Folge möglich ist, muß man wieder nur die Einhaltung der Protokolle der Stationen 1 und 2 überprüfen.
Da die Station 2 im Umlauf k-l einen leeren Rahmen benutzt, muß x.s = 0 oder x.s = 1 gelten. Damit kann aber auch Station 1 N^{k-l} bis N^k senden, weshalb auch dieser Ablauf das Protokoll erfüllt.

Anmerkung: Dieser Beweis gilt nicht nur für einen Angreifer, der genau die beiden Nachbarstationen von 1 und 2 kontrolliert, sondern er darf beliebig viele Stellen am Ring beobachten, außer natürlich die Stationen 1 und 2 und die Leitung dazwischen.

Kanalvermittlung

Bisher wurde gezeigt, daß ein Angreifer bei Ringen mit umlaufenden ÜR, wo der Sender die von ihm benutzten ÜR als leer kennzeichnet oder sofort wieder benutzen kann, eine Verkehrsanalyse nur dann durchführen kann, wenn er den Ring zwischen je zwei Stationen beobachtet. Benutzt eine Station einen ÜR in jedem Umlauf, so besitzt sie damit einen Kanal. Die Anonymität in bisherigem Sinne bleibt erhalten.
Da die Übertragungungskapazität eines solchen Kanals unter Umständen

von einer Station nicht ausgelastet werden kann, ist es möglich, in einem ÜR Kanäle zwischen mehreren Stationen zu schalten. Bestimmte ÜR sind dann nur für die Kanalvermittlung verfügbar. Die Benutzung des ÜR ist periodisch und muß bei einer Zentrale angefordert werden.
Wird ein ÜR zeitlich verzahnt an die vom Angreifer eingekreisten Stationen vergeben, so ist unter bestimmten Bedingungen ein Angriff denkbar, da das Senderecht für diesen Rahmen jeweils nur an nächste Stationen gegeben werden kann. Diese Bedingungen sind

1. Der Angreifer muß sicher wissen, daß die beiden eingekreisten Stationen einen Kanal im gleichen ÜR geschaltet haben.
2. Er muß beobachten, daß der ÜR in zwei aufeinanderfolgenden Umläufen von den Stationen benutzt wird.

Jetzt ist klar, daß die Periode, zu der die erste der aufeinanderfolgenden Benutzungen gehört, der Station 1 zugeordnet werden kann und die andere der Station 2.

Beispiel: Der Angreifer beobachte einen benutzten ÜR in den Umläufen 3k+1 und 3k+2 und einen leeren ÜR in den Umläufen 3k. Wenn beide Stationen einen Kanal in diesem ÜR besitzen, so muß die Station 2 in 3k+2 und die Station 1 in 3k+1 senden. Eine andere Zuordnung ist nicht möglich.

Übertragung der Ergebnisse auf Ringe mit umlaufender Sendeberechtigung (token ring)

Bei Ringen mit umlaufender Sendeberechtigung kann eine Station senden, wenn sie auf dem Ring ein besonderes Zeichen (token) erkennt [Tane_81]. Dieses erscheint dann erst wieder am Ausgang, wenn die Station ihre Übertragung beendet hat. Einer Station kann erlaubt werden, beliebig viele Nachrichten zu übertragen (exhaustive service), oder es kann vereinbart sein, daß höchstens eine gewisse Menge von Nachrichten gesendet werden darf (non-exhaustive service). Man erkennt hier eine Analogie zu Ringen mit umlaufenden ÜR, wenn es nur einen ÜR gibt und der Sender die Rahmen als leer kennzeichnet. In der Tat lassen sich die bisherigen Ergebnisse übertragen. Darf eine Station z.B. höchstens eine Nachricht übertragen, so können zwischen aufeinanderfolgenden Beobachtungen des Tokens höchstens soviele Nachrichten beobachtet werden, wie der Ring Stationen hat. Macht also jede Station von ihrem Senderecht Gebrauch, so kann man jeder Nachricht ihren Sender zuordnen.

Darf eine Station beliebig viele Nachrichten hintereinander senden, so kann der Sender einer bestimmten Nachricht schon bei zwei eingekreisten Stationen nicht mehr angegeben werden. Die alternativen Abläufe werden analog zu früher konstruiert.

Diskussion von Ringen mit Zugriff durch Puffern und Einfügen
(register insertion ring)

Hier werden Nachrichten in den Ring eingebracht, indem die während der Dauer der Übertragung ankommenden Bits gepuffert werden [Ream_76]. Eine Station darf also senden, wenn sie noch soviel freien Puffer hat, wie ihre zur Übertragung anstehende Nachricht lang ist. Auch hier kann entweder der Sender oder der Empfänger die Nachricht vom Ring entfernen, indem er sie nicht weiterleitet und dafür seinen Pufferpegel erniedrigt. In dem Falle, wo dies der Empfänger tut, kann der Angreifer bei zwei eingekreisten Stationen die Station 2 als Sender identifizieren, wenn sie von freiem Puffer Gebrauch macht, den ihr der Angreifer durch eine Sendung verschafft hat. Er muß hierzu jedoch wissen, daß ihr Puffer vorher voll war.
Ebenfalls kann er beim Einkreisen von 2 Stationen 1 und 2 feststellen, wann 2 an 1 sendet.

In dem Falle, wo der Sender die Nachrichten vom Ring entfernt, wird in [Höck_85] gezeigt, daß ein positives Ergebnis hier im allgemeinen nicht erwartet werden kann.

Schlußbemerkung

Verschiedene Ringzugriffsprotokolle wurden hier bzgl. einer deterministischen Definition von Datenschutz untersucht. Es zeigte sich, daß hohe Ringausnutzung, dadurch daß Nachrichten so früh wie möglich, also vom Empfänger, vom Ring entfernt werden, den Sender und Empfänger identifizierbar machen kann. Fairer Betrieb hingegen, dadurch daß Senderecht nur beschränkt vergeben wird, kann Sender identifizierbar machen.

Es konnten Angriffe gefunden werden, wenn
1 der Empfänger Nachrichten vom Ring entfernt;
  1.1 sowohl wenn die Sendung in
    1.1.1 sofort wiederbenutzbaren oder
    1.1.2 nicht sofort wiederbenutzbaren

Übertragungsrahmen, als auch

1.2 wenn die Sendung durch Puffern und Einfügen durchgeführt wird, und

2 der Sender die Nachrichten vom Ring entfernt;

2.1 sowohl wenn die Sendung in

2.1.1 nicht sofort wiederbenutzbaren Übertragungsrahmen durchgeführt wird, als auch

2.2 wenn Senderecht

2.2.1 nicht für erschöpfende Übermittlung genutzt werden kann.

Es konnte bewiesen werden, daß es keine Angriffe gibt, wenn der Sender die Nachrichten vom Ring entfernt;

sowohl wenn die Sendung in

2.1.2 sofort wiederbenutzbaren Übertragungsrahmen durchgeführt wird, als auch

wenn Senderecht

2.2.2 für erschöpfende Übermittlung genutzt werden darf.

Literatur

Höck_85 Gunter Höckel: Untersuchung der Datenschutzeigenschaften von Ringzugriffsmechanismen; Diplomarbeit am Institut für Informatik IV, Universität Karlsruhe, August 1985

Pfit_83 Andreas Pfitzmann: Ein dienstintegriertes digitales Vermittlungs-/Verteilnetz zur Erhöhung des Datenschutzes; Interner Bericht Nr. 18/83, Institut für Informatik IV, Universität Karlsruhe, 1983

Pfit_84 Andreas Pfitzmann: A switched/broadcast ISDN to decrease user observability; 1984 International Zurich Seminar on Digital Communications, Applications of Source Coding, Channel Coding and Secrecy Coding, March 6-8, 1984, Zurich, Switzerland, Swiss Federal Institute of Technology, Proceedings IEEE Catalog no. 84CH1998-4, Seite 183 bis 190

Pfit_85 Andreas Pfitzmann: Technischer Datenschutz in diensteintegrierenden Digitalnetzen - Problemanalyse, Lösungsansätze und eine angepaßte Systemstruktur; 1. GI-Fachtagung "Datenschutz und Datensicherheit", 30. bis 31. Oktober 1985, München, Informatik-Fachberichte, Springer-Verlag, Heidelberg

Ream_76 C. Reames: System Design of Distributed Loop Computer Network; University Microfilms International, London, 1976

REFE_83 Reference Manual for the Ada Programming Language; ANSI/MIL-STD-1815A-1983, February 17, 1983 Lecture Notes in Computer Science LNCS 155, Springer-Verlag, Heidelberg

Schi_83 P. Schicker: Datenübertragung und Rechnernetze; Teubner, Stuttgart, 1983

Tane_81 Andrew S. Tanenbaum: Computer Networks; Prentice Hall, Englewood Cliffs, New Jersey, 1981

Waid_84 Michael Waidner: Datenschutz in Kommunikationsnetzen - Ein Modellierungsansatz; Studienarbeit am Institut für Informatik IV, Universität Karlsruhe, Oktober 1984

BETRUGSSICHERHEIT TROTZ ANONYMITÄT

ABRECHNUNG UND GELDTRANSFER IN NETZEN

Michael Waidner, Andreas Pfitzmann

Institut für Informatik IV der Universität Karlsruhe

Kurzfassung

Ein formales Modell zur Beschreibung von Wertetransferprotokollen in anonymen Kommunikationssystemen und zum Beweis der Betrugssicherheit dieser Protokolle wird informell vorgestellt. Das Modell wird auf ein Beispielprotokoll angewandt.

1 Einleitung

Diensteintegrierende digitale Rechnernetze, kurz ISDN genannt, sollen in Zukunft einen großen Teil der Aufgaben des täglichen Lebens wie Briefverkehr, Warenbestellung und -bezahlung, Geldüberweisung und Erfragen von Daten aller Art übernehmen. Dies geschieht durch Verwendung verschiedener *Dienste*, z.B. zur Übermittlung von Nachrichten, zur Transferierung von (digitalem) Geld, zur Abfrage von Daten (Adreßauskunft, Börsenkurse) usw.
Die Inanspruchnahme solcher Dienste durch einen Benutzer des ISDN's verursacht diesem auf zweierlei Arten Kosten

* der Netzbetreiber, d.h. die Post, erhebt für die Übermittlung der notwendigen Nachrichten Gebühren (*Abrechnung*)
* der Anbieter des Dienstes erwartet vom Benutzer eine angemessene Bezahlung. Dies erfordert Verfahren (Protokolle) zum *Geldtransfer*.

In der Literatur finden sich für diese Abrechnungs- und Geldtransferaufgaben verschiedene Lösungen: In Pfi1_83 wird ein Abrechnungsprotokoll mit lokalen Gebührenzählern sowie eines über Vermittlungszentralen vorgeschlagen. Protokolle zum Geldtransfer finden sich in Pfi1_83 (anonyme Nummernkonten), Riha_83 (Zentralbanken), Chau_83, Cha4_85 (Bargeldersatz) und EvGY_84 (elektronische Brieftasche).
In allen Fällen stellen sich zwei Fragen:

* Sind die Verfahren *betrugssicher* oder kann der Abrechnungsmechanismus umgangen, ein Dienst ohne angemessene Bezahlung erschwindelt oder die Bezahlung eines Dienstes herbeigeführt werden, ohne diesen zu erbringen?
* Garantieren die Verfahren die *Anonymität* des Dienstbenutzers vor dem Dienstanbieter und dem Netzbetreiber bzw. die des Dienstanbieters vor dem Dienstbenutzer und dem Netzbetreiber?

Die Notwendigkeit der ersten Frage liegt auf der Hand. Daß ein Protokoll auch die zweite Frage mit einem "Ja" zu beantworten gestatten sollte, bedarf einiger Überlegung. Angenommen, die Anonymität gegenüber dem Netz wäre nicht gesichert, so könnte der Betreiber (oder durch "Trojanische Pferde" der Hersteller der Netz-Software und -Hardware) leicht das wesentliche Kommunikationsverhalten eines Benutzers protokollieren. Da auch Warenbestellungen, Zeitschriftenlektüre und Fernsehprogramme über das Netz vermittelt werden, rückt die Möglichkeit der Erstellung von Persönlichkeitsbildern, das Ende der Privatsphäre, bedrohlich in den Bereich des Realisierbaren. Entsprechendes gilt für die Anbieter der Dienste selbst (vgl. Cha5_85, Pfit_85).

In dieser Arbeit sollen die Möglichkeiten eines formalen *Beweises* der Betrugssicherheit von Geldtransferprotokollen untersucht werden unter der Annahme eines anonymen Kommunikationssystems. Möglichkeiten zur Realisierung eines anonymen Kommunikationssystems sind z.B. beschrieben in Pfit_85 und Waid_85.

2 Modellierung

In diesem Kapitel wird informell ein Modell zur Beschreibung von Wertetransferprotokollen beschrieben. Eine genauere und formale Darstellung dieses Modells findet sich in Waid_85.

2.1 Protokolle

Unter einem *Protokoll* versteht man eine Menge von *Vorschriften*, nach denen in einem Kommunikationssystem (KomSy) verschiedene *Instanzen* miteinander *Nachrichten* austauschen, um ein gemeinsames Ziel zu erreichen. Dieses Ziel kann der einfache Transport von Information sein oder, darauf aufbauend, der Transfer von Werten.

Im folgenden wird dem KomSy, auf dem die Protokolle zum Wertetransfer aufsetzen, stets unterstellt, daß es

* integren, d.h. fehlerfreien und gegen Veränderungen geschützten Transport von Nachrichten leistet,
* alle Nachrichten an alle Instanzen verteilt,
* fair arbeitet, d.h. jeder sendewilligen Instanz in begrenzter Zeit die Möglichkeit gibt, wirklich zu senden und
* anonym arbeitet, d.h. den Sender und Empfänger einer Nachricht vor einem Angreifer auf der Ebene des KomSy geheimhält.

Integrität und Fairness werden von realen KomSy's gemeinhin erfüllt. Die Forderung nach Anonymität kann durch geeignete Maßnahmen befriedigt werden (vgl. Pfit_85), ist aber für den Nachweis der Betrugssicherheit nicht notwendig, sondern eher erschwerend. Die Anonymität impliziert dabei bereits, daß das KomSy Nachrichten verteilt (vgl. Pfit_85), wenn auch nicht notwendig an alle (broadcasting), sondern nur an hinreichend viele (multicasting). Das Modell unterstellt vollständige Verteilung, doch kann diese Forderung ohne große Schwierigkeiten aufgegeben werden (vgl. DoWi_83).

Auf diesem KomSy sollen *Werte sicher* und *anonym* transferiert werden. Die hierzu geeigneten Protokolle benötigen einige Hilfsmittel aus der Kryptographie zur Geheimhaltung (Konzelation) und Authentikation von Nachrichten. Diese Hilfsmittel sind z.B. in Akl_83, Denn_82, DiHe_79 und Hors_85 ausführlich beschrieben. Im folgenden benötigen wir hiervon

* Ein *Kryptosystem mit öffentlichen Schlüsseln*, kurz KröS genannt. Die Schlüsselpaare dieses Systems werden mit $(ö_x, p_x)$ bezeichnet, wobei $ö_x$ den öffentlichen, p_x den privaten Schlüssel meint. Statt durch eigene (mit Schlüsseln parametrisierte) Ver- und Entschlüsselungsoperationen, wird die Verschlüsselung der Nachricht n mit dem Schlüssel $ö_x$ mit $ö_x(n)$ bezeichnet, die Entschlüsselung mit p_x mit $p_x(n)$. Es wird angenommen, daß für jedes Schlüsselpaar $ö_x p_x = p_x ö_x = id$ gilt (id=Identität). Das RSA-System (RSA_78) erfüllt diese Annahme.
* Ein *Signatursystem* zur Authentikation. Der Einfachheit halber wird im folgenden stets das KröS zur Signaturbildung verwendet. Ist der öffentliche Schlüssel $ö_x$ einer Instanz I_x bekannt, so kann diese eine Nachricht n unterschreiben, indem sie $p_x(n)$ bildet. Diese Unterschrift ist für jede andere Instanz, die $ö_x$ kennt, überprüfbar.
* Eine sichere *Einwegfunktion* ew, d.h. eine Funktion, die zwar leicht zu bilden, deren Umkehrung aber für jeden Wert sehr schwer ist. Im folgenden kann statt des Wertes ew(n) der Einwegfunktion stets auch n selbst verwendet werden, d.h. ew wird nicht zur Authentikation verwendet. Gründe für die Verwendung von ew sind hier, daß ew zum einen überflüssige Information verbirgt, zum anderen, daß ew in der Realität als komprimierende Funktion angenommen werden kann, so daß es effizienter sein kann, ew(n) statt n zu übertragen.

Das verwendete Modell stellt Kryptosysteme und ähnliches durch Operationen auf einer Nachrichtenmenge dar, bildet also eine abstrakte Algebra (Herm_67). Indem die Nachrichtenmenge nicht jeder Instanz voll bekannt gemacht wird, entfällt im Modell der Angriff auf das Kryptosystem durch vollständige Suche (Merr_83), der in der Realität aus Zeitgründen ausscheidet.

Seinem Wesen nach kann ein KomSy nur Nachrichten, also Informationen transportieren, keine materiellen Güter. Aus diesem Grunde stellt das Modell Werte durch Nachrichten dar. Diese Betrachtungsweise ist auch in der Realität üblich, wo beispielsweise eine Besitzurkunde oder eine Banknote einen bestimmten Wert darstellen, der von ihrem Papierwert verschieden ist.
Der Besitz einer Instanz wird durch die Nachrichten dargestellt, die sie kennt. So kann ein Kontoguthaben durch die Menge der (von einer Bank unterschriebenen) Gut- und Lastschriften dieses Kontos dargestellt werden.

Diese Betrachtungsweise findet sich im Modell wieder durch die *Zähler*. Ein Zähler ist eine Funktion, die für eine bestimmte Instanz jeder Nachricht einen Wert zuordnet. Definiert man zum Beispiel einen Zähler K, der Kontowerte zählt, so ordnet K einer Gutschrift über d Einheiten für Instanz I_x eben den Wert d für Instanz I_x zu. Da einer Gutschrift für I_x gemeinhin eine Lastschrift für eine Instanz I_y entspricht, könnte K derselben Nachricht für I_y den Wert -d zuordnen. Der Kontostand von I_x ergibt sich dann als der *Zählerstand* des Zählers K: er ist gleich der Summe der Werte, die der Zähler K für die Instanz I_x den von I_x gesendeten und empfangenen Nachrichten zuordnet.

Neben dem Kontozähler müssen je nach Anwendung und Protokoll weitere Zähler eingeführt werden, so etwa ein *Wertezähler* W, der Betriebsmittelwerte einer Instanz zählt. Er könnte z.B. den Antworten einer Datenbank die Kosten zuordnen, die zur Erzeugung dieser Antworten in Form von Rechenleistung aufgebracht werden mußten.

Die eigentlichen Protokolle werden in der Literatur im allgemeinen durch Angabe eines korrekten, also fehlerfreien Ablaufs des Protokolls angegeben. Häufig geschieht dies aus der Sicht einer der beteiligten Instanzen, z.B. bei der Befragung einer Datenbank aus der Sicht des Fragestellers. Ein sehr primitives Protokoll hierfür könnte lauten:

Pseudoprotokoll "Datenbankanfrage"

1. Schritt Erzeuge eine Datenbankanfrage f und einen Scheck c in Höhe der für die Beantwortung der Frage anfallenden Kosten. Sende f und c an die Datenbank.
2. Schritt Erhalte von der Datenbank die Antwort a auf die Frage f.

Solch eine sehr vage informelle Beschreibung muß im Modell in eine formale Beschreibung umgesetzt werden. Hierzu muß das Protokoll zumindest auch den Betrugsfall behandeln. Um einen Betrug behandeln zu können, muß dieser *entdeckbar* sein, d.h. im Protokoll müssen entsprechende *Tests* enthalten sein. Im obigen Beispiel könnte der Fragesteller im zweiten Schritt prüfen, ob die Antwort a befriedigend war und andernfalls c zurückziehen.
Die einzelnen *Protokollabläufe* dieses Protokolls werden nicht streng sequentiell ausgeführt, sondern eine Datenbank wird mehrere Anfragen gleichzeitig beantworten wollen. Zudem wird, beachtet man das Ziel der Betrugssicherheit, die Sicht jeder Instanz interessieren, nicht nur die der zufällig zur Beschreibung des Protokolls ausgewählten. Aus diesen Gründen spaltet man Protokolle für n Instanzen in n *Teilprotokolle* auf, die jeweils aus einzelnen *Regeln* bestehen. Eine Protokollausführung besteht dann darin, daß jede beteiligte Instanz aus den bereits erhaltenen Nachrichten ermittelt, welche Regel des Protokolls gerade anwendbar ist und diese dann anwendet. Eine Regelanwendung hat im allgemeinen das Senden einer Nachricht zur Folge.

Die Herstellung des Kontextes einer Regel, d.h. die Feststellung, welche Nachrichten zu einem Protokollablauf gehören, geschieht im Modell durch die Folge der bereits empfangenen Nachrichten zusammen mit dem Anfangswissen der einzelnen Instanzen (z.B. deren private Schlüssel).
Gegenüber der Realität ist dies keine Einschränkung, da ein Protokollab-

lauf, an dem mehrere Instanzen beteiligt sind, notwendig durch die ausgetauschten Nachrichten festgelegt ist. Weitere, durch die Instanzen während eines Protokollablaufs erzeugte und nur lokal vorhandene Information wäre überflüssig, da sie aus den ausgetauschten Nachrichten jederzeit neu erzeugt werden kann. Umgekehrt stellt die Annahme, daß alle jemals ausgetauschten Nachrichten gespeichert werden, ebenfalls keine starke Einschränkung dar. Für praktische Zwecke kann die Menge der gespeicherten Nachrichten begrenzt werden, indem von Zeit zu Zeit die in diesen Nachrichten gespeicherte relevante Information extrahiert und von den betroffenen Instanzen anerkannt wird. So kann ein Kontoguthaben zwar durch die Menge aller Gut- und Lastschriften beschrieben werden, die Bank und der Kontobesitzer können sich aber auch von Zeit zu Zeit auf den gerade gültigen Kontostand einigen und die vorherigen Gut- und Lastschriften vergessen, d.h. die entsprechenden Nachrichten löschen.

Um nicht alles als graue Theorie erscheinen zu lassen, betrachte man folgendes Beispiel, das Pfi1_83 entlehnt ist und die Erfragung kostenpflichtiger Dienste über Anonyme Nummernkonten erlaubt: das

Protokoll "AnoNuKo"

Das Szenario des Protokolls besteht aus beliebig vielen Instanzen, unter denen drei für einen Protokollablauf ausgezeichnet werden: der Dienstkunde Andi, die Bank B und der Dienstanbieter Claus. Außerhalb des Modells haben Andi und Claus bei der Bank B (anonyme) ***Nummernkonten*** eingerichtet.
Ein Nummernkonto eines Kunden X der Bank B ist gekennzeichnet durch eine eindeutige Kontonummer k_X, ein Schlüsselpaar $(ö_{XB}, p_{XB})$ des Kunden X und ein Schlüsselpaar $(ö_B, p_B)$ der Bank B. Dem Kunden X sind k_X, $ö_{XB}$, p_{XB}, $ö_B$ bekannt, der Bank k_X, $ö_{XB}$, $ö_B$, p_B. Die Kontonummer dient beiden zur Identifikation, die Schlüsselpaare sowohl zur Geheimhaltung (und impliziten Adressierung, vgl. Pfit_85) als auch zur Authentikation. Da zur Eröffnung eines Kontos zumindest die Bank bekannt sein muß, also nicht anonym sein kann, wird das Paar $(ö_B, p_B)$ als für alle Kunden X gleich betrachtet. Die Kunden hingegen werden als anonym angenommen, ihre Schlüssel können exklusiv für den Bankverkehr verwendet werden.

Der Dienstkunde Andi möchte nun auf eine Frage f vom Diensterbringer Claus eine Antwort a erhalten. Diese Antwort kostet r Einheiten, die von Andis Konto auf das Konto von Claus transferiert werden müssen. Der Dienstkunde Andi sendet seine Frage f zusammen mit einem Betrag b, den er maximal für die Beantwortung von f zu zahlen bereit ist, an die Bank B. Diese prüft, ob sie für diesen Betrag noch garantieren kann, und leitet gegebenenfalls die Frage f an den Diensterbringer Claus weiter. Dieser bestimmt die zur Beantwortung aufzubringenden Kosten r, prüft, ob der Betrag b reicht und erzeugt gegebenenfalls die Antwort a. Die Antwort a und die Kosten r sendet er an die Bank B, die die Kosten r von Andis Konto auf das Konto des Erbringers Claus transferiert. Die Bank sendet schließlich an Andi die Antwort von Claus und an beide

Kontoauszüge.

Die Grobstruktur des Protokolls ist

```
NAB     A --- Frage, Betrag --> B
                                |
NBC1                            --- Frage, Garantie ---> C
                                                         |
NCB                             B <-- Antwort, Rechnung --
                                |
NBA     A <-- Antwort, Auszug --
                                |
NBC2                            -------- Auszug -------> C
```

Am linken Rand sind Kennungen für die einzelnen Nachrichten angegeben, wobei künftig stets eine Nachricht mit Kennung NX durch nX bezeichnet wird. Mit diesen Kennungen lauten die Regeln des Protokolls informell:

Regel RA1: Andi sendet eine Frage an die Bank

Der Dienstkunde Andi erzeugt eine Frage f und ein noch nicht verwendetes Schlüsselpaar (ö$_f$,p$_f$). Dank ö$_f$ kann er die Antwort erhalten, ohne daß sie die Bank B lesen kann. Er verschlüsselt die Frage f und den "Antwortschlüssel" ö$_f$ mit dem öffentlichen Schlüssel ö$_c$ des Diensterbringers Claus. Weiter legt er den maximalen Betrag b fest, den er zu zahlen bereit ist. Sodann schickt er alles unterschrieben und mit seiner Kontonummer k$_A$ versehen an die Bank B.

nAB A --- ö$_B$(ö$_{AB}$,p$_{AB}$(ö$_c$(f,ö$_f$),ö$_c$,k$_A$,b,NAB)) --> B

Regel RB1: Die Bank sendet Frage und Garantie an Claus

Die Bank erhält eine Nachricht nAB mit Kennung NAB, sieht die Frage aber nur verschlüsselt als F=ö$_c$(f,ö$_f$). Sie prüft, ob sie für den Kunden mit der Kontonummer k$_A$ noch für b Einheiten garantieren kann, und leitet gegebenenfalls die Frage unterschrieben an den durch ö$_c$ angegebenen Diensterbringer weiter.

nBC1 B --- ö$_c$(ö$_B$,p$_B$(F,b,NBC1)) --> C

Regel RC1: Claus sendet die Antwort an die Bank

Der Diensterbringer Claus erhält eine Nachricht nBC1 mit Kennung NBC1, also eine Frage der Bank. Er entschlüsselt die Frage und prüft, ob der Betrag b ausreicht, um die Frage zu beantworten. Falls ja, so sendet er die Antwort a verschlüsselt mit ö$_f$, damit die Bank sie nicht lesen kann, sowie die Kosten r und seine Kontonummer an die Bank B. Durch nBC1x:=ö$_B$,p$_B$(F,b,NBC1) kann die Bank später die Antwort der entsprechenden Frage zuordnen.

nCB C --- ö$_B$(ö$_c$,p$_c$(ö$_{cB}$,p$_{cB}$(ew(nBC1x),ö$_f$(a),k$_c$,r,NCB))) --> B

Regel RB2/3: Die Bank sendet Andi die Antwort und Andi und Claus je einen Auszug

Die Bank erhält eine Nachricht nCB mit Kennung NCB, entnimmt ihr eine Antwort, verschlüsselt als $A = ö_f(a)$, und testet, ob es eine dazu passende Frage gab, und bucht gegebenenfalls den Rechnungsbetrag r von Andis Konto auf das Konto von Claus. Sodann sendet sie die Antwort (oder das, was die Bank dafür hält) zusammen mit einem Kontoauszug über den Kontostand kSA an Andi und schickt als Bestätigung für Claus auch diesem einen Auszug über den Kontostand kSC.

$$nBA \quad B \;\text{---}\; ö_{AB}(ö_B, p_B(ew(nAB), A, r, k_A, kSA, NBA)) \;\text{--}\!\!\rightarrow A$$
$$nBC2 \quad B \;\text{---}\; ö_{CB}(ö_B, p_B(ew(nCB), r, k_C, kSC, NBC2)) \;\text{--}\!\!\rightarrow C$$

Der Beweis dieses Protokolls benötigt insgesamt drei Zähler: die bereits beschriebenen Zähler K und W und einen "Garantiezähler" G, der wie K gebildet wird. Er zählt den Betrag, für den die Bank noch garantieren kann. Dies ist notwendig, da die Bank bei überlappenden Anfragen nicht stets für den vollen Kontostand garantieren kann.

Die Werte werden wie folgt an die Nachrichten gebunden:
(kx=Kontonummer von x, x=A,C)

Nachr.	Zählerwerte					
Kenn.	K für kA	G für kA	W für kA	K für kC	G für kC	W für kC
NAB						
NBC1		-b				
NCB		b-r				-r
NBA	-r		r			
NBC2				r	r	

Werte der Nachrichten für die einzelnen Zähler

Das Protokoll AnoNuKo garantiert unter der Annahme eines anonymen KomSy's den Kunden der Bank B, daß sie bei B anonym ein Konto unterhalten können. Die Bank ist aber in der Lage, zu einem bestimmten Konto anzugeben, von welchen anderen Konten Geld auf dieses Konto und an welche anderen Konten Geld von diesem Konto überwiesen wurde. Damit kann die Bank bezüglich des Geldverkehrs *anonyme Persönlichkeitsbilder* ihrer Kunden erstellen.
Gegenüber dem KomSy wie auch untereinander sind die Kunden der Bank anonym.

Das Protokoll AnoNuKo ist in Waid_85 ausführlich behandelt und in einer dort eingeführten Pseudosprache formal beschrieben.

2.2 Betrug und Betrugssicherheit

Üblicherweise wird der Betrugsfall in Wertetransferprotokollen wie dem in 2.1 angegebenen nur informell behandelt. Das hier übliche Muster ist:

* *Prüfe*, ob der bis jetzt erreichte Stand des Protokollablaufs zufriedenstellend ist. Falls nicht, dann *protestiere*.
* Ansonsten führe die nächste anzuwendende Regel aus.

Unter dem Begriff *Betrug* versteht man hier also einen Oberbegriff für alle Ursachen, die einer Instanz einen Schaden zufügen können. Dieser Schaden wird aufgrund eines Tests erkannt und eines Protests behoben.

Die Verwendung von "Betrug" unterscheidet sich somit erheblich von der Verwendung im juristischen Bereich, wo hierfür die Schädigungsabsicht notwendig ist. Der "informatische" Betrug kann aber auch ein Fehler, z.B. des KomSy's, oder ein Versehen sein. Ein Fehler des KomSy's ist im Modell allerdings per Annahme ausgeschlossen. Als Betrug kommt im Modell jedes Fehlverhalten in Frage, das eine Instanz I nachweislich schädigt und nicht durch die Instanz I selbst verursacht wurde. Als Betrüger kommen dann alle Instanzen außer I in Frage. Die betrügenden Instanzen dürfen alles tun, was sie aufgrund ihres *Wissens* tun können, müssen sich also insbesondere nicht an die Regeln des zu beweisenden Protokolls halten. Das Wissen einer Instanz und damit die Einschränkung der Fähigkeiten eines Angreifers oder Betrügers wird explizit in Form von Teilalgebren (s. 2.1) angegeben. Betrügt eine Instanz, so verfügt sie zumindest zu Beginn nicht über mehr Wissen, als wenn sie nicht betrügen würde. Betrügen mehrere Instanzen, so gilt dasselbe für die Vereinigung deren Wissens.

Das *Erkennen* eines Betruges in diesem Sinne erfolgt durch einen Schadenstest. Dies scheint die einzige durchführbare Möglichkeit zu sein. Insbesondere ist die Umkehrung hiervon, d.h. die vollständige Auflistung aller Betrugsmöglichkeiten, undurchführbar. Wer sollte eine solche Liste als vollständig nachweisen? Dieser Schadenstest wird in der Literatur üblicherweise explizit in das Protokoll aufgenommen und unterscheidet sich für jede Regel des Protokolls. Das verwendete Modell faßt alle diese Tests zusammen in einen Test, beschrieben durch die sogenannten *Konsensbedingungen*. Diese Bedingungen müssen im korrekten Fall für jede Regel des Protokolls invariant sein und müssen im Schadensfall diesen Schaden anzeigen. Die Erstellung dieser Konsensbedingungen entspricht einer Sicherheitsspezifikation des Protokolls: was muß alles gelten, damit kein Betrug vorliegt?

Diese Spezifikation stellt den Spezifizierer vor dasselbe Problem wie jede andere Spezifikation: er muß feststellen, ob sie vollständig und korrekt ist. Beides ist anwendungs- und zum Teil sogar protokollabhängig. Eine einfache Invariante, wie z.B. die Bedingung "Summe über alle

Zählerstände konstant", scheidet dabei meist aus. Diese Invariante berücksichtigt zum Beispiel nicht, daß zum einen die geforderte Konstanz selbst im korrekten Fall nicht erreicht wird. Es wird häufig der Fall auftreten, daß eine Instanz eine Nachricht eines bestimmten Wertes gesendet und damit einen Wert verloren, die diesen Verlust ausgleichende Nachricht aber noch nicht erhalten hat. Zum anderen würde diese Bedingung alleine es erlauben, einer Instanz gegen deren Willen z.B. Geldwerte in Sachwerte, z.B. Tausende von Zeitungen, umzutauschen, ohne daß die Invariante verletzt wäre.

Für das oben angeführte Beispiel des Protokolls AnoNuKo lauten die Konsensbedingungen informell:

Dienstkunde Andi

KA_1 Erhält Andi eine Antwort a, so war diese von ihm bestellt.

KA_2 Erhält Andi eine Antwort a, so ist diese neu.

KA_3 Erhält Andi eine Antwort a, für die der Antworter eine Rechnung über r Einheiten stellt, so war a auch r Einheiten wert.

KA_4 Erhält Andi von B einen Wert übermittelt, der den Kontostand von Andi darstellt, so stimmt dieser Wert.

KA_5 Ändert sich der Konto- oder Wertestand von Andi aufgrund einer Nachricht n um -r Einheiten, so gibt es eine Nachricht n', aufgrund der sich der Werte- oder Kontostand von Andi entsprechend um +r Einheiten ändert (z.B. n=Anfrage, n'=Antwort oder n'=Rücküberweisung).

Bank B

KB_1 Alle Konten führen nicht negative Werte. (Wie sollten Schulden von einem anonymen Kunden eingetrieben werden?)

KB_2 Die Kontoänderungen der Bankkunden lassen sich so paaren, daß sie sich gegenseitig aufheben. (Es gibt in diesem Protokoll keine Aus- oder Einzahlungen!)

Dienstanbieter Claus

KC_1 Erhält Claus von B einen Wert übermittelt, der den Kontostand von Claus darstellt, so stimmt dieser Wert.

KC_2 Ändert sich der Konto- oder Wertestand von Claus aufgrund einer Nachricht n um -r Einheiten, so gibt es eine Nachricht n', aufgrund der sich der Werte- oder Kontostand von Claus entsprechend um +r Einheiten ändert (z.B. n=Antwort, n'=Überweisung).

Die Bedingungen KA_5 und KC_2 fordern, daß sich Wertestand und Kontostand ausgleichen. Jeder Lastschrift muß genau eine Erhöhung des Wertestandes (oder eine Rücküberweisung) entsprechen, jeder Gutschrift genau eine Senkung (oder eine Lastschrift) und umgekehrt.

Ist eine dieser Konsensbedingungen während eines Protokollablaufs verletzt, so *protestiert* die betroffene Instanz. In der Realität ginge dieser Protest an den vermuteten Verursacher des angezeigten Schadens, und wenn das nichts nützt, letztendlich an ein Gericht, dem man zwangsläufig vertrauen muß. Diesem Gericht entspricht in der Welt der Wertetransferprotokolle die *Schiedsstelle*. Diese hat die Aufgabe, nach einem Protest die Berechtigung dieses Protests zu prüfen, die Ursache des angezeigten Schadens zu *lokalisieren*, d.h. den *Betrüger* festzustellen, und den Schaden zu *beheben*. Existiert für ein gegebenes Protokoll eine korrekte und realisierbare Schiedsstelle, so wird dieses Protokoll als *betrugssicher* bezeichnet. Eine Instanz ist dann vor jedem Betrug geschützt, der durch Regelverletzungen beliebiger anderer Instanzen verursacht wurde. Betrachtet man die Schiedsstelle als Instanz, so muß diese allerdings als nicht betrügend angenommen werden.

2.3 Beweis der Betrugssicherheit

Um die Betrugssicherheit zu beweisen, gibt es prinzipiell zwei Möglichkeiten. Zum einen kann man versuchen, die Schiedsstelle zu konstruieren, indem man ihr Protokoll angibt. Zum anderen kann man einfach die Existenz einer solchen Schiedsstelle nachweisen. Da im ersten Fall zusätzlich die Korrektheit der Schiedsstelle nachgewiesen werden müßte, geht das hier vorgestellte Modell den zweiten Weg. Die Existenz einer Schiedsstelle wird bewiesen, indem zu jeder Konsensverletzung gezeigt wird, daß sie auf eine Abweichung einer Instanz, des *Betrügers*, von den Regeln des Protokolls konstruktiv zurückzuführen ist. Eine solche Abweichung wird *Regelverletzung* genannt, deren Nachweis durch die Schiedsstelle ein *Regelverletzungsbeweis*, kurz RVBeweis. Gelingt der Schiedsstelle ein RVBeweis gegen die Instanz I, so ist ein solcher Beweis offensichtlich nur dann sinnvoll, wenn I *belastbar* ist, d.h. wenn der Schaden, den I möglicherweise durch die Regelverletzung verursacht hat, behoben werden kann. Dies ist dann der Fall, wenn I *identifizierbar* ist oder wenn I durch eine andere belastbare Instanz, z.B. die Bank, etwas "weggenommen" werden kann. Ist I belastbar, so wird der RVBeweis als *effektiver RVBeweis* bezeichnet. In einem nicht anonymen KomSy ist jede Instanz belastbar, also jeder RVBeweis effektiv. Im wesentlichen kann der Existenzbeweis der Schiedsstelle als deren Konstruktion betrachtet werden.

Die Behandlung eines Protestes durch eine Schiedsstelle erfolgt nach folgendem Schema.

Die Schiedsstelle erhält von einer Instanz I_i die Folge der bis dahin gesendeten Nachrichten mit dem Hilferuf: "*Ich bin betrogen!*".
Die Verletzung der Konsensbedingung, die diesen Hilferuf verursachte, kann im wesentlichen zwei Ursachen haben:

* Eine Nachricht eines bestimmten Typs, die aufgrund des bisherigen Protokollablaufs erwartet wurde, blieb aus.
* Eine empfangene Nachricht n_t war "falsch", d.h. durch eine Regelverletzung zustande gekommen.

Im ersten Fall muß nachgewiesen werden, daß eine Regel nicht angewandt wurde, obwohl sie hätte angewandt werden müssen (Zeitschranken!), im

zweiten Fall, daß eine Regel falsch angewandt wurde.
Beide Nachweise basieren auf zwei Voraussetzungen:

* Das Senden oder Nichtsenden einer bestimmten Nachricht kann durch die Schiedsstelle nachgeprüft werden. Im Modell wird dies durch die Annahme eines fehlerfreien, verteilenden KomSy's erreicht: erhält jeder alle Nachrichten, so kann jeder Senden oder Nichtsenden nachprüfen (round table environment, vgl. DoWi_83).
* Der Sender einer korrekten Nachricht ist authentizierbar, d.h. alle Nachrichten sind unterschrieben.

Sind alle Nachrichten unterschrieben, so kann zu einer Nachricht n_t die Instanz I_u, die n_t ursprünglich erzeugte, bestimmt, wenn auch nicht notwendig identifiziert werden (*Ursprungsbeweis*, kurz UBeweis).
Durch Verwendung von *Nachrichtenkennungen* kann zu n_t auch die genaue Regel von I_u angegeben werden, die zur korrekten Erzeugung führte.
Dient n_t als *Indiz* eines effektiven RVBeweises, so hat die Schiedsstelle verschiedene Möglichkeiten.

Kann bereits aus dem bisherigen Wissen der Schiedsstelle und der Struktur der Nachricht n_t gefolgert werden, daß I_u eine Regel verletzt haben mußte, so liegt ein *direkter RVBeweis* vor.

Ist dies nicht der Fall, so kann die Schiedsstelle, da die Instanz I_u für einen effektiven RVBeweis belastbar sein muß, I_u zu einer *Rechtfertigung* der Sendung von n_t auffordern (*indirekter RVBeweis*).

Verweigert I_u diese, so wird I_u als betrügend betrachtet. Zur Rechtfertigung gibt es für I_u zwei Möglichkeiten.

I_u gibt zu, n_t gesendet zu haben, und rechtfertigt dies.

Die Rechtfertigung besteht darin, daß I_u die Struktur von Nachrichten, die sie zuvor erhalten hat, und die es ihr erlaubten, n_t zu senden, offenlegt, z.B. verschlüsselte Nachrichten entschlüsselt. Die Schiedsstelle kann die offengelegten Nachrichten wie vorher n_t auf Regelverletzungen hin untersuchen. Führt dies zu keinem Erfolg und liegen keine weiteren Indizien vor, so ist das Protokoll *unsicher*.

I_u behauptet, eine andere Instanz habe n_t gesendet.

Hierzu muß I_u zeigen, daß es n_t zuvor schon als Splitter einer anderen Nachricht n_s gesendet hat und folglich auch der Empfänger von n_s als Sender von n_t in Frage kommt.
Die einzige Möglichkeit hier ist, wie n_t jetzt die Nachricht n_s auf Regelverletzungen hin zu untersuchen. Führt dies zu keinem Erfolg und liegen keine weiteren Indizien vor, so ist das Protokoll *unsicher*.

Die als existent nachzuweisende Schiedsstelle geht also nach dem Rechtfertigungsprinzip das Protokoll rekursiv bis zur Lokalisierung des Betrügers zurück. Die Existenz einer Schiedsstelle ist dann nachgewiesen, wenn zu jeder Verletzung einer Konsensbedingung die Existenz eines effektiven RVBeweises gezeigt werden kann. In Waid_85 ist dies für das Protokoll AnoNuKo getan. Die wesentlichen Methoden sind in Kap. 3 skizziert.

3 Beweisskizze des Protokolls AnoNuKo

Der Beweis des Protokolls AnoNuKo erfolgt, indem gezeigt wird, daß aus jeder negierten Konsensbedingung aus 2.2 die Existenz eines effektiven Regelverletzungsbeweises folgt. Für das Protokoll AnoNuKo ist dabei jeder RVBeweis effektiv, da er entweder gegen die Bank B geführt wird, die nicht anonym ist, oder gegen einen Kunden der Bank B, der durch B folglich belastbar ist.
Da ohne ein formaleres Gerüst diese Beweise nicht durchzuführen sind, sollen hier lediglich die hierzu notwendigen Ideen dargestellt werden. In Waid_85 ist ein ausführlicher Beweis enthalten.

Die Konsensbedingungen KA_i, i=1,...,4, und KC_1 werden durch einfaches Rückverfolgen behandelt, d.h. man zeigt, daß im Falle der Verletzung eine andere Instanz eine Regel verletzt hat.
Als Beispiel betrachte man KA_3. Ist KA_3 verletzt, so muß A eine Nachricht n_t besitzen des Typs NBA (d.h. eine Antwortnachricht), deren Rechnungswert r aber für die darin enthaltene Antwort a falsch ist. Die Nachricht n_t ist von B unterschrieben, also ein UBeweis gegen B. Wird B zur Rechtfertigung aufgefordert, so muß B Nachrichten nCB und nAB mit den Kennungen NCB und NAB vorlegen. Ansonsten hat B betrogen. Der Nachricht nCB sind die von C erzeugte Antwort $A'=ö_f(a')$ und der Rechnungsbetrag r' zu entnehmen. Gilt $r' \neq r$ oder $a' \neq a$, so hat B betrogen, ansonsten hat C betrogen, da nach KA_3 r nicht angemessen war. Wann eine Rechnung angemessen ist oder nicht, ist im Modell durch eine Funktion, die jeder Antwort ihren Wert zuordnet, definiert.

Die Bedingungen KA_5, KB_1, KB_2 und KC_2, d.h. die Bedingungen, die eine Art Konstanz fordern, werden durch "Paarung" bewiesen. Damit ist gemeint, daß die sich gegenseitig aufhebenden Nachrichten in einer eineindeutigen Relation zusammengefaßt, gepaart werden. Dabei dürfen relativ neue Nachrichten ungepaart bleiben, da deren Partnernachricht noch nicht eingetroffen sein muß. Für KA_5 werden die Nachrichten mit der Kennung NBA mit sich selbst gepaart, für KC_2 die Nachrichten mit den Kennungen NCB und NBC2. Für KB_1 ist die Paarrelation mehrstellig. Sie paart alle vorkommenden Nachrichten.

4 Ausblick

Das vorgestellte Modell entstand im Rahmen einer Diplomarbeit (Waid_85) und stellt somit erst den Anfang, nicht das Ende eines sicher sinnvollen und lohnenden Versuchs dar, die Eigenschaft der Betrugssicherheit zu formalisieren und deren Beweisbarkeit zu untersuchen.
Erweiterungen und Verbesserungen des Modells sind im wesentlichen nach zwei Richtungen denkbar:

Zum einen können die Anforderungen des Modells an das verwendete KomSy modifiziert werden. Denkbar wären hier die Behandlung von groben Übertragungsfehlern (Ausbleiben einer erwarteten Nachricht) und der Verzicht auf die Forderung der Verteilung. Da in einem fehlerfreien Verteilnetz der Schiedsstelle alle gesendeten Nachrichten in ihrer zeitlichen Abfolge vorliegen, verfügt sie über eine globale Sicht des Geschehens im KomSy. Betreibt das KomSy keine Verteilung, so verliert die Schiedsstelle diese globale Sicht. Hierdurch wird die Schiedsstelle sicher realistischer, der Beweis der Betrugssicherheit dafür etwas schwieriger (vgl. DoWi_83).

Zum anderen kann der Einfluß zeitlicher Abfolgen innerhalb des Modells stärker berücksichtigt werden, indem für die Regeln eines Protokolls explizite Zeitschranken angegeben werden, innerhalb derer sie zur Anwendung kommen müssen. Soll das Modell auch Übertragungsfehler des KomSy's berücksichtigen, so sind Erweiterungen in dieser Richtung unumgänglich.

Neben diesen modellinternen Erweiterungen stellt sich die Frage, wie sich die Sicherheitseigenschaften der verwendeten Kryptosysteme auf die Sicherheit von Wertetransferprotokollen auswirken. Modelle der verwendeten Art (vgl. auch Merr_83) können die Struktur dieser Kryptosysteme nur sehr grob wiedergeben. Im Beispiel wird dem Kryptosystem als einzige Eigenschaft die Beziehung $ö_x p_x = p_x ö_x = id$ unterstellt. Diese Beziehung wird durch das RSA-System (RSA_78) erfüllt. Das Modell berücksichtigt aber nicht die weiteren algebraischen Eigenschaften des Systems. So bildet RSA einen Homomorphismus bezüglich der Multiplikation, was einerseits zu Angriffsmöglichkeiten führt, die im Modell nicht vorkommen (Denn_84), andererseits auch zu neuen Anwendungsmöglichkeiten (Cha4_85). Allgemein ausgedrückt wird dem verwendeten Kryptosystem unterstellt, daß es absolut sicher sei, was in der Realität praktisch nicht erreicht wird.
Die Garantie der Betrugssicherheit eines Protokolls aufgrund des hier vorgestellten Modells ist somit immer nur relativ zur Sicherheit der zur Implementierung des Protokolls verwendeten Kryptosysteme zu verstehen.

Wir danken den Mitgliedern unserer Datenschutzarbeitsgruppe, insbesondere Birgit Pfitzmann, für ihre Unterstützung und ebenso zahlreiche wie konstruktive Kritik.

5 Literatur

Akl_83 Selim G. Akl: Digital Signatures: A Tutorial Survey; Computer, IEEE, Vol. 16, Nr. 2, Feb. 1983, S. 15 bis 24

Chau_83 David Chaum: Blind Signatures for untraceable payments; Advances in Cryptology, Proc. of Crypto 82, hrsg. von D. Chaum, R.L. Rivest und A.T. Sherman, Plenum Press, New York, 1983, S. 199 bis 203

Cha4_85 David Chaum: Privacy Protected Payments. Unconditional Payer and/or Payee Anonymity; unveröffentlicht

Cha5_85 David L. Chaum: New Secret Codes Can Prevent a Computerized Big Brother; unveröffentlicht, erscheint in Communications of the ACM und in Byte

Denn_82 Dorothy Denning: Cryptography and Data Security; Addison-Wesley Publishing Company, Reading, Mass.; 1982

Denn_84 Dorothy Denning: Digital Signatures with RSA and Other Public-Key Cryptosystems; Communications of the ACM, Vol. 27, Nr. 4, Apr. 1984, S. 388 bis 392

DiHe_79 Whitfield Diffie, Martin E. Hellman: Privacy and Authentication: An Introduction to Cryptography; Proc. of the IEEE, Vol. 67, Nr. 3, Mrz. 1979, S. 397 bis 427

DoWi_83 Danny Dolev, Avi Wigderson: On the security of multi-party protocols in distributed systems; Advances in Cryptology, Proc. of Crypto 82, hrsg. von D. Chaum, R.L. Rivest und A.T. Sherman, Plenum Press, New York, 1983, S. 167 bis 175

EvGY_84 S. Even, O. Goldreich, Y. Yacobi: Electronic Wallet; 1984 International Zurich Seminar on Digital Communications, Applications of Source Coding, Channel Coding and Secrecy Coding, März 1984, Zürich, Schweiz, Swiss Federal Institute of Technology, Proc. IEEE Catalog Nr. 84CH1998-4, S. 199 bis 201

Herm_67 Hans Hermes: Einführung in die Verbandstheorie; Springer-Verlag Heidelberg, New York 1967 Grundlehren der mathematischen Wissenschaften, Band 73

Hors_85 Patrick Horster: Kryptologie; Reihe Informatik /47, Herausgegeben von K. H. Böhling, U. Kulisch, H. Maurer, Bibliographisches Institut, Mannheim, 1985

Merr_83 Michael John Merritt: Cryptographic Protocols; Ph. D. Dissertation, School of Information and Computer Science, Georgia Institute of Technology, Februar 1983

Pfit_85 Andreas Pfitzmann: Technischer Datenschutz in diensteintegrierenden Digitalnetzen - Problemanalyse, Lösungsansätze und eine angepaßte Systemstruktur; 1. GI-Fachtagung "Datenschutz und Datensicherheit", München, Okt. 1985 Informatik-Fachberichte, Springer-Verlag, Heidelberg 1985

Pfi1_83 Andreas Pfitzmann: Ein dienstintegriertes digitales Vermittlungs-/Verteilnetz zur Erhöhung des Datenschutzes; Fakultät für Informatik, Universität Karlsruhe, Interner Bericht 18/83, Dez. 1983

Riha_83 Karl Rihaczek: OSIS - Open Shops for Information Services; DuD Datenschutz und Datensicherung, Informationsrecht, Kommunikationssysteme, Friedr. Vieweg & Sohn, Braunschweig, Heft 2, Apr. 1983, S. 116 bis 125

RSA_78 R. L. Rivest, A. Shamir, L. Adleman: A Method for Obtaining Digital Signatures and Public-Key Cryptosystems; Communications of the ACM Vol. 21, Nr. 2, Feb. 1978, S. 120 bis 126

Waid_85 Michael Waidner: Datenschutz und Betrugssicherheit garantierende Kommunikationsnetze; Diplomarbeit am Institut für Informatik IV, Universität Karlsruhe, Aug. 1985

SPECIFICATION AND REALIZATION OF PROTECTION PROBLEMS AS APPLIED TO THE ERLANGEN CANCER REGISTRY

Reinhard Gotzhein*, Lothar Horbach

Institut für Medizinische Statistik und Dokumentation
der Universität Erlangen-Nürnberg

Abstract

The development of reliable software requires formal models as a basis for the specification process. This paper presents the use of a formal model suitable for the specification of protection problems.

The Erlangen Cancer Registry is a centralized collection of personal data of several participating hospitals. As these data are stored in a data base, a reconstruction of terms is presented first. It is then shown how the protection problem of the Cancer Registry is specified and how the protection mechanisms to solve the problem are realized.

1. Introduction

Great difficulties in the development of software for solving complex and sensitive problems have been the trigger for the creation of numerous specification methods. It has been recognized that the reason for these difficulties lies in the description of the problems to be solved. Of particular interest among the methods which have been developed for many different fields of application are the formal approaches, because only they allow precise, unambiguous specification and fulfil the preconditions for verification.

---

* The author's present address: Département d'Informatique et de Recherche Opérationnelle, Université de Montréal, C.P. 6128, Montréal, P.Q. H3C 3J7, Canada

This paper deals with the use of a formal model for the specification of the protection problem of the Erlangen Cancer Registry. This registry is a collection of personal data and therefore subject to the regulations of the German Federal Data Protection Act (BDSG) and related legislation (BayDSG, BayKrG). The legislation and additional access restrictions agreed upon among the participating hospitals determine in everyday language, when and by whom specified access is allowed.

Section 2 describes the tasks, objectives and problems of the Cancer Registry from the medical point of view. The subsequent section introduces the formal model of protection systems used for the specification of this protection problem. Section 4 explains the conceptual scheme of the Cancer Registry and thus emphasizes its realization as a data base application. Section 5 specifies part of the protected system "Cancer Registry", a formal model for the protection aspects. Section 6 gives some information on the realization of the specified protection problem. Finally, section 7 draws a conclusion on the use of specification methods in general and on their use for the handling of protection problems in particular.

2. Framework and objectives of the Erlangen Cancer Registry

The fundamental prerequisite of a useful cancer registry is the clear-cut definition of the real medical framework and objectives to be supported by the data base system.

Routine medical work has to deal with the problems of individual patients demanding appropriate diagnostic and therapeutic measures. But a mere agglomeration of such casuistic data characterized by a considerable interindividual variability turns out to be useless for general purposes, objectives concerning the organisation of medical care, and scientific aims.

There is need of a design for the cancer registry, which according to the motivations of clinicians and statisticians in Erlangen had to consider the following points:

- Participation of a multiplicity of clinical centers with activities in oncology

- Integration of different diagnostic services, e.g. of pathology in the interest of repeated judgement of histological diagnoses

- Comparable documentation of detailed diagnostic characterization of diseases, of categories of treatments applied and systematic follow-up over years in order to get an empirical basis for the analysis of long-term results

- Organisational support of after-care in collaboration with family doctors

- Special documentation of detailed findings in cancer localisation of special interest in order to detect essential prognostic factors as well as other features of long-term observations

- Guarantee of privacy of data according to current legislation in the Federal Republic of Germany and partial protection of access to data by medical and other persons involved within the frame of the Cancer Registry.

In the course of a long period of discussions between physicians and methodologists, the framework and objectives of the Erlangen Cancer Registry were layed out in a written manual and questionnaires, only minor modifications were made later on.

The latter point of privacy as required by law and further partial restrictions of access to data demanded by physicians complicated the problem of data handling by the computer: control of entering, delivery, storage, use and transfer of data etc. As in a modern clinic there is a 1 to n relation between patient and physicians and, in spite of the essential aims of the new legislation, there is still a lack of legal guidance on the different procedures of data protection (/5/). In Erlangen detailed procedures for the control and protection considered to be necessary were determined in the manual signed by all directors of participating clinics. For special overlapping evaluations of data-sets bi- or multilateral arrangements between clinics are provided for by the manual which formed a sound basis for the specification of appropriate software.

3. The model of protection systems

In order to specify the protection problem of the Erlangen Cancer Registry in a precise manner, a model of protection systems published by Harrison et al. (/3/) is used. The model is restricted to the description of protection aspects. According to Harrison, a protection system consists of the following components:

i) a finite set O_o of objects

ii) a finite set $S_o \subseteq O_o$ of subjects

iii) a finite set $R = \{r_1,\ldots,r_n\}$ of generic rights

iv) a finite set C of commands of the form

<u>command</u> $\alpha\ (X_1, X_2, \ldots, X_{n_\alpha})$
  <u>if</u> r_1 in (X_{s_1}, X_{o_1}) and
    r_2 in (X_{s_2}, X_{o_2}) and
    ...
    r_{m_α} in $(X_{s_{m_\alpha}}, X_{o_{m_\alpha}})$
  <u>then</u> op_1
    op_2
    ...
    op_{k_α}
  <u>end</u>

Here, α is the name of the command, and $X_1,\ldots,X_{n_\alpha}$ are formal parameters. Each op_i is one of the following primitive operations:

enter r into (X_s, X_o)
delete r from (X_s, X_o)
create subject X_s
create object X_o
destroy subject X_s
destroy object X_o

$r, r_1, \ldots, r_{m_\alpha}$ denote generic rights of the set R, $s, s_1, \ldots, s_{m_\alpha}$ and $o, o_1, \ldots, o_{m_\alpha}$ are integers between 1 and n_α. The if-part of the command α is called <u>condition of α</u>, the then-part is called <u>interpretation of α</u>.

A state q of a protection system is a triple (S,O,P), where S is the set of current subjects, O is the set of current objects, and $P \in S \times O \times \mathcal{P}(R)$ denotes the access matrix. Each element $p = (s,o,R')$ of the matrix P determines the actual rights $R' \subseteq R$ possessed by the subject s concerning the object o.

Harrison defines the semantics of the primitive operations by introducing a concept of derivation: He determines when a state q may be derived from a state 'q by executing an operation op. Informally the execution of "enter r into (s,o)" means that the right r is added to the set R' of the matrix element P[s,o]; "create object o" has the effect that a new column is added to the access matrix, "create subject s" adds a new row plus a new column. A formal definition of the effects of the primitive operations mentioned above can be found in /3/.

Now the meaning of the commands of the set C can be explained. Each command may contain a condition which defines a test for the presence of certain rights in certain positions of the current access matrix. "if r in (X_s,X_o)" means that the subject x_s needs the right r concerning the object x_o, where x_s and x_o are the actual parameters replacing the formal parameters X_s and X_o. If and only if the specified condition is fulfilled, the body of the command will be executed, that is the sequence of actions given by the primitive operations will be performed.

Using the formalism of this model, the notion of a protection domain D(s) of a subject s can be defined as follows:

$$D(s) := \{ (o,R') \in O \times \mathcal{P}(R) \mid (s,o,R') \in P \}$$

Thus the protection domain is the set of objects together with the rights belonging to the subject, that is the row of the access matrix attached to the subject.

4. The conceptual scheme of the Erlangen Cancer Registry

The Erlangen Cancer Registry is a centralized data collection of several participating hospitals. Thus the data have a global validity and are globally disposable to the hospitals. Following Wedekind (/7/), data having a global validity should be stored in a data base in order to take advantage of centralized access controls and integrity controls being performed by the data base management system.

Before the data can be stored in the data base, a reconstruction of terms must take place. The objective is to arrive at a point where the terms are independent of persons who use them and of the context in which they are used. The result of the reconstruction can be depicted in a construction diagram (for details see /7/, chapter 4).

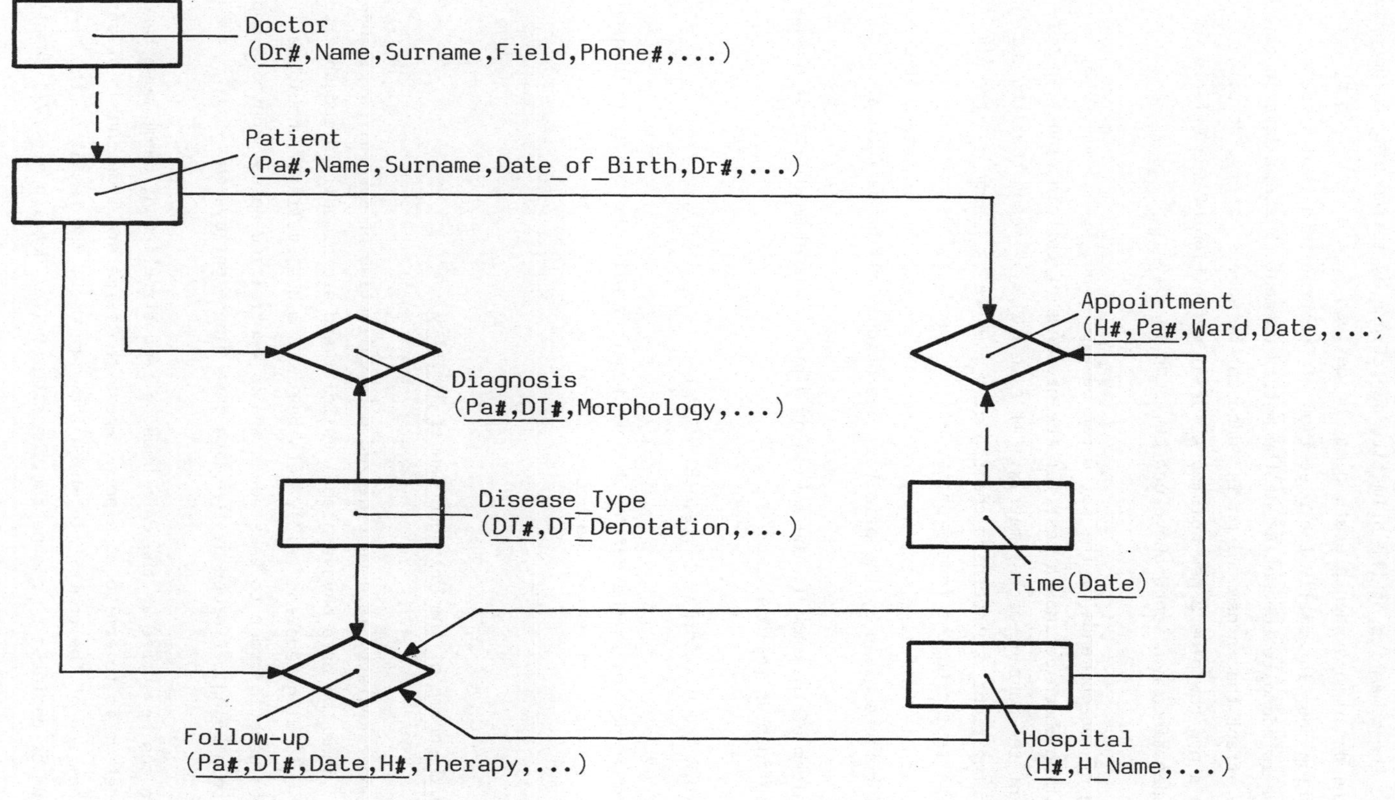

Figure 1: Construction diagram of the Erlangen Cancer Registry

The construction diagram given in figure 1 represents some of the terms of the Erlangen Cancer Registry. The symbols "rectangle" and "rhombus" are part of Wedekind's proposal for the documentation of the logical data base design (see /7/, chapter 4.4). The rectangle stands for a simple form of abstraction called "subsumption": equivalent objects are subsumed under a term. Classes of objects of the Cancer Registry for instance are subsumed under the terms "Patient", "Doctor", "Hospital" etc. as shown in the diagram. The notation used in this diagram is that of the relational data model: In the expression

Patient (Pa#,Name,Surname,Date_of_Birth,Dr#,...)

"Patient" stands for the name of the relation referred to as "term", "Pa#" is the primary key (underlined) which identifies objects of the relation unequivocally, and "Name", "Surname" etc. are additional attributes of the term "Patient".

The second symbol used in the diagram, the rhombus, stands for another form of abstraction called "composition": equivalent objects which have a composed primary key are subsumed under a term, that is a new term is constructed on the basis of already known terms. In the diagram, this process is shown for the terms "Diagnosis", "Follow-up" and "Appointment". An appointment for instance is a form of contract between a hospital and a patient. Therefore the primary key of this new term has the components "H#" and "Pa#" being the primary keys of the terms "Hospital" and "Patient" respectively.

Two types of arrows are used in the construction diagram: an arrow "⟶" indicates that the first term is used for the construction of the term pointed to, an arrow "- - →" expresses that there is an association between the two terms, which is established by using the primary key of the first term as an attribute (or foreign key) of the term pointed to. In the diagram this type of arrow is used to establish the association "Has_Family_Doctor".

The construction diagram can be easily transferred to a relational data model which has been done for the Erlangen Cancer Registry. The resulting model has been implemented in 1983 on the basis of an ADABAS system and is presently running on a SIEMENS 7.541 computer.

5. The protection system "Cancer Registry"

The formal specification of the protection problem arisen from the establishment of the Erlangen Cancer Registry is given by the definition of a protection system called "Cancer Registry". For that purpose the generic rights, the initial state and the commands have to be determined suitably.

The set R of generic rights is defined as follows:

$$R := \{\text{create},\text{destroy},\text{show},\text{modify},\text{enter},\text{delete},\text{own},\text{r\_own},\text{c\_own},\text{competent}\}$$

The initial state q_o is given by the triple (S_o,O_o,P_o). The set S_o of subjects contains the participating hospitals and the system administrator, but no users. Objects are all elements of S_o plus a number of disease types. The initial state of the access matrix is defined as follows:

$$P_o[s_o,o_o] = \begin{cases} \emptyset & \text{if } s_o \neq o_o \ \vee \ s_o \neq \text{system administrator} \\ \{\text{create},\text{destroy}\} & \text{if } s_o = o_o = \text{system administrator} \end{cases}$$

$$\text{for all } s_o \in S_o,\ o_o \in O_o.$$

During the operation of the cancer registry additional subjects and objects will be created. This is modelled by the extension of the sets S_o and O_o.

Additional subjects to be created are the (logical) users of the cancer registry. Each user may work for one or several hospitals and may be competent for certain disease types. The creation (and also the destruction) of users is the task of the system administrator. He alone possesses the specific rights (create, destroy; see definition of P_o) necessary to execute the commands for this purpose. He is also competent to give new rights to existing users which allow them to read, modify, enter and/or delete certain objects of the registry.

The objects of the cancer registry include data about patients, diagnoses and follow-ups as outlined in section 4. As the data are modelled as relations, the term "tuple" will be used instead of referring to "object". In this sense, the entry of a tuple effects an extension of the access matrix by one column, the deletion of a tuple causes the removal of the column concerned. Thus the state of the access matrix is changed dynamically and - after several state transitions - may have the appearance shown in figure 2.

After the determination of rights, subjects, objects and the initial state the commands of the protection system "Cancer Registry" have to be defined. Because a complete definition would be too extensive, this will be done exemplarily by means of three commands:

i) The attributes of the term "Patient" include the name, date of birth, address, family doctor and hospitals concerned. In order to contact the family doctor of a certain patient or to find out in which hospitals the patient has been, an authorized person - for instance the attending doctor - may see the relevant tuple of the relation "Patient". The protection aspects of this action are determined by the following command:

```
command Show_Patient_Data (User,Hospital(H#),Patient(Pa#))
   if show in (User,Hospital(H#))
   then enter  show into (User,Patient(Pa#))
        delete show from (User,Patient(Pa#))
   end
```

The name of the command is "Show_Patient_Data", parameters are the identification of the user, the hospital he is currently working for and the identification of the tuple he wants to access. The condition for the execution of the command body says that the user must possess the generic right "show" relevant to the specified hospital. Looking at the access matrix of figure 2, this condition is fulfilled for the actual parameters "$User_1$,Hospital($H\#_1$)", but not for "$User_2$,Hospital($H\#_1$)". The execution of the command effects that the right "show" is entered into the matrix element "P [User,Patient(Pa#)]" and removed later on. As mentioned in section 3, the model is restricted to the specification of the protection aspects. That is why the accesses and commands taking place between the two primitive operations "enter" and "delete" are not included in the command: The body consists only of those operations which manipulate the access matrix. Thus a user gets the right "show" only for the period of the access. This type of proceeding is in accordance with the principle of the least privilege, the protection domain of a user is minimal at every moment.

Objects / Subjects	System Administrator	Hospital ($H\#_1$)	Hospital ($H\#_2$)	Type of Disease ($DT\#_1$)	Type of Disease ($DT\#_2$)	$User_1$	$User_2$	Patient ($Pa\#_1$)	Diagnosis ($Pa\#_1$, $DT\#_1$)	Follow-up ($Pa\#_1$, $DT\#_1$, $Date_1$, $H\#_1$)
System Administrator	{create, destroy}									
Hospital ($H\#_1$)								{r_own}	{own}	
Hospital ($H\#_2$)								{c_own}		{own}
$User_1$		{show, modify, enter}	{show}	{competent}	{competent}					
$User_2$			{show, modify, enter}	{competent}						

Figure 2: A state of the access matrix after several state transitions

ii) All those cancer patients who come to one of the participating hospitals for diagnosis or therapy are covered by the cancer registry. For each patient a tuple of the relation "Patient" is created by an authorized person:

```
command Enter_Patient_Data (User,Hospital(H#),Patient(Pa#))
   if enter in (User,Hospital(H#))
   then create object Patient(Pa#)
        enter r_own into (Hospital(H#),Patient(Pa#))
   end
```

The condition for the execution of the command body requires that the user must possess the generic right "enter" relative to the specified hospital. Looking at figure 2, "$User_1$" may enter a new tuple for "Hospital($H\#_1$)", "$User_2$" is allowed to do so for "Hospital($H\#_2$)". If the condition is fulfilled, a new tuple "Patient(Pa#)" will be created and attached to the specified hospital by entering the right "r_own" (r=responsible) into the matrix element concerned. This means that the user does not get direct access rights, but may have indirect access via the hospital(s) he is working for. An immediate consequence of this measure is that modifications of the authorization of a user relative to a hospital - for instance the revocation of rights - can be restricted on the modification of the matrix element "P [User,Hospital(H#)]". A second effect is that other users who are working for the same hospital do have access to the new tuple according to their general authorization without the necessity of further matrix modifications.

iii) For every cancer patient the results of the examination - distinguished by the type of disease - are stored in a tuple of the relation "Diagnosis". An authorized person - for instance the diagnosing doctor - may see these results and thus get crucial information about the patient very quickly. The protection aspects are determined by the following command:

```
command Show_Diagnosis_Data (User,Hospital(H#),Disease_Type(DT#),
                             Patient(Pa#),Diagnosis(Pa#,DT#))
  if show in (User,Hospital(H#)) and
     competent in (User,Disease_Type(DT#)) and
     (r_own in (Hospital(H#),Patient(Pa#)) or
      c_own in (Hospital(H#),Patient(Pa#)) or
      own in (Hospital(H#),Diagnosis(Pa#,DT#)))
  then enter show into (User,Diagnosis(Pa#,DT#))
       delete show from (User,Diagnosis(Pa#,DT#))
  end
```

The condition of this command is already quite complex: In order to get read-access to a certain diagnosis, a user must possess the right "show" relevant to the hospital he is working for and the right "competent" relating to the disease type of the tuple. Additionally, the hospital must possess one of the rights "r_own" (r=responsible) or "c_own" (c=concerned) relative to the tuple "Patient(Pa#)" or the right "own" relative to the diagnosis itself. Looking at figure 2 one can state that both "$User_1$" and "$User_2$" may get read-access to the tuple "Diagnosis($Pa\#_1$,$DT\#_1$)".

6. Realization of the protection system

For the realization of the protection system "Cancer Registry", a logical representation of the access matrix was chosen. Its state is determined unequivocally by the access profile of the users and the contents of the cancer registry. The access profile of a user is independent of this contents and among other things is defined by

- the user's membership of a hospital
- access restrictions agreed upon among the participating hospitals
- access rights with regard to the particular hospitals
- the types of diseases for which the user is competent
- the allowed classes of functions (data recording, generation of lists, evaluations, etc.).

Each tuple of the relation "Patient" contains the coordinating hospital (see "r_own") and the hospitals concerned (see "c_own"). In each tuple of the relations "Diagnosis", "Follow-up" and "Appointment", the possessing hospital (see "own") is recorded. With this information it is possible for each user and each tuple to compute the relevant element of the access matrix and thus to decide whether he is authorized for a particular access.

In the realization of the cancer registry, special protection mechanisms have been developed. The reason for this decision is the available system software - BS2000, ADABAS and NATURAL - which offers only an indirect support for the realization of the protection system. The protection mechanisms developed for the cancer registry take into account all those aspects of the protection problem which are never or rarely subject to modification. They realize the requirements both of current legislation and the access restrictions agreed upon among the participating hospitals in a manner which is independent of the authorized users and the contents of the registry. User-dependent components are stored in a special relation which is accessible only to the system administrator.

The solution put forward in this section is very flexible and efficient, because modifications of the logical representation of the access matrix can be executed with minimal changes of physically stored data. It has been implemented as an important part of the software system 'TUREK' of the Erlangen Cancer Registry which has been running since January ist, 1984. At present 11 hospitals make use of the functions TUREK is offering, data on more than 20.000 patients have been stored by them. Up to now TUREK has worked very successfully and in particular, no leakage of the protection part has been revealed.

7. Conclusion

Although great progress in the field of formal specification methods has been made in the past, their frequency of use in practical applications leaves much to be desired. Reasons for this may be seen in the low degree of practical relevance of some approaches or the fact that they are insufficiently well known. Additional reasons may be seen in the lack of inclination - often because of a shortage of time - by those experts who are active in the field of practical applications to invest the intensive efforts required to take advantage of the usefulness of those methods.

In general it can be said that protection problems are quite difficult to handle during the development of a complex software system. If it is possible to define a protection problem formally as in the case discussed, it is normally impossible to verify the implementation. Therefore it would be desirable to have a uniform model for both the specification and the realization. Approaches in this direction can be found in /1/ and /6/.

It should be stated that in the case of the cancer registry no benefit could be derived from these approaches because of the existing marginal conditions, especially the system software. However, it is still possible to make statements on the level of the model, for instance whether and how a user can obtain access to a certain object, i.e. whether there is a potential leakage of a right. Last but not least a formal definition of a problem strongly improves the quality of an implementation.

Acknowledgment. The authors thank all those who have been involved in the planning and realization of the cancer registry, especially those whose suggestions have influenced the contents of this paper.

References

/1/ Friedl, A.: "Eine Methode zur Konstruktion zuverlässiger Software-Systeme für den Einsatz im Produktionsbereich", Dissertation, Universität Erlangen-Nürnberg, 1984

/2/ Gotzhein, R., Handtrack, D., Horbach, L.: "Aufgaben, Aufbau und Funktionen des klinischen Krebsregisters Erlangen", Verhandlungen der Deutschen Gesellschaft für innere Medizin, pp. 1724 - 1726, J. F. Bergmann Verlag München, 1984

/3/ Harrison, M. A., Ruzzo, W. L., Ullmann, J. D.: "Protection in Operating Systems", Communications of the ACM, Vol. 19, 8 (1976), pp. 461 - 471

/4/ Harrison, M. A., Ruzzo, W. L.: "Monotonic Protection Systems", Foundations of Secure Computation, Academic Press, New York 1978, pp. 337 - 366

/5/ Horbach, L.: "Privacy and Data Protection in Medicine", Lecture Notes in Computer Science edit. by G. Goos and J. Hartmanis 149 Cryptography, Proceed. Workshop on Cryptography, Burg Feuerstein, Germany, March 29 - April 2, 1982, pp. 228 - 232, edit. by Th. Beth

/6/ Reitenspieß, M.: "Sprachkonstrukte zur Spezifikation und korrekten Implementation von Schutzproblemen", Arbeitsberichte des IMMD Bd. 16, Nr. 8, Universität Erlangen-Nürnberg, 1984

/7/ Wedekind, H.: "Datenbanksysteme I", Bibliographisches Institut, Zürich 1981

Anonymität von Individualdaten in statistischen Datenbanken

von Gerhard Paaß
Institut für Angewandte Informationstechnik der
Gesellschaft für Mathematik und Datenverarbeitung, St. Augustin

1 Problemstellung

In den letzten Jahren wurde das traditionelle Repertoire von Methoden zur Auswertung statistischer Daten erheblich erweitert. Während bisher hauptsächlich einfache Tabellierungen und Aggregationen durchgeführt wurden, rückten insbesondere im Bereich der Wirtschafts- und Sozialwissenschaft, der Medizin, aber auch der administrativen Planung weitere Analyseansätze in den Vordergrund. Hierzu gehört die Untersuchung komplexer struktureller Eigenschaften sowie die simulative Prognose von Strukturänderungen in Abhängigkeit von unterschiedlichen exogenen Randbedingungen. Beispiele sind die Bestimmung der Determinanten für die Erwerbstätigkeit von Frauen oder die Untersuchung der Konsequenzen verschiedener Alternativen der Rentenreform im Zusammenhang mit anderen Transfer- und Steuergesetzen und deren Auswirkung auf die Einkommenssituation unterschiedlicher Gruppen von Privathaushalten.[1]

Sowohl die Bildung von Hypothesen als auch die Gewinnung von Modellrelationen und deren Simulation erfordern die interaktive und flexible Verfügbarkeit der Daten. Bei der Vielzahl der relevanten Variablen kann dies nicht mehr an Hand von Tabellen geschehen, weil nur ein Bruchteil der möglichen Wertekombinationen im Voraus tabelliert werden kann. Vielmehr ist es notwendig, auf eine mehr oder weniger große repräsentative Stichprobe von *Einzelangaben* der betroffenen Personen[2] zurückzugreifen.

Da bei Untersuchungen dieser Art eine Kenntnis der Identität der einzelnen Personen nicht erforderlich ist, werden direkte Identifikationsmerkmale, wie Name und Adresse, aus dem Datensatz entfernt. Trotzdem kann bei derartigen *formal anonymisierten* Daten unter gewissen Umständen der Personenbezug eines Datensatzes durch Abgleich der erhobenen Datensatzmerkmale mit den *aus anderen Quellen* bekannten Merkmalen einer Person rekonstruiert werden.

Enthält beispielsweise der interessierende Datenbestand — im weiteren *Datenbank* genannt — Einzelangaben mit den Variablen 'Wohnort' und 'Beruf', und sind für eine konkrete Person — die *Zielperson* — beide Merkmale bekannt, so kann man aus der Datenbank diejenigen Datensätze heraussuchen, welche in Wohnort und Beruf mit der Zielperson übereinstimmen. Gibt es genau einen derartigen Datensatz in der Datenbank und läßt sich nachweisen, daß eine Person mit diesem Wohnort und Beruf nur einmal existiert, so ist der Personenbezug wiederhergestellt und der Datensatz *identifiziert*. Eine an diesem Datensatz interessierte Person, der *Angreifer*, kann auf diese Weise Kenntnis von den weiteren Variablen der Zielperson im Datensatz erhalten. Ist die Zuordnung des Datensatzes zur Zielperson nur mit einer gewissen Wahrscheinlichkeit eindeutig, so besteht nur ein entsprechendes *Identifikationsrisiko* für diesen Datensatz.

Eine Rekonstruktion des Personenbezuges durch Unbefugte verletzt aber den Datenschutz und soll nach den gesetzlichen Vorschriften zur Weitergabe von statistischen Einzelangaben — z.B. dem Bundesdatenschutzgesetz oder dem Bundesstatistikgesetz — von vornherein ausgeschlossen sein. Damit ist die uneingeschränkte Weitergabe von Einzelangaben in der Regel nur dann erlaubt,

[1] vgl. Krupp, Wagner, 1982; Bungers, 1981
[2] bzw. andere Erhebungseinheiten der Stichprobe

wenn eine Identifikation nicht möglich ist. Allerdings waren bisher keine operationalisierbaren Kriterien verfügbar, an Hand derer die Anonymität der Daten konkret festgestellt werden kann. Diese Unsicherheit führte zu einer restriktiven Praxis der Weitergabe von formal anonymisierten statistischen Einzelangaben. Daher wurde im Bereich der Wissenschaft mehrfach die Forderung erhoben, die datenschutzrechtlichen Anforderungen für eine Weitergabe von statistischen Einzelangaben zu klären und zu konkretisieren.[3]

Die Feststellung der Anonymität eines Datensatzes erfordert, das Risiko der Identifikation des Datensatzes konkret zu bestimmen, was auf ein mathematisch-statistisches Problem führt. Für Datenbanken mit relativ wenigen diskreten, fehlerfrei erhobenen Variablen hat J. Schlörer Ansätze entwickelt, welche eine approximative Bestimmung des Anteils der identifizierbaren Datensätze gestatten.[4] Ähnliche Abschätzungen werden auch im statistischen Amt der Niederlande durchgeführt.[5] Um auch bei Stichproben mit einem umfangreichen Katalog teilweise kontinuierlicher oder fehlerbehafteter Variabler das Identifikationsrisiko abschätzen zu können, wurde von der Gesellschaft für Mathematik und Datenverarbeitung (GMD) das Projekt AIMIPH[6] durchgeführt. Ziel des Projektes war zunächst die Entwicklung eines Verfahrens, mit dem für eine vorhandene Datenbank unter vorgegebenen Randbedingungen das Identifikationsrisiko für einzelne Datensätze festgestellt werden kann. Darüberhinaus sollte untersucht werden, ob durch zusätzliche Modifikationen der Daten die Anonymität sichergestellt werden kann, ohne den statistischen Gehalt wesentlich zu beeinträchtigen. Dieser Artikel dient der Vorstellung einiger Ergebnisse des Projektes.

Im folgenden Abschnitt wird der theoretische Rahmen für die Bestimmung des Identifikationsrisikos beschrieben. Der dritte Abschnitt dient der Darstellung des Ablaufs eines *Identifikations-Experiments*, in dessen Rahmen die Anonymität der Datensätze einer konkreten Datenbank bei vorgegebenen Rahmenbedingungen überprüft wird. Abschließend folgt eine kurze Zusammenfassung und Diskussion der Ergebnisse des Projektes.[7]

2 Verfahren zur Bestimmung des Identifikationsrisikos

Die folgenden Ableitungen gehen davon aus, daß der Angreifer im Rahmen einer *gezielten Suche* weitere Daten über eine einzelne Zielperson aus der Datenbank erhalten möchte. Das *'Zusatzwissen'* des Angreifers bestehe damit allein aus dem Datensatz z_1 der Zielperson. Die Datensätze der Datenbank bilden eine Menge $DB = \{y_1, \ldots, y_m\}$. In der Regel ist die Datenbank eine Stichprobe aus einer größeren Grundgesamtheit $DB_g = \{y_1, \ldots, y_N\}$. Genau ein Datensatz y_t aus der Grundgesamtheit gehört tatsächlich zur Zielperson. Ziel des Angreifers ist, diesen Datensatz zu finden, falls er in der Datenbank enthalten ist, um die *Nutzmerkmale* in Erfahrung zu bringen. Die unterschiedlichen Variablentypen beider Datenbestände lassen sich dem in Tabelle 2-1 wiedergegeben Beispiel entnehmen.

Da lediglich die *gemeinsamen Variablen* gleichzeitig sowohl im Zusatzwissen als auch im Datenbank enthalten sind, kann eine Identifikation nur über einen Vergleich der Werte dieser Variablen in beiden Datenbeständen erfolgen. Gelingt es dem Angreifer, einen Datensatz in der Datenbank zu finden, der in seinen gemeinsamen Variablen vollständig oder weitgehend mit der Zielperson

---

[3] vgl. Kaase, u.a, 1980

[4] vgl. Schlörer, Zick, 1982

[5] Verbeek, Keller, 1985

[6] AIMIPH ist eine Abkürzung für 'Konstruktion und Erprobung eines *a*nonymisierten *i*ntegrierten *Mi*krodatenfiles der Bundesdeutschen *P*rivat*h*aushalte'.Die diesem Artikel zugrundeliegenden Arbeiten wurden mit Mitteln des Bundesministeriums für Forschung und Technologie (Förderungskennzeichen IT 3105 3) gefördert.Die Verantwortung für den Inhalt liegt jedoch allein beim Autor.

[7] Eine ausführliche Beschreibung enthält der Schlußbericht von AIMIPH: Paaß, Wauschkuhn, 1985.

Tabelle 2–1 Variablen der Datensätze des Zusatzwissens und der Datenbank

	Datensatz ...	
	z_1 der Zielperson im Zusatzwissen	y_t (zu z_1 gehörig) in der Datenbank
Identifikations-Variable		
Name	Rudi Runkel	?
Adresse	Rübenberg, Rabenstr.3	?
Geb.Datum	15. 3. 44	?
gemeinsame Variablen		
Beruf	Angestellter	Angestellter
Familienstand	verheiratet	verheiratet
Anzahl Kinder	5	5
Einkommen	100000	100000
Alter	41	41
Wohnort	Rübenberg	Rübenberg
Nutzmerkmale		
Schulden	?	500000 DM
Wertpapiere	?	50000 DM
bisherige Krankheiten	?	Herzinfarkt

übereinstimmt, und kann er zudem mit hoher Sicherheit ausschließen, daß die Zielperson zu einem anderen Datensatz der Grundgesamtheit gehört, so stammt der gefundene Datensatz mit der entsprechenden Wahrscheinlichkeit tatsächlich von der Zielperson.

Der zur Zielperson gehörige Datensatz kann offenbar um so eher in der Datenbank identifiziert werden, je umfangreicher und detaillierter der Vektor der gemeinsamen Variablen ist. Ein globales Maß hierfür ist der statistische *Informationsgehalt* (Entropie) der gemeinsamen Variablen, welcher angibt, wie stark sich die Datensätze bezüglich dieser Variablen im Mittel voneinander unterscheiden. Der Informationsgehalt steigt mit der Anzahl der Werte einer Variablen und mit der Anzahl der gemeinsamen Variablen, denn hierdurch wird die Anzahl der möglichen Kombinationen von Variablenwerten (kurz: Wertekombinationen) vergrößert, wodurch die Höchstzahl der potentiell unterscheidbaren Personen steigt. Darüberhinaus hat auch die Verteilung der Wertekombinationen einen wesentlichen Einfluß, weil hierdurch die 'Seltenheit' und damit die Eindeutigkeit der verschiedenen Wertekombinationen bestimmt wird.

Bei nahezu allen empirischen Erhebungen ist mit *Erhebungsfehlern* zu rechnen. Sind derartige Fehler vorhanden, so müssen auch Datensätze mit anderen Wertekombinationen als die von z_1 bei einem Identifikationsversuch mit in Betracht gezogen werden. Je größer das Ausmaß dieser Fehler ist, desto größer wird der Kreis von Datensätzen der Datenbank, welche potentiell zur Zielperson gehören könnten. Erhebungsfehler können durch wissentlich oder unwissentlich falsche Angaben der Befragten oder durch Übermittlungs- und Kodierfehler verursacht werden und können sowohl in der Datenbank als auch im Zusatzwissen vorhanden sein. Bei der Identifikation von Datensätzen haben außerdem Faktoren, welche einen *Unterschied* zwischen den Variablenwerten einer Person im Zusatzwissen und in der Datenbank zur Folge haben, die gleiche Wirkung wie Erhebungsfehler und werden daher diesen zugeschlagen. Hierzu gehören Differenzen auf Grund unterschiedlicher Variablendefinitionen oder Erhebungszeitpunkte sowie Unterschiede infolge etwaiger Maßnahmen zur *Anonymisierung* der Datenbank.

Die Identifikationsmöglichkeiten bei Erhebungsfehlern oder Stichprobenziehung sollen durch folgendes Beispiel verdeutlicht werden: Als gemeinsame Variablen werden zwei kontinuierliche Größen — *Einkommen* und Ausgaben für den *Konsum* — angenommen. Die Datenbank *DB* enthält Angaben von vier Personen, deren Wertekombinationen der gemeinsamen Variablen in Abbildung 2–2 durch *A*, *B*, *C* und *D* markiert sind. Infolge von Erhebungsfehlern können die zugehörigen Angaben im Zusatzwissen um die *DB*-Werte streuen. Daher sind in Abbildung 2–2 exemplarisch einige mögliche fehlerbehaftete Werte des Zusatzwissens eingezeichnet, die je nach der Zugehörigkeit zu einem Datensatz der DB durch a, b, c oder d gekennzeichnet sind.[8] Der Datensatz z_1 der Zielperson ist einer dieser möglichen Werte.

Das Ausmaß der Streuung der Erhebungsfehler wird in der Abbildung charakterisiert durch eine *Streuungsellipse*, welche im Mittel gerade 50% der fehlerhaften Werte enthält. Überlappen sich die Streuungsellipsen — wie etwa bei den Datensätzen B und C —, so ist, falls z_1 in diesem *Überlappungsbereich* liegt, eine sichere Zuordnung von z_1 durch den Angreifer nicht möglich, da z_1 von zwei oder mehreren Datensätze der DB stammen könnte. Befindet sich hingegen in der 'Umgebung' von z_1 nur ein einziger Datensatz des DB, so kann z_1 diesem Datensatz mit einiger Sicherheit zugeordnet werden, wie etwa bei A in unserem Beispiel. In jedem Fall aber bleibt noch eine geringe Wahrscheinlichkeit, daß z_1 infolge von Erhebungsfehlern großen Ausmaßes zu einem anderen Datensatz gehört, so daß eine vollständig sichere Identifikation unmöglich ist.

Abbildung 2–3 zeigt für das oben diskutierte Beispiel die durch * bezeichnete mögliche Position derartiger nicht in DB erfaßten Personen der Grundgesamtheit.[9] Ist in der Umgebung eines DB-Datensatzes mit hoher Wahrscheinlichkeit ein solcher Datensatz der Grundgesamtheit DB_g enthalten, so verhindern, wie oben diskutiert, die Erhebungsfehler die Identifikation einer Zielperson z_1 in diesem Bereich. Offenbar sind die Chancen für eine eindeutige Zuordnung umso höher, je weniger Personen DB_g umfaßt.

Für eine Identifikation muß der Angreifer zunächst eine Vorstellung von dem Ausmaß und der Struktur der Erhebungsfehler entwickeln und diese durch eine *Fehlerverteilung* charakterisieren. Für einen beliebigen Datensatz $y_j \in DB$ beschreibt die Fehlerverteilung $\tilde{p}(\varsigma \,|\, y_j)$ die Wahrscheinlichkeit, mit der ein Variablenvektor ς infolge von Erhebungsfehlern aus dem Datensatz y_j hervorgehen kann.[10] In Abbildung 2–2 sind die Fehlerverteilungen der einzelnen Datensätze der Datenbank durch Streuungsellipsen charakterisiert. Sind keine Erhebungsfehler vorhanden, so ist $\tilde{p}(\varsigma \,|\, y_j) = 0$ falls $\varsigma \neq y_j$.

Die Identifikation eines Datensatzes kann als ein *Klassifikationsproblem* betrachtet werden. Hierbei entsprechen die Fehlerverteilungen $\tilde{p}(\varsigma \,|\, y_j)$ der einzelnen Datensätze der Datenbank den alternativen Klassen. Die Aufgabe besteht darin, die Zielperson z_1 zu 'klassifizieren' und einer der möglichen Klassen in DB_g zuzuordnen. Ziel ist hierbei, die Wahrscheinlichkeit einer Fehlklassifikation zu minimieren. Ist der Variablenvektor z_1 der Zielperson noch nicht bekannt, so ist — a priori gesehen — die Wahrscheinlichkeit der Zugehörigkeit der Zielperson zu jedem der Datensätze y_j gleich. Daher ist für alle $y_j \in DB_g$ die *a priori Wahrscheinlichkeit* $p(y_j)$ gleich $1/N$.[11] Es ist hilfreich, sich vorzustellen, daß der Datensatz z_1 der Zielperson im Rahmen des folgenden *hypothetischen Zufallsexperiments* erzeugt wurde:

1.) Gemäß den a priori Wahrscheinlichkeiten $p(y_j)$ wird zufällig ein Datensatz y_t aus der Grundgesamtheit DB_g ausgewählt.

2.) Für das gewählte y_t wird zufällig gemäß der Fehlerverteilung $p(\varsigma \,|\, y_t)$ der Variablenvektor z_1 erzeugt.

Dieses Zufallsexperiment reflektiert die stochastische Beziehung zwischen den Datensätzen $y_j \in DB_g$ und den möglichen Variablenvektoren der Zielperson.

Sind a priori Wahrscheinlichkeiten $p(y_i)$ und die Fehlerwahrscheinlichkeiten $p(\varsigma \mid y_i)$ bekannt, so kann man mit Hilfe der *Bayesschen Formel* die Wahrscheinlichkeit der Zugehörigkeit eines Datensatzes $y_i \in DB_g$ zur Zielperson berechnen.

$$p(y_i \,|\, z_1) = \frac{\tilde{p}(z_1 \,|\, y_i) p(y_i)}{\sum_{j=1}^{N} \tilde{p}(z_1 \,|\, y_j) p(y_j)} \tag{1}$$

[8] Es wurden in diesem Beispiel unabhängige und normalverteilte Erhebungsfehler angenommen.

[9] DB_g wurde als normalverteilt angenommen und eine Korrelation beider Variablen von 0.9 unterstellt.

[10] Genauer gesagt ist $\tilde{p}(\varsigma \,|\, y_j)$ die bedingte Dichte von ς bei gegebenem y_j bezüglich eines geeigneten dominierenden Maßes.

[11] Andere Werte für $p(y_j)$ können sich beispielsweise ergeben, wenn von vorneherein bekannt ist, daß die Zielperson mit hoher Wahrscheinlichkeit zu einer kleinen Teilgruppe von Datensätzen gehören wird.In weiteren wird immer von $p(y_j) = 1/N$ ausgegangen.

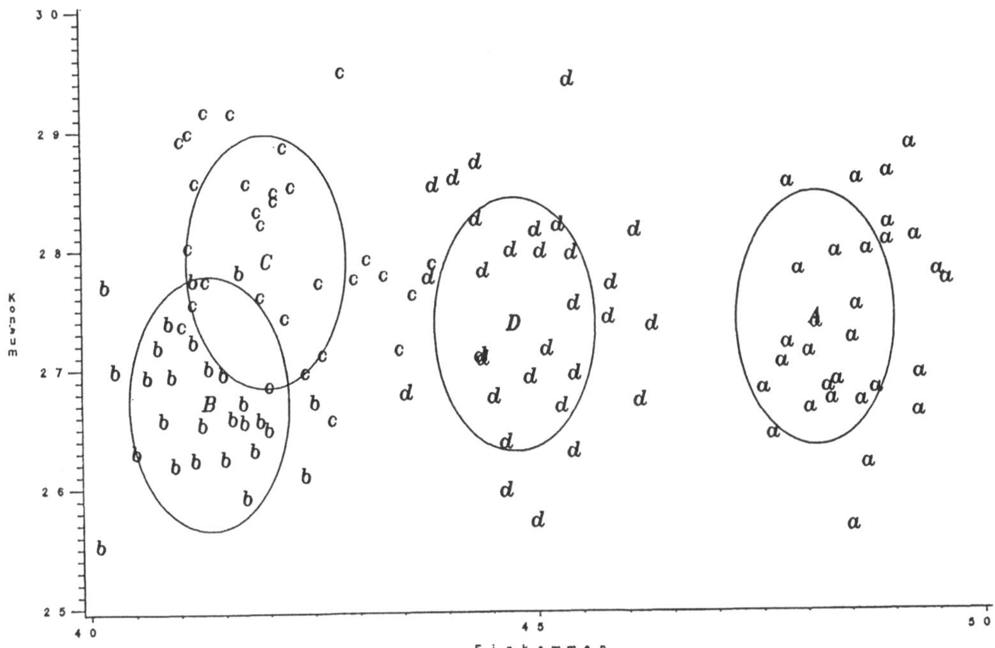

Abbildung 2–2 Datensätze der DB und zugehörige Verteilungen der Erhebungsfehler

A, B, C, D : beobachtete Datensätze des DB —— : Streuungsellipse der Erhebungsfehler
a, b, c, d : gemäß der Verteilung der Erhebungsfehler aus A, B, C bzw. D erzeugte Datensätze

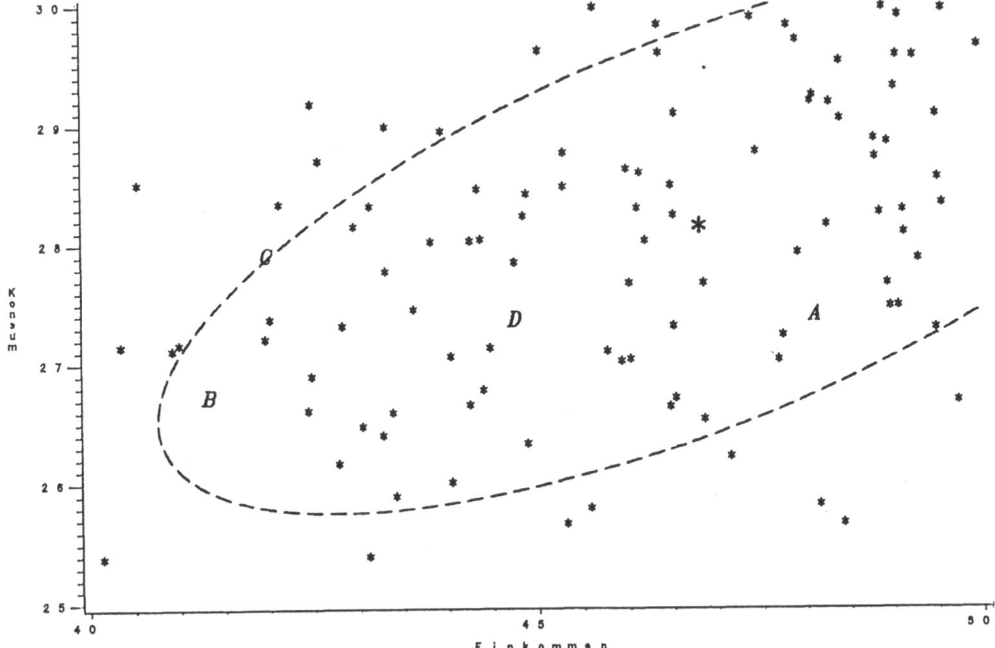

Abbildung 2–3 Verteilung der Datensätze in der Grundgesamtheit DB_g

A, B, C, D : beobachtete Datensätze der DB. $*$: gemäß der Verteilung in DB_g erzeugte Datensätze.
$*$: Mittelwert der Verteilung von DB_g — — : zugehörige Streuungsellipse

Wenn die Fehlerwahrscheinlichkeiten aller von y_i verschiedenen Datensätze gleich 0 sind, nimmt $p(y_i \mid z_1)$ den Wert 1 an. Die Formel erfaßt also auch die Situation, daß keine Erhebungsfehler vorhanden sind. Besitzen y_i und y_j die gleichen Wertekombinationen, sind sie also Doppelgänger, so sind in der Regel die Fehlerwahrscheinlichkeiten gleich und folglich ist $p(y_i \mid z_1) \leq 1/2$. Schließlich ist ersichtlich, daß $p(y_i \mid z_1)$ sinken wird, wenn sich der Umfang N der Grundgesamtheit erhöht und damit die Summe im Nenner größer wird.

Da die Nennersumme für alle y_i identisch ist, ist $p(y_i \mid z_1)$ für dasjenige y_i am größten, welches die größte Fehlerwahrscheinlichkeit $\tilde{p}(z_1 \mid y_i)$ besitzt. Der Angreifer wird daher zunächst den Datensatz y_n mit höchster Fehlerwahrscheinlichkeit suchen und ihn *vorläufig* der Zielperson zuordnen. Obwohl die Wahrscheinlichkeit $p(y_n \mid z_1)$ der Zugehörigkeit von y_n zu z_1 maximal ist, kann sie absolut gesehen klein sein. Um zu einer endgültigen Zuordnung zu gelangen, muß der Angreifer daher $p(y_n \mid z_1)$ mit Hilfe der Bayesschen Formel berechnen. Der Angreifer wird die vorläufige Zuordnung je nach dem geplanten Verwendungszweck der Nutzdaten erst als *endgültig* ansehen, wenn die Wahrscheinlichkeit $p(y_n \mid z_1)$ eine gewisse Schwelle p_0 (z.B. $p_0 = 0.90$) überschreitet, denn dann ist das Risiko einer Fehlzuordnung durch $1 - p_0$ begrenzt.

Ist $y(z)$ derjenige Datensatz der Datenbank, der die höchste Wahrscheinlichkeit hat, von einer Zielperson z abzustammen, so wird das zugehörige Identifikationsrisiko $p_{max}(z) := p(y(z) \mid z)$ als Wert der *Risikofunktion* für z bezeichnet. Abbildung 2–4 verdeutlicht $p_{max}(z)$ bei *Erhebungsfehlern* unter der Annahme, daß die Datenbank sämtliche Personen der Grundgesamtheit umfaßt. Die Bereiche, in denen p_{max} unter 0.50 bzw. zwischen 0.50 und 0.80 liegt, sind durch 'o' bzw. '.' gekennzeichnet. In den restlichen Flächen liegt ein hohes Identifikationsrisiko von über 0.80 vor. Zur Orientierung wurden die Positionen der DB-Datensätze und die zugehörigen Streuungsellipsen der Erhebungsfehler eingezeichnet. Wie zu erwarten, ist das Identifikationsrisiko gerade in den Überlappungsbereichen niedrig. Trotz der Erhebungsfehler ist aber die Region, in der eine Identifikation mit hoher Sicherheit noch möglich ist, relativ groß. In Abbildung 2–5 ist p_{max} für den gleichen Sachverhalt in einer dreidimensionalen Darstellung wiedergegeben. Die Überlappungsbereiche erscheinen hier als scharfe Einschnitte, während die Regionen, in denen eine Zuordnung möglich ist, ein 'Plateau' mit Werten nahe bei 1 bilden.

Ist die Datenbank eine *Stichprobe* mit einem Auswahlsatz von beispielsweise 1/100, und liegt für eine Zielperson keine Vorabinformation darüber vor, ob ihre Daten in der Datenbank enthalten sind, so wird der ihr zugehörige Datensatz im Mittel nur in einem von 100 Fällen tatsächlich in der Stichprobe vorhanden sein, weshalb im Mittel nur höchstens jede hundertste gezielte Suche erfolgreich sein kann. Der Effekt der Stichprobeneigenschaft soll im Rahmen des obigen Beispiels demonstriert werden. Hierbei wurde angenommen, daß die Grundgesamtheit DB_g insgesamt acht Personen umfaßt (Auswahlsatz 50%). Die Ergebnisse sind in Abbildung 2–6 dargestellt. Der Bereich, in dem eine eindeutige Identifikation nicht mehr möglich ist, hat sich infolge der Stichprobeneigenschaft stark vergrößert. Lediglich in relativ kleinen Gebieten in der Nähe der beoachteten Datensätze A, B, C und D der DB kann eine Identifikation noch mit ausreichender Sicherheit erfolgen. Abbildung 2–7 zeigt eine dreidimensionale Darstellung der Risikofunktion für die gleiche Situation. Hier wird deutlich, daß das mittlere Niveau von p_{max} gegenüber Abbildung 2–5 wesentlich geringer ist. Die Berücksichtigung nicht erfaßter Personen aus DB_g führt zudem zu einer 'Glättung' der Risikofunktion, da die genauen Wertekombinationen dieser Personen nicht bekannt sind.

In unserem Beispiel sinkt das Identifikationsrisiko stark ab, wenn die Datenbank eine 50%-Stichprobe aus DB_g ist. Diese Verminderung des Risikos kann aber durch eine Vergrößerung der Anzahl der gemeinsamen Variablen — und damit deren *Informationsgehalt* — ausgeglichen werden. Denn falls von einer Person eine größere Zahl von Variablen bekannt ist, besitzt sie eine umfangreiche 'Umgebung' von Wertekombinationen, die 'näher' zu ihr liegen als zu jeder anderen Person der Grundgesamtheit. Selbst bei hohen Erhebungsfehlern werden dann die meisten 'Fehlerwerte' innerhalb dieser Umgebung liegen, so daß eine Identifikation möglich bleibt. Daher ist auch bei vielen gemeinsamen Variablen eine zuverlässige Bestimmung des Identifikationsrisikos erforderlich.

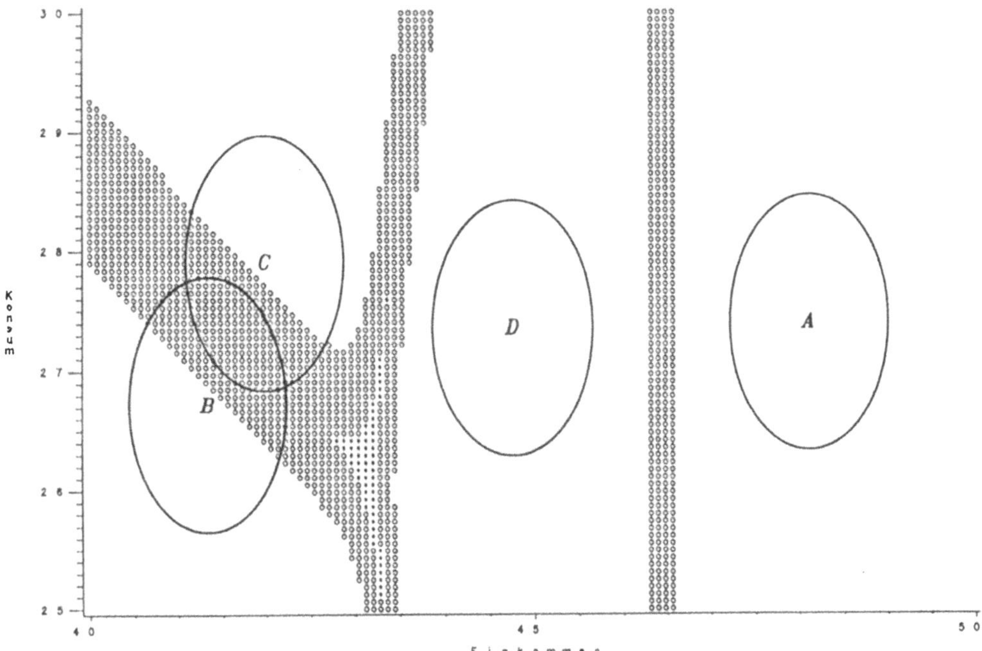

Abbildung 2–4 Identifikationsrisiko bei Erhebungsfehlern

A, B, C, D : beobachtete Datensätze der DB —— : Streuungsellipse der Erhebungsfehler
'o' bzw. '.' : Identifikationsrisiko $p_{max}(z) < 0.50$ bzw. $0.50 \leq p_{max}(z) < 0.80$

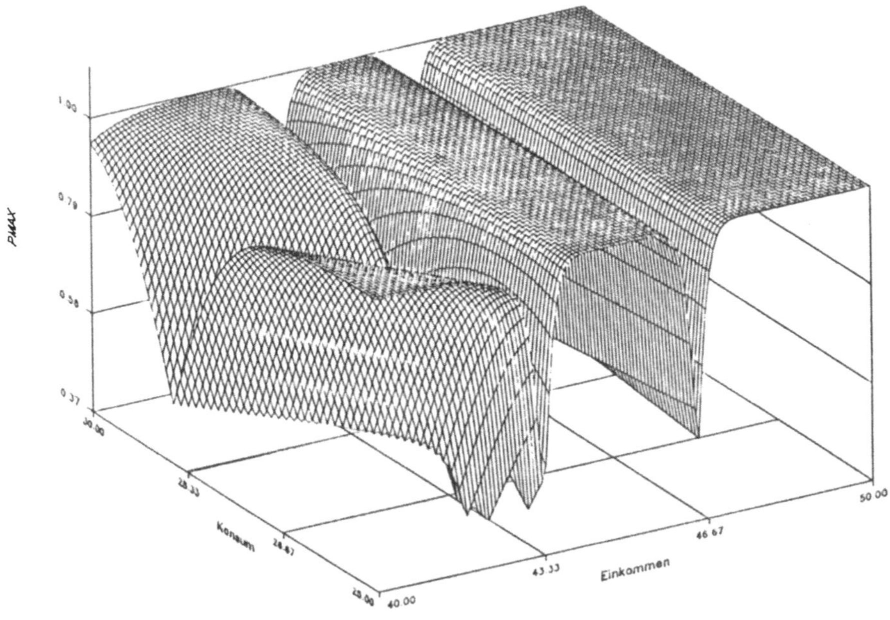

Abbildung 2–5 Risikofunktion bei Erhebungsfehlern

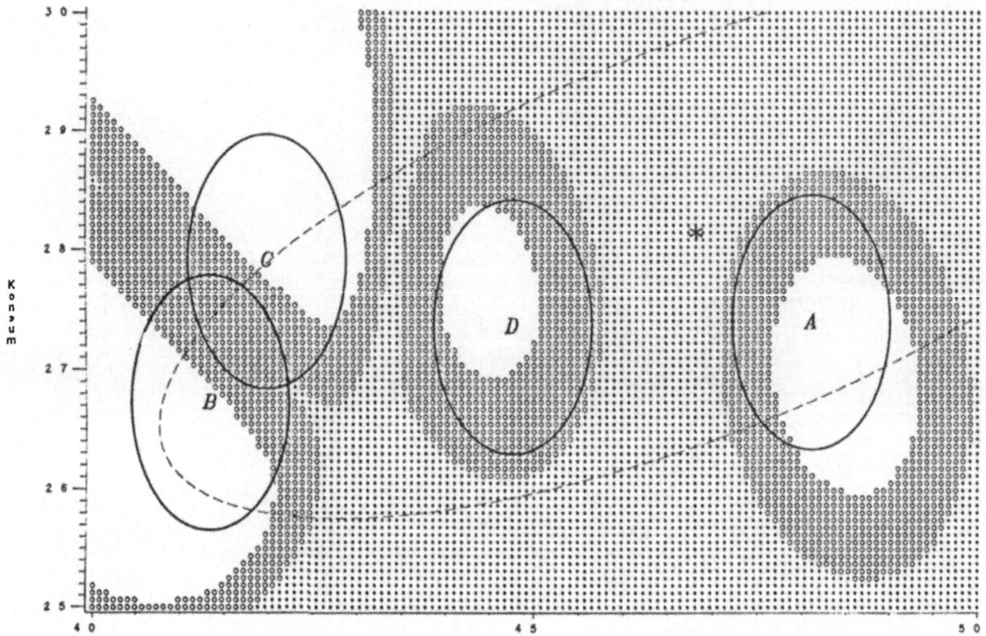

Abbildung 2–6 Identifikationsrisiko bei Erhebungsfehlern und Stichprobeneigenschaft

A, B, C, D : beobachtete Datensätze der DB —— : Streuungsellipse der Erhebungsfehler
$*$: Mittelwert der Verteilung von DB_g — — : zugehörige Streuungsellipse
'o' bzw. '.' : Identifikationsrisiko $p_{max}(z) < 0.50$ bzw. $0.50 \leq p_{max}(z) < 0.80$

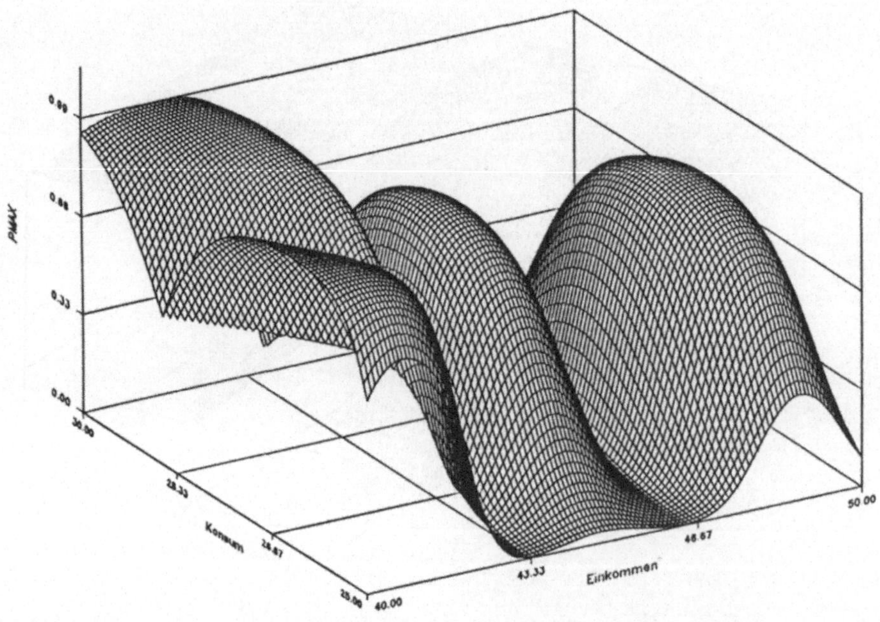

Abbildung 2–7 Risikofunktion bei Erhebungsfehlern und Stichprobeneigenschaft

Die meisten Erhebungen umfassen gleichzeitig diskrete Merkmale, z.B. *Familienstand* und *Zahl der Kinder*, und kontinuierliche Angaben, wie *Einkommen* oder *Lohnsteuer*, zwischen denen eine Vielzahl komplexer Abhängigkeiten und Zusammenhänge bestehen. Im Gegensatz zu der in den Beispielen untersuchten Situation ist daher in der Praxis die Verteilung der Grundgesamtheit MDF_g nicht bekannt und nicht einmal in geschlossenen Form darstellbar.

Zur Bestimmung des Reidentifikationsrisikos für eine Zielperson z_1 muß aus diesem Grunde zunächst die Verteilung der nicht bekannten Datensätze der Grundgesamtheit in der Umgebung von z_1 approximativ bestimmt werden, um darauf aufbauend die fehlenden Terme in der Nennersumme der Bayesschen Formel (1) abzuschätzen. Als empirische Basis wird dem Angreifer in der Regel hierzu nur das Mikrodatenfile selbst zur Verfügung stehen. Dieses auf die Stichprobeneigenschaft zurückzuführende Problem stellt die eigentliche Schwierigkeit bei der Bestimmung des Reidentifikationsrisikos dar. Es müssen einerseits die Datensätze der Grundgesamtheit rekonstruiert werden, welche zur Zielperson gehören könnten. Hierzu wird angenommen, daß sich die Merkmalskombinationen dieser Datensätze 'gleichmäßig' zwischen den bekannten Datensätzen des Mikrodatenfiles verteilen. Zum anderen müssen die auch dort vorhandenen Erhebungsfehler berücksichtigt werden.

Das in der GMD entwickelte Verfahren zur Berechnung des Reidentifikationsrisikos für eine vorgegebene Zielperson z_1 geht aus von der in einer Reihe von empirischen Untersuchungen beobachteten Tatsache, daß die Streuungsellipsoide der fehlerbehafteten Werte gut zur Beschreibung der Fehlerverteilung geeignet sind. Überraschenderweise gilt dies auch, wenn ein Teil oder sämtliche der betrachteten Merkmale diskret sind.[12] Mit Hilfe der Streuungsellipsoide läßt sich ein Distanzmaß festlegen, das einen geringen Wert für Datensätze hat, die mit einiger Sicherheit zu z_1 gehören können. Hiermit kann eine Teilmenge von Datensätzen des MDF auswählt werden, welche überhaupt für eine Reidentifikation in Frage kommen. Für diese Teilmenge wird die Verteilung der Datensätze in MDF_g möglichst detailliert abgeschätzt. Insbesondere werden 'lokale' Häufungen und Abhängigkeiten berücksichtigt, um die Wahrscheinlichkeit von potentiellen 'Doppelgängern' in der Umgebung von z_1 angemessen zu erfassen.

Das Verfahren beruht auf einer Reihe von Annahmen. Wie Testrechnungen zeigen, liefert es trotz der Annahmen und der unvermeidlichen Schätzunsicherheiten bei der Bestimmung des Reidentifikationsrisikos zuverlässige Ergebnisse, da insbesondere bei vielen gemeinsamen Merkmalen die Merkmalsausprägungen einen hohen Grad an Information über die Zugehörigkeit der Datensätze zueinander enthalten, so daß sich die potentiellen Fehlerquellen nicht auswirken. Die Details des Verfahrens sind zusammen mit den Testergebnissen an anderer Stelle beschrieben.[13]

3 Untersuchung existierender statistischer Datenbanken

Das Projekt AIMIPH hatte die Aufgabe zu untersuchen, ob und in welcher Weise formal anonymisierte Erhebungen des statistischen Bundesamtes interessierten Wissenschaftlern in Form von Einzelangaben zugänglich gemacht werden können. Derartige Datenbestände umfassen in der Regel eine Vielzahl von diskreten und kontinuierlichen Variablen mit komplexer Abhängigkeitsstruktur. Um zu einer realistischen Einschätzung des Identifikationsrisikos für derartige Erhebungen zu gelangen wurden im Projekt AIMIPH exemplarisch zwei reale umfangreiche Datenbestände untersucht, die Einkommens- und Verbrauchsstichprobe 1978 (EVS) und der Mikrozensus 1978 (MZ), welche viele der in sozialwissenschaftlichen und ökonomischen Untersuchungen benötigten Variablen enthalten.[14] Ihre Eigenschaften sind in Tabelle 3-1 zusammengestellt.

[12] Dieser Sachverhalt ergab sich beim empirischen Vergleich verschiedener Verfahren der Diskriminanzanalyse. Vgl. Paaß, Wauschkuhn, 1984, a.a.O., Abschnitt 2.2.1.

[13] vgl. Paaß, Wauschkuhn, 1984, a.a.O., 2. Kapitel

[14] Teilstichproben der Datenbestände mit eingeschränktem Variablenumfang wurden der GMD in formal anonymisierter Form ausschließlich für die Zwecke des Projektes AIMIPH vom Statistischen Bundesamt zur Verfügung gestellt.

Tabelle 3–1 Untersuchte Datenbestände

	EVS	MZ
erfaßte Bevölkerung	0.2% der Bevölkerung, d.h. ca. 50000 Privathaushalte (keine Ausländer- und Anstaltshaushalte)	1% der Bevölkerung, d.h. ca. 230000 Privathaushalte mit 600000 Personen
Anzahl der Variablen	ca. 370 Haushalts-Var. ca. 35 für jede Person	ca. 50 Haushalts-Var. ca. 65 für jede Person
Inhalt der Variablen	Einnahmen, Ausgaben, Ausstattung der Wohnung, Vermögen, Kredit, Schulden, Konsum, Sozialleistungen	demographische Variablen, Wohnung, Beruf, Ausbildung, soziale Sicherheit, Nettoeinkommen in Klassen

Für die juristische Beurteilung der Anonymität muß für einzelne Datensätze geprüft werden, ob sie von einem Angreifer tatsächlich identifiziert werden könnten oder nicht. Daher wurde das Vorgehen eines angenommenen Angreifers in einem simulierten *Identifikationsversuch* detailliert nachvollzogen. Dies erforderte zunächst die Festlegung aller für die Höhe des Identifikationsrisikos relevanten Randbedingungen in einem *Szenario.* Hierzu gehören Art und Motiv des Datenangriffs, die Variablen des Zusatzwissens und das Ausmaß der Erhebungsfehler.

Nach der geltenden Rechtslage war es natürlich nicht möglich, die Teilnehmer an den Erhebungen tatsächlich zu identifizieren, zumal auch kein geeignetes Zusatzwissen verfügbar war. Vielmehr wurden Identifikationsversuche in den Szenarien mit *hypothetischen* Zielpersonen in einer Art 'Spielsituation' durchgeführt. Zu jedem Datensatz der *DB* wurde durch Monte-Carlo Simulation ein neuer Datensatz generiert, der als Datensatz einer Zielperson interpretiert wurde. Dies geschah in einer Weise, daß die Struktur der Unterschiede zwischen der synthetischen Zielperson und dem zugehörigen Datensatz der angenommenen Verteilung der Erhebungsfehler des Szenarios entsprach. Damit war für jede synthetische Zielperson der zugehörige Datensatz der Datenbank von vornherein bekannt.

In den Identifikationsexperimenten wurde untersucht, wie viele von jeweils hundert zufällig ausgesuchten hypothetischen Zielpersonen durch einen Angreifer mit dem von der GMD entwickelten Identifikationsverfahren tatsächlich identifiziert werden können. Nach der tatsächlichen Beziehung der zugeordneten Datensätze wurden dann die Anteile der korrekt identifizierten, der falsch zugeordneten und der nicht identifizierten Datensätze der Datenbank hochgerechnet.[15] Dies ergab die *Identifikationsquote* des Szenarios, die Wahrscheinlichkeit für den Erfolg eines Datenangriffs.

Es wurden für insgesamt sechs *Szenarien* Identifikationsexperimente durchgeführt. Die Datenbestände wurden nach den in den USA geltenden Vorschriften zur Anonymisierung modifiziert, was lediglich eine formale Anonymisierung sowie die Zusammenfassung oder Entfernung weniger Variablenwerte — insbesondere von Regionalmerkmalen — erforderte. Vorausgesetzt wurde, daß analog zu der Situation in den USA diese Datenbestände jedem Interessenten *ohne Auflagen* zugänglich sind. Es wurde versucht, in den Szenarien die Bandbreite der denkbaren Angriffssituationen abzudecken. Insbesondere wurden der Status des Angreifers (staatliche Behörde, private Stelle), die Anzahl und Art der gesuchten Datensätze und der Informationsgehalt der gemeinsamen Variablen variiert. Im einzelnen wurden folgende Angriffssituationen untersucht:

1) Die *Staatsanwaltschaft* versucht während einer Vorermittlung Vermögensangaben eines Gewerbetreibenden aus der EVS zu identifizieren. Das Zusatzwissen besteht aus insgesamt 68 demographischen Variablen und Variablen zu Einkommen und Steuern des Gewerbetreibenden und seiner Familie.

2) Die *Steuerfahndung* sucht Einkommensdaten eines potentiellen Steuerhinterziehers in der EVS. Das Zusatzwissen enthält 45 Variable des Zusatzwissens im Staatsanwalts-Szenarios.

[15] Da bekannt war, welcher Datensatz tatsächlich zur Zielperson gehörte, konnte hiermit zudem die Leistungsfähigkeit des Identifikationsverfahrens experimentell überprüft werden.

3) Die *Kriminalpolizei* benötigt Daten aus der EVS für ein Ermittlungsverfahren gegen einen Gewerbetreibenden. Das Zusatzwissen umfaßt 15 Variable des Zusatzwissens im Steuerfahndungs-Szenarios.

4) Ein *Adreßverlag* möchte seine Adressenlisten durch EVS-Material erweitern. Das Zusatzwissen umfaßt sieben Variable aus öffentlich zugänglichen Quellen, etwa Geschlecht, Pkw- und Telefonbesitz.

5) Ein *Industriekonzern* prüft an Hand von Mikrozensus-Daten, ob seine Angestellten Nebenbeschäftigungen nachgehen. Das Zusatzwissen besteht aus 11 Variablen zur Person, Ausbildung und Berufstätigkeit.

6) Ein *Journalist* versucht, einen beliebigen Datensatz der EVS dem zugehörigen Bürger zuzuordnen. Er wählt hierzu einen Datensatz mit auffälligen Wertekombinationen aus und versucht anschließend, hierzu das notwendige Zusatzwissen — bestehend aus 10 Variablen — in ihm zugänglichen Quellen zu finden. Ziel ist die Diskreditierung der Anonymisierungsmaßnahmen.

Die unterstellte 'normale' Höhe der Erhebungsfehler in den Datenbänken wurde nach Diskussion mit Experten des Statistischen Bundesamtes nach Plausibilitätskriterien festgelegt. Die Änderungswahrscheinlichkeiten erstreckten sich über den Bereich von 1% (für das Geburtsjahr) bis 25% (für das Baujahr des Wohnhauses) mit einem mittleren Wert von etwa 5%. Bei quantitativen Variablen wurde ein relativer Fehler angenommen, der zwischen 4% und 20% lag mit einem Durchschnittswert von etwa 6%.

In den *Identifikationsexperimenten* ergaben sich für die einzelnen Datensätze höchst unterschiedliche Identifikationsrisiken. Offenbar gibt es in den meisten Datenbeständen zum einen stärker identifikationsgefährdete Datensätze mit auffälligen Wertekombinationen und zum anderen 'durchschnittliche' Datensätze, zwischen denen man nur schwer unterscheiden kann. Ein Datensatz wurde bei einer gezielten Suche dann als identifiziert betrachtet, wenn die Wahrscheinlichkeit der korrekten Zuordnung den Schwellenwert $p_0 = 99.9\%$ erreichte. Dieser Wert läßt sich durch statistische Überlegungen aus dem Auswahlsatz von 1/500 der EVS begründen. Das Identifikationsverfahren erwies sich als bemerkenswert robust, so daß es fast gar nicht zu Fehlzuordnungen kam. Die Ergebnisse sind summarisch in den Tabellen 3–2 und 3–3 wiedergegeben.

Zunächst sollen die Ergebnisse für den Fall der gezielten Suche nach den Daten einer vorgegebenen Zielperson diskutiert werden. Hier wiesen die Identifikationsexperimente den *Informationsgehalt* der gemeinsamen Variablen als die wesentliche Determinante der Identifikationsquote aus. Bei niedrigem Informationsgehalt können überhaupt keine Datensätze identifiziert werden. Dies war beispielsweise bei dem Adreßverlags- und Konzern-Szenario der Fall.

Bei dem höheren Informationsgehalt der gemeinsamen Variablen im Staatsanwalt-, Steuerfahndungs- und Kripo-Szenario können trotz der Erhebungsfehler ein Anteil von etwa 1/10 bis 2/3 der Datensätze der Datenbank korrekt identifiziert werden. Ist dem Angreifer darüberhinaus bekannt, daß der Datensatz der Zielperson in der Datenbank enthalten ist, so steigt dieser Anteil auf nahezu 90%. Wegen der Stichprobeneigenschaft ist aber bei 10000 zufällig aus der Grundgesamtheit ausgewählten Zielpersonen der zugehörige Datensatz nur in 20 Fällen in der EVS vorhanden, so daß unter diesen Umständen lediglich 2 bis maximal 11 von 10000 Identifikationsversuchen zum Erfolg führen. Die Stichprobeneigenschaft bildet daher bei umfangreichem Zusatzwissen den hauptsächlichen Schutzfaktor vor Identifikationen.

Für das Steuerfahndungs- und das Kripo-Szenario wurde auch der Fall von Erhebungsfehlern vierfacher Höhe untersucht. War der zur Zielperson gehörige Datensatz in der EVS vorhanden, so konnten im Steuerfahndungs-Szenario unter dieser Annahme noch 10% der Datensätze korrekt identifiziert werden, während dies im Kripo-Szenario noch bei 2% möglich war. Damit gelingt es bei einer hohen Anzahl von gemeinsamen Variablen nicht, selbst durch Hinzufügen extrem hoher Zufallsfehler die Identifikationsquote auf Null zu bringen. Dies zeigt, daß Zufallsfehler als Anonymisierungsmaßnahme relativ unwirksam sind.

Für alle Szenarien wurde untersucht, ob sich der Identifikationserfolg verschlechtert, wenn der Angreifer nur ungenaue Kenntnisse über die Erhebungsfehler besitzt. Überraschenderweise spielte

Tabelle 3–2 Anteil der identifizierbaren Datensätze in der Datenbank in %

Szenario (Anz. der. gemeinsamen Variablen)		Teilnahme an der Erhebung ... bekannt[1]	nicht bekannt[2]
Staatsanwalt	(68)	86	56
Steuerfahndung	(45)	82	63
Kripo	(15)	44	7
Adreßverlag	(7)	0	0
Konzern[3]	(11)	0.4	0

[1]: Sicherheitsschwelle p_0=90.0%. Es wurde nur eine Teilstichprobe freigegegeben; EVS 50%, MZ 20%.
[2]: Sicherheitsschwelle p_0=99.9%. Auswahlsätze: EVS 0.2%, MZ 1%.
[3]: Es wurden keine Erhebungsfehler unterstellt.

Tabelle 3–3 Anteil der erfolgreichen Identifikationsversuche in %

Szenario (Anzahl der gemeinsamen Variablen)		**gezielte Suche**[1] Zusatzwissen: 1 Datensatz z_1	**Massenfischzug**[2] Zusatzwissen: 25% der Grundgesamtheit
Staatsanwalt	(68)	0.11	-[3]
Steuerfahndung	(45)	0.11	17.0
Kripo	(15)	0.01	2.5
Adreßverlag	(7)	0.00	-[3]
Konzern[4]	(11)	0.00	-[3]

[1]: Zielperson wurde zufällig aus der Grundgesamtheit ausgewählt. Sicherheitsschwelle p_0=99.9%. Auswahlsätze: EVS 0.2%, MZ 1%.
[2]: Umkehrung der Suchrichtung: 'Zielperson' wurde zufällig aus der EVS ausgewählt und zugehöriger Datensatz im Zusatzwissen gesucht. Sicherheitsschwelle p_0=99.0%.
[3]: Nicht ausgewertet. [4]: Es wurden keine Erhebungsfehler unterstellt.

der Kenntnisstand des Angreifers über Struktur und Ausmaß der Erhebungsfehler nur eine relativ untergeordnete Rolle. Selbst wenn der Angreifer die Fehlerhöhe um den Faktor vier überschätzte änderte sich der Anteil der identifizierten Datensätze nur geringfügig und es traten kaum Falschzuordnungen auf.

Das Journalistenszenario stellt insofern ein Besonderheit dar, als von vorneherein nur für gefährdete Datensätze mit extremen Wertekombinationen ein Identifikationsversuch durchgeführt wurde. Wegen des erhöhten Informationsgehaltes der Variablen dieser Datensätze ließen sich bei einem derartigen *Fischzug* 3 von 25 gefährdeten Datensätzen korrekt zuordnen. Da es aber bei 10 gemeinsamen Variablen insgesamt nur wenige dieser gefährdeten Datensätze gab, läßt sich dieser Anteil nicht hochrechnen.

Umfaßt das Zusatzwissen einen wesentlich höheren Anteil der Gesamtbevölkerung (bzw. einer abgrenzbaren Bevölkerungsgruppe) als die Datenbank, so kann die Suchrichtung wie beim Fischzug umgekehrt werden. Der Angreifer wählt nun seine 'Zielperson' aus dem Datenbank aus, und versucht, dieser den zugehörigen Datensatz aus dem Zusatzwissen zuzuordnen. Damit wird der Anteil der erfolgreichen Identifikationsversuche nicht mehr durch den Auswahlsatz der Datenbank beschränkt, sondern kann bis auf die Höhe des Auswahlsatzes des Zusatzwissens ansteigen. Eine derartige Identifikationsprozedur wird *Massenfischzug* genannt, da hier nicht mehr die Daten vorgegebener Personen identifiziert werden sollen, sondern beliebige Datensätze der Datenbank.

Da weder für die EVS noch für den Mikrozensus eine sehr große Datenbank als Zusatzwissen verfügbar war, konnte ein Massenfischzug experimentell nicht direkt nachvollzogen werden. Daher

Tabelle 3–4 Kosten und Nutzen von Datenangriffen bei umfangreichem Zusatzwissen in Stichproben mit geringem Auswahlsatz

Art des Angriffs (Zusatzwissen)	Chance für die Identifikation einzelner Datens.	Kosten einer erfolgreichen Identifikation	Beurteilung
gezielte Suche (1 Datensatz)	sehr gering, Erfolg nur durch seltene Zufallstreffer	gering	kommerziell nicht sinnvoll, aber Identifikation in Einzelfällen möglich
Massenidentifikation (mehrere 1000 Datensätze)	nahezu sicher	hoch (≥1000 DM)	kommerziell nur in Ausnahmefällen sinnvoll, aber Datenschutz mit hoher Sicherheit verletzt
Fischzug (1 Datensatz)	relativ hoch, aber nur gefährdete Datensätze	ggf. hoher Aufwand für Zusatzwissen	kommerziell nicht sinnvoll, aber Möglichkeit zur Diskreditierung des Datenschutzes
Massenfischzug (hoher Anteil der Grundges.)	sehr hoch	gering	kommerziell in einigen Fällen durchaus sinnvoll

wurden für die Szenarien die Ergebnisse der gezielten Suche auf den Fall des Massenfischzuges hochgerechnet. Als Zusatzwissen wurde eine Datenbank unterstellt, welche 25% der Bevölkerung umfaßt.[16] Wie aus Tabelle 3–3 ersichtlich führten unter diesen Umständen bis zu 17% der Identifikationsversuche zum Erfolg. Damit können derartig umfangreiche Datenbänke des Zusatzwissens eine reale Bedrohung für die Anonymität der Datensätze beinhalten.

Um einschätzen zu können, ob die nach den obigen Resultaten möglichen Identifikationen auch tatsächlich in der Praxis zu erwarten sind, müssen Aufwand und Erfolgsaussichten eines Identifikationsversuchs mit *Kosten und Nutzen* alternativer Möglichkeiten der Nachforschung in den jeweiligen Angriffssituationen verglichen werden. Hierbei wird unterstellt, daß die Datenbank eine Stichprobe ist und der Angreifer nicht weiß, ob der Datensatz der Zielperson darin enthalten ist. Kosten für die Implementation des Identifikationsverfahren werden hierbei nicht berücksichtigt, da diese nur einmal durchgeführt werden muß. Einen Überblick gibt Tabelle 3–4.

Bei der *gezielten Suche* mit einem einzelnen Datensatz als Zusatzwissen verursacht ein Identifikationsversuch nur geringe Rechenkosten. Eine Identifikation kann wegen der Stichprobeneigenschaft nur infolge seltener Zufallstreffer stattfinden, bei der EVS beispielsweise in 1 von 1000 Fällen. Das läßt nur in wenigen Fällen den Aufwand für die Aufbereitung des Zusatzwissens, dessen Eingabe in den Rechner und die Durchführung des Programmlaufs als lohnend erscheinen.

Verfügt der Angreifer bei einer *Massenidentifikation* über eine kleinere oder mittlere Datenbank als Zusatzwissen, so kann er für jede Person des Zusatzwissens eine gezielte Suche durchführen. Hierbei entfallen die Kosten für die Datensammlung. Da bei der EVS mit einem Auswahlsatz von 1/500 maximal 2 von 1000 Identifikationsversuchen zum Erfolg führen, kann der Angreifer mit Hilfe seiner Datenbank durchaus eine Reihe von Datensätzen identifizieren. Allerdings erfordert im Mittel jede erfolgreiche Identifikation Rechenkosten in der Größenordnung von mindestens tausend DM.[17] Ein kommerzieller Gebrauch der EVS für Nachforschungszwecke erscheint unter diesen Umständen nur dann sinnvoll, wenn die Verwendung anderer Informationsquellen (z.B. direkte Nachforschungen durch einen Detektiv) weniger ergiebig oder teurer sind. Es sind jedoch auch Fälle denkbar, in denen diese Kostenüberlegungen nur eine untergeordnete Rolle spielen, sei es,

[16] Z.B. die Datei mit den Einkommensteuererklärungen von Nordrhein-Westfalen.

[17] Hierbei wurde angenommen, daß sich das Identifikationsverfahren erheblich beschleunigen läßt. Es wurden die derzeit für Großrechner üblichen Preise unterstellt.

daß für den Angreifer Rechnerleistung ein freies Gut ist, sei es, daß er die Kosten gern in Kauf nimmt, um die Unzulänglichkeit von Datenschutzmaßnahmen zu demonstrieren.

Das Journalistenszenario zeigt, daß ein *Fischzug* selbst bei relativ wenigen gemeinsamen Variablen zum Erfolg führen kann. Aber schon bei der Identifikation weniger Datensätze besteht die Gefahr einer Diskreditierung des Datenschutzes, was zu Schwierigkeiten bei der Mitarbeit der Bevölkerung an statistischen Erhebungen Anlaß geben kann. Probleme kann bei einem Fischzug allerdings die Beschaffung des erforderlichen Zusatzwissens bereiten, es sei denn, dem Angreifer stünde eine umfangreiche Datenbank als Zusatzwissen zur Verfügung.

Besitzt der Angreifer Zugang zu einer sehr großen Datenbank, mit der er einen *Massenfischzug* durchführt, so werden die Rechenkosten für einen einzelnen Identifikationsversuch hier nur unwesentlich höher liegen als bei der Massenidentifikation, während die Erfolgswahrscheinlichkeit stark ansteigt. Die Kosten für eine gelungene Identifikation werden dann wesentlich geringer sein als bei der Massenidentifikation, so daß ein Massenfischzug unter Umständen sogar wirtschaftlich interessant wird. Damit gewinnt für die Beurteilung der Identifikationsgefahr die Verfügbarkeit von Datenbanken mit personenbezogenen Daten eine zentrale Stellung.

Die Ergebnisse der Identifikationsexperimente zeigen, daß eine Freigabe der EVS mit *sämtlichen Variablen* zu einem hohen Identifikationsrisiko eines großen Teils der Datensätze führt, falls der Angreifer über umfangreiches Zusatzwissen verfügt. Eine Weitergabe der Daten an beliebige Interessenten erscheint daher nur möglich, wenn zusätzliche *Anonymisierungsmaßnahmen* vorgenommen werden. Die Hinzufügung von Zufallsfehlern scheidet hierbei als Alternative aus, da sie sich schon in den Identifikationsexperimenten als nicht sehr wirksam erwiesen hat. Im Projekt AIMIPH wurden folgende Alternativen geprüft:

Scheibenbildung: Die Zerlegung der Datenbank in separate 'Variablenscheiben', welche dann getrennt freigegeben werden.

Tripelaggregate: Die Mittelwertbildung aus wenigstens drei Datensätzen.

Verknüpfung: Die Zerlegung der Datensätze in kleine 'Teildatensätze' und Verknüpfung der Teildatensätze *verschiedener* Ursprungsdatensätze zu neuen synthethischen Datensätzen.

Diese Maßnahmen wurden implementiert und in ihren Auswirkungen auf das Identifikationsrisiko und das Analysepotential der Daten untersucht. Hierbei ergab sich, daß durch entsprechende Ausgestaltung der Verfahren zwar in jedem Fall die Anonymität der einzelnen Datensätze sichergestellt werden konnte. Dies geschah aber immer auf Kosten einschneidender Beschränkungen der statistischen Auswertungsmöglichkeiten oder gar der signifikanten Verzerrung multivariater Zusammenhänge in der Stichprobe. Insgesamt gesehen können daher die Anonymisierungsverfahren die Ansprüche der empirischen Forschung nur zum Teil befriedigen.[18]

4 Zusammenfassung und Diskussion

Ausgangspunkt der Untersuchung war die bestehende Unsicherheit darüber, unter welchen Umständen statistische Einzelangaben ohne Identifikationsmerkmale, wie Name und Adresse, als anonym betrachtet werden können. Im Rahmen des Projektes AIMIPH wurde hierzu ein Verfahren entwickelt, welches unter gegebenen konkreten Randbedingungen die Einstufung einzelner vorgegebener Datensätze als identifikationsgefährdet oder sicher erlaubt. Hierbei können sowohl mögliche Erhebungsfehler in den Daten als auch die Stichprobeneigenschaft der Datenbank berücksichtigt werden. Durch die Hochrechnung einer Reihe von Einzelergebnissen auf den gesamten Datenbestand läßt sich der Prozentsatz der identifikationsgefährdeten Datensätze des Datenbestandes abschätzen. Das Identifikationsrisiko hängt von einer Vielzahl von Faktoren ab, welche sich einer

[18] Die Resultate sind ausführlich beschrieben in Kapitel 4 von Paaß, Wauschkuhn, 1985

summarischen Beurteilung entziehen. Daher muß für jeden einzelnen Datenbestand die Identifikationsgefahr jeweils in Abhängigkeit von den speziellen Randbedingungen analysiert werden, beispielsweise mit dem von der GMD entwickelten Programm.

Die Ergebnisse der Untersuchung legen im Hinblick auf die Freigabe von statistischen Erhebungen für die Forschung zwei Schlußfolgerungen nahe. Einmal zeigt sich, daß Datenbänke mit *wenigen Variablen* von begrenztem Informationsgehalt — gegebenenfalls nach der Anonymisierung einzelner 'gefährdeter' Datensätze — freigegeben werden können. Eine Identifikation ist dann nicht möglich und das Analysepotential wird kaum beeinträchtigt. Hiermit könnte ein Teil des dringenden Bedarfs nach statistischen Einzelangaben in Forschung und Lehre befriedigt werden.

Dagegen ist bei Datenbänken mit *vielen Variablen* deren Informationsgehalt im allgemeinen derart hoch, daß — bei entsprechend hohem Zusatzwissen des Angreifers — nur durch massive Modifikationen der Daten eine Anonymisierung erreicht werden kann. Hierbei wird aber der statistische Gehalt der Daten hinsichtlich komplexer Auswertungsfragestellungen teilweise einschneidend verzerrt. Daher können unter den derzeitigen Weitergaberegelungen umfangreiche Datenbänke nicht in befriedigender Qualität für die Forschung verfügbar gemacht werden, sofern man auch bei der Wissenschaft ein hohes Zusatzwissen unterstellen muß.

Der sich somit ergebende Konflikt zwischen Datenbedarf der Wissenschaft und Datenschutzanforderungen läßt sich aus heutiger Sicht nicht vollständig durch Anonymisierungsmaßnahmen lösen. Der Beirat des Projektes AIMIPH[19] weist in seinem Geleitwort zum Abschlußbericht auf die Möglichkeit hin, dieses Dilemma durch die Einführung einer schon seit längerem diskutierten Forschungsklausel zu lösen. In einer solchen speziellen gesetzlichen Regelung für die Übermittlung von statistischen Einzelangaben an die Wissenschaft könnte — insbesondere unter Berücksichtigung des in diesem Bereich kaum vorhandenen Zusatzwissens — der Datenschutz von Einzelangaben durch geeignete Auflagen und Sanktionen gesichert werden.

Literatur

Bungers, D. (1981), *Microanalytic Simulation Models as tools for legislative planning*, Simulation, S.111–118

Kaase, M., H.J. Krupp, M. Pflanz, E.K. Scheuch und S. Simitis (Hrsg.) (1980), *Datenzugang und Datenschutz – Konsequenzen für die Forschung*, Königstein/Taunus

Krupp, H.J. und G. Wagner (1982), *Grundlagen und Anwendungen mikroanalytischer Modelle*, DIW Vierteljahresheft 1/82, S.5-27.

Langeheine, R. (1980), *Loglineare Modelle zur multivariaten Analyse qualitativer Daten*, Oldenbourg Verlag, München.

Paaß, G. und U. Wauschkuhn (1985), *Datenzugang, Datenschutz und Anonymisierung — Analysepotential und Identifizierbarkeit von anonymisierten Individualdaten,* Oldenbourg Verlag, München

Paaß, G. (1985), *Anonymität statistischer Einzelangaben*, Datenschutz und Datensicherung 2/85, S. 97–104

Rao, B.L.S.P (1983), *Nonparametric Functional Estimation*, Academic Press, Orlando

Schlörer, J. und L. Zick (1982), *Empirical Investigations on the Identification Risk in Statistical databases.* University of Ulm

Verbeek, A. und W.J. Keller (1985), *Statistical Disclosure Avoidance techniques,* Preprint der IFDO/IASSIST Conference: Public Access to Public Data, May 20-24, 1985, Steinmetz Archive, Amsterdam, S.24.

[19] Mitglieder dieses Beirats waren: Dr. Dammann,Amt des Bundesbeauftragten für den Datenschutz (BfD),Bonn; Reg.Dir. Engelage,Statistisches Bundesamt, Wiesbaden; Prof. Dr. Hauser, Sonderforschungsbereich 3 der Universitäten Frankfurt und Mannheim; Dr. Hohmann,Amt des Hessischen Datenschutzbeauftragten,Wiesbaden; Prof. Dr. Krupp, Deutsches Institut für Wirtschaftsforschung (DIW),Berlin; Dr. Müller, Zentralarchiv für empirische Sozialforschung,Köln; Dr. Schlörer,Klinische Dokumentation,Ulm; Dr. Vorschulte, Landesamt für Datenverarbeitung und Statistik NW,Düsseldorf.

VERTRAUENSWÜRDIGE DV-SYSTEME

DAS BEWERTUNGSVERFAHREN DES US-VERTEIDIGUNGSMINISTERIUMS

Dietrich Cerny

Luftwaffenführungsdienstkommando, Porz

Zusammenfassung

Das Computer Security Center des amerikanischen Verteidigungsministeriums hat ein Verfahren entwickelt und im Jahr 1983 veröffentlicht, mit dessen Hilfe bewertet werden kann, mit welchem Grad von Vertrauenswürdigkeit sensitive Daten während ihrer Verarbeitung in DV-Systemen vor unbefugten Manipulationen geschützt werden. Im folgenden werden das Verfahren und die zugehörigen Kriterien beschrieben.

1. Einleitung

Der Schutz von Daten in DV-Systemen vor unberechtigten Manipulationen ist, wie an einer Vielzahl von Beispielen nachgewiesen wurde, bisher nicht ausreichend sichergestellt. Davon betroffen sind insbesondere DV-Systeme, in denen Daten verarbeitet und gespeichert werden, die einen hohen Schutzwert besitzen, wie z.B. Personaldaten, Produktionsdaten oder Daten der Landesverteidigung.

Das amerikanische Verteidigungsministerium ist einer der größten Anwender von DV-Systemen, ein großer Teil dieser Systeme wird dabei für die Verarbeitung von sensitiven Daten eingesetzt. Die zum Teil besonders strengen Forderungen an den Schutz solcher Daten während ihrer Speicherung, Verarbeitung und Übertragung haben in der Vergangenheit dazu geführt, daß beinahe für jedes dieser DV-Systeme Spezial- oder zumindest Zusatzentwicklungen durchgeführt werden mussten, weil keine Produkte auf dem kommerziellen Markt zur Verfügung standen, die diese Forderungen erfüllten.

Vor allem die mit Entwicklungen verbundenen Kosten haben das amerikanische Verteidigungsministerium dazu veranlaßt darüber nachzudenken, in welchem Umfang zukünftig kommerziell verfügbare DV-Systeme für die Verarbeitung von sensitiven Daten genutzt werden können.

Im Jahr 1978 wurde deshalb die "Computer Security Initiative" ins Leben gerufen, in der sich staatliche Stellen, DV-Hersteller und Forschungseinrichtungen mit dem Ziel zusammenfanden, die Einführung von DV-Systemen mit verbesserten Sicherheitseigenschaften zu beschleunigen.

Diese Beschleunigung sollte vor allem dadurch erreicht werden, daß möglichst viele DV-Hersteller dafür interessiert werden sollten, mit ihren kommerziellen Produkten die militärischen Sicherheitsforderungen weitgehend zu erfüllen, sodaß zukünftig ein großer Bereich der sensitiven Anwendungen durch diese Produkte abgedeckt werden kann und damit Spezialentwicklungen nur noch in Einzelfällen erforderlich werden.

Voraussetzungen für das Gelingen dieser Absichten sind:

- den DV-Herstellern müssen die zu erfüllenden Sicherheitsforderungen bekannt gemacht werden, damit sie rechtzeitig in die Überlegungen für die Verbesserung vorhandener bzw. für die Entwicklung neuer kommerzieller Produkte einbezogen werden können;
- es müssen Verfahren und Kriterien entwickelt werden, mit denen der spätere Nutzer die Erfüllung der Sicherheitsforderungen überprüfen und die Vertrauenswürdigkeit der Realisierung der Sicherheitsmechanismen beurteilen kann;
- die Forschungs- und Entwicklungsaktivitäten müssen zwischen den staatlichen Stellen, den DV-Herstellern und den Forschungseinrichtungen koordiniert werden, um den Informationsaustausch sicher zu stellen und um unnötige Doppelarbeit zu vermeiden.

Zur Schaffung dieser Voraussetzungen wurde im Jahr 1981 das "Department of Defense Computer Security Center(DoD CSC)" aufgestellt und dem amerikanischen Verteidigungsministerium unterstellt.

Als erstes wichtiges Arbeitsergebnis hat das DoD CSC im August 1983 die "Trusted Computer System Evaluation Criteria" d.h. die Bewertungskriterien für vertrauenswürdige DV-Systeme herausgegeben [1].

Mit der Herausgabe dieser Bewertungskriterien sollten folgende Ziele erreicht werden:

- es soll ein Maßstab zur Verfügung gestellt werden, mit dessen Hilfe beurteilt werden kann, wie vertrauenswürdig die Realisierung der Sicherheitsmechanismen eines Produktes ist;
- den DV-Herstellern sollen Hinweise gegeben werden, welche Sicherheitsforderungen durch ihre kommerziellen Produkte zu erfüllen sind, damit eine vertrauenswürdige Verarbeitung sensitiver Daten möglich wird;
- den Nutzern soll eine Grundlage für die Formulierung von Sicherheitsforderungen in Ausschreibungsunterlagen(z.B. Pflichtenheften) zur Verfügung gestellt werden.

Mit der Herausgabe der Bewertungskriterien ist die feste Absicht verbunden, diese Kriterien zukünftig bei der Auswahl solcher DV-Systeme anzuwenden, die von Dienststellen des amerikanischen Verteidigungsministeriums für die Verarbeitung von sensitiven Daten beschafft werden. Die Übernahme der amerikanischen Bewertungskriterien und des zugehörigen Bewertungsverfahrens durch die NATO wird gegenwärtig diskutiert.

2. Das Bewertungsverfahren

Das Bewertungsverfahren für vertrauenswürdige DV-Systeme ist auf universell einsetzbare Produkte - insbesondere Betriebssysteme und dazugehörige Hardware - ausgerichtet, die für den kommerziellen Einsatz entwickelt wurden bzw. werden. Damit ist jedoch eine Bewertung von Spezialentwicklungen mit Hilfe des Verfahrens nicht ausgeschlossen. Es muß besonders betont werden, daß sich die Bewertung lediglich auf die Sicherheitseigenschaften eines Produktes bezieht, Gesichtspunkte wie z.B. Performance, Einsatzumgebung oder besondere Anwendungen werden dabei nicht berücksichtigt.
Das Verfahren sieht zwei Arten der Bewertung vor:
- die informelle Produktbewertung und
- die formale Produktbewertung

Diese beiden Arten werden im folgenden beschrieben.

2.1 Die informelle Produktbewertung

Bisherige Erfahrungen in den USA haben gezeigt, daß die nachträgliche Verbesserung der Sicherheitseigenschaften vorhandener Produkte nur in sehr eingeschränktem Umfang möglich ist. Sicherheitsfunktionen können nur dann wirksam und kostengünstig realisiert werden, wenn sie von vornherein bei der Entwicklung eines Produktes berücksichtigt wurden [2].
Um die DV-Hersteller frühzeitig bei der Konzipierung und Realisierung der notwendigen Sicherheitsfunktionen zu beraten, sieht das Bewertungsverfahren eine sog. "informelle Produktbewertung" vor.
Eine informelle Produktbewertung wird auf Antrag eines Herstellers durchgeführt. In einem ersten Schritt wird zunächst eine Vereinbarung über die Behandlung und Nichtweitergabe von firmenvertraulichen Produktinformationen zwischen Hersteller und Computer Security Center getroffen, die das Computer Security Center zum Schutz dieser Informationen verpflichtet. In einem nächsten Schritt findet dann ein formloser Austausch technischer Informationen über das geplante Produkt statt, bei dem das Computer Security Center die vorgesehenen Sicherheitsfunktionen beurteilt und ggf. notwendige Änderungen/Verbesserungen vorschlägt. Für eine informelle Produktbewertung wird kein fester Zeitplan festgelegt.

Hat ein Hersteller für ein Produkt eine informelle Produktbewertung beantragt und wird diese durchgeführt, so besteht für ihn trotzdem keine Verpflichtung dieses Produkt auch tatsächlich zu realisieren und auf den Markt zu bringen. Das Computer Security Center ist seinerseits nicht verpflichtet, für dieses Produkt später eine formale Produktbewertung durchzuführen. Eine informelle Produktbewertung kann jederzeit von einem der beiden Beteiligten dadurch abgebrochen werden, daß schriftlich erklärt wird, daß die Fortsetzung der Bewertung nicht mehr zweckmäßig ist.
Nach Abschluß einer informellen Produktbewertung erstellt das Computer Security Center einen Abschlußbericht, der lediglich dem Hersteller zur Verfügung gestellt wird und der Öffentlichkeit nicht zugänglich ist.

2.2 Die formale Produktbewertung

Eine formale Produktbewertung ist die Voraussetzung für die Aufnahme eines Produktes in die sog. "Evaluated Products List", d.h. in die Liste der durch das Computer Security Center bewerteten Produkte. Die formale Produktbewertung wird dadurch eingeleitet, daß ein Hersteller einen entsprechenden Antrag an das Computer Security Center stellt. Zur Durchführung einer formalen Produktbewertung müssen sowohl das Produkt selbst als auch die in den Bewertungskriterien geforderten Unterlagen vollständig vorliegen.
Wie bei der informellen Produktbewertung wird zunächst zwischen Hersteller und Computer Security Center eine Vereinbarung über den Schutz firmenvertraulicher Produktinformationen getroffen. Das Computer Security Center stellt daraufhin eine Bewertungsgruppe zusammen, die die formale Bewertung des Produktes durchführen soll und legt zusammen mit dem Hersteller einen Arbeits- und Zeitplan für die Durchführung der Bewertung fest.
Produkttests, insbesondere Penetrationstests, sind ein wesentlicher Teil des Bewertungsverfahrens, mit dem Hersteller muß deshalb der jederzeit mögliche Zugang der Bewertungsgruppe zu einer ablauffähigen Version des zu bewertenden Produktes vereinbart werden. Der Hersteller muß für die formale Bewertung ferner die gesamte Entwurfsdokumentation und den Quellcode zur Verfügung stellen, außerdem muß er Mitarbeiter benennen, die in der Lage sind, der Bewertungsgruppe detaillierte Auskünfte über das Produkt zu geben. Die Bewertungsgruppe faßt ihre Untersuchungsergebnisse in einem Abschlußbericht zusammen, der aus zwei Teilen besteht.
Der erste Teil enthält keine firmenvertraulichen Angaben und ist der Öffentlichkeit zugänglich. Er enthält die mit Hilfe der Bewertungs-

kriterien ermittelte Gesamteinstufung des Produktes sowie die Ergebnisse der Bewertung der Einzelkriterien.
Der zweite Teil des Abschlußberichtes enthält Analysen über Schwachstellen des Produktes sowie weitere detaillierte Angaben, die die Einstufung des Produktes begründen. Dieser Teil kann firmenvertrauliche Produktinformationen enthalten, er wird deshalb nur an Behörden nach dem Grundsatz "Kenntnis nur wenn nötig" und an den Hersteller weitergegeben. Dem Hersteller selbst werden keine Erkenntnisse vorenthalten, die im Verlauf der Bewertung gewonnen werden.

3. Grundlagen für die Bewertungskriterien

Ausgangspunkt für die Entwicklung der Bewertungskriterien war die Vorstellung, daß der Schutz von Objekten vor dem Zugriff durch nicht berechtigte Subjekte dadurch gewährleistet werden kann, daß es einen Mechanismus gibt,der sicherstellt, daß jeder Zugriff eines Subjektes auf ein Objekt nach vorgegebenen Sicherheitsregeln erfolgt. Dieser gedachte Mechanismus wird "Referenzmonitor" genannt [3].

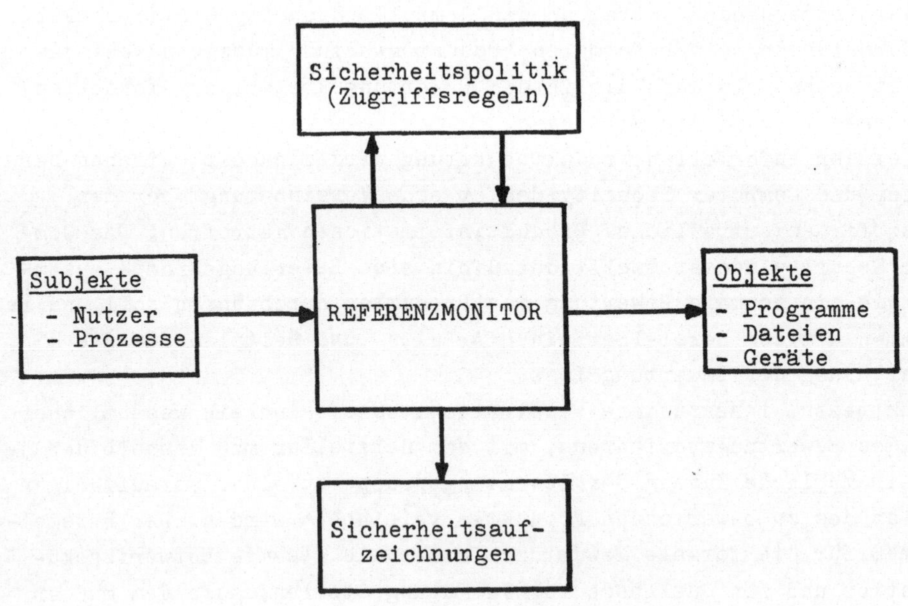

Bild 1 Konzept des Referenzmonitors

Die Implementierung eines Referenzmonitors mit Hilfe von Hard-, Firm- oder Software in einem konkreten Produkt wird als "Sicherheitskern" bezeichnet. An seine Realisierung und Implementierung werden drei Hauptforderungen gestellt:

- seine korrekte Arbeitsweise bezüglich einer vorgegebenen Sicherheitspolitik muß nachgewiesen werden können,
- ein Zugriff von Subjekten auf Objekte darf nur über den Sicherheitskern erfolgen,
- der Sicherheitskern muß so implementiert werden, daß er weder zufällig noch vorsätzlich geändert werden kann.

Insbesondere der Nachweis der korrekten Arbeitsweise des Sicherheitskerns hat sich als schwierig erwiesen. Ideal wäre es, wenn man den Sicherheitskern formal spezifizieren könnte und wenn man automatisch beweisen könnte, daß der zu implementierende Code mit der formalen Spezifikation übereinstimmt. Hier gibt es zur Zeit jedoch noch Grenzen, weil die gegenwärtig zur Verfügung stehenden Werkzeuge bisher lediglich die Verifikation kurzer Programme erlauben [4,5]. Damit ist ein solcher Nachweis der korrekten Arbeitsweise gegenwärtig nur für kleine Sicherheitskerne möglich.

Produkte aus dem kommerziellen Bereich, die bereits über Sicherheitsmechanismen verfügen, haben nun den Nachteil, daß diese Mechanismen im Regelfall nicht in einem Kern zentralisiert, sondern an verschiedenen Stellen eines Produktes angesiedelt sind. Dadurch wird der Nachweis der korrekten Arbeitsweise wesentlich erschwert. Bei der Erarbeitung der Bewertungskriterien ergab sich deshalb die Aufgabe, diese Kriterien so festzulegen, daß ein breites Spektrum von möglichen Implementierungen der Sicherheitsmechanismen erfaßt werden kann und daß gleichzeitig die Beurteilung der Korrektheit der Implementierung ermöglicht wird.

Für die Beurteilung der Eignung eines Produktes zur Verarbeitung von sensitiven Daten wurden sechs Hauptkriterien festgelegt, davon beziehen sich vier auf die Sicherstellung des rechtmäßigen Zugriffs auf Daten und zwei darauf, wie glaubhaft oder vertrauenswürdig die Implementierung der dazu erforderlichen Mechanismen ist. Diese Hauptkriterien sind:

- Sicherheitspolitik(security policy)
- Kennzeichnung(marking)
- Identifizierung(identification)
- Beweissicherung(accountability)
- Funktionsgarantie(assurance)
- Funktionsschutz(continuous protection)

Im einzelnen verbergen sich hinter diesen Hauptkriterien folgende Forderungen:

- Sicherheitspolitik

  Durch das Produkt muß eine klar definierte Sicherheitspolitik unterstützt und durchgesetzt werden. Unter Sicherheitspolitik wird hier eine Aussage darüber verstanden, wie der Schutz sensitiver Daten erfolgen soll. Die Sicherheitspolitik muß die Gesetze, Vorschriften und Verfahren, nach denen eine Organisation ihre sensitiven Daten behandelt, schützt und verteilt, korrekt abbilden und sie muß festlegen, nach welchen Regeln Subjekte auf Objekte zugreifen dürfen und welcher Art dieser Zugriff sein darf(z.B. lesend, schreibend, ausführend).

  Produkte, die im militärischen Bereich eingesetzt werden sollen, müssen im Regelfall zwei Arten von Regeln für die Gewährung von Zugriffen unterstützen:

  + den festgelegten Zugriff(mandatory access) und
  + den benutzerbestimmbaren Zugriff(discretionary access)

  Beim festgelegten Zugriff wird davon ausgegangen, daß Subjekte und Objekte mit einer Angabe über ihren Sensitivitätsgrad versehen sind. Der Sensitivitätsgrad stellt das entscheidende Kriterium für die Gewährung des Zugriffs eines Subjekts auf ein Objekt dar. Beim benutzerbestimmbaren Zugriff dagegen wird das Zugriffsrecht eines Subjektes auf ein Objekt durch ein dazu berechtigtes Subjekt(z.B. den Eigentümer) festgelegt und ist nicht an einen Sensitivitätsgrad gebunden.

- Kennzeichnung

  Zur Realisierung des festgelegten Zugriffs muß es möglich sein, jedem Objekt ein Kennzeichen zuzuordnen, das den Grad seiner Sensitivität angibt(Sensitivitätskennzeichen). Ebenso müssen Subjekte dahingehend gekennzeichnet werden, daß ersichtlich wird, auf welche Sensitivitätsgrade sie zugreifen dürfen.

- Identifizierung

  Jedes Subjekt muß identifiziert und mit dieser Identifikation versehen werden können. Auf der Grundlage dieser Identifikation und der dem Subjekt gewährten Rechte wird der Zugriff auf Objekte gewährt. Die Angaben über Identifikation und Rechte von Subjekten müssen sicher im System gehalten werden können und sie müssen jeder aktiven Komponente, die sicherheitsrelevante Aktivitäten im System durchführt, zugeordnet werden können.

- Beweissicherung

  Informationen über sicherheitsrelevante Aktivitäten eines Subjekts müssen gespeichert und gegen Änderung und Zerstörung geschützt werden können, damit mögliche Verletzungen der Sicherheitspolitik, die durch ein Subjekt erfolgen, nachträglich entdeckt und untersucht werden können.

- Funktionsgarantie
  Die vier bisher beschriebenen Forderungen müssen durch entsprechende Mechanismen des Produktes realisiert werden. Diese Mechanismen sind typischerweise Teil des Betriebssystems und sollen ihre Aufgabe korrekt erfüllen. Sie müssen deshalb sorgfältig analysiert und getestet werden, um eine ausreichende Garantie dafür zu erhalten, daß das Produkt die oben genannten Forderungen während seiner gesamten Lebenszeit korrekt erfüllt.
- Funktionsschutz
  Die Mechanismen, mit denen diese grundlegenden Forderungen durchgesetzt werden, müssen ständig gegen Eindringversuche und gegen unberechtigte Modifikationen geschützt werden.

Als zentraler Begriff wird in den Bewertungskriterien die sog. "Trusted Computing Base(TCB)" verwendet. Unter Trusted Computing Base oder "Vertrauenswürdiger Rechenbasis" wird die Gesamtheit der Sicherheitsmechanismen innerhalb eines Produktes - bestehend aus Hardware, Firmware oder Software - verstanden, die zusammen für die Durchsetzung der Sicherheitspolitik verantwortlich sind.

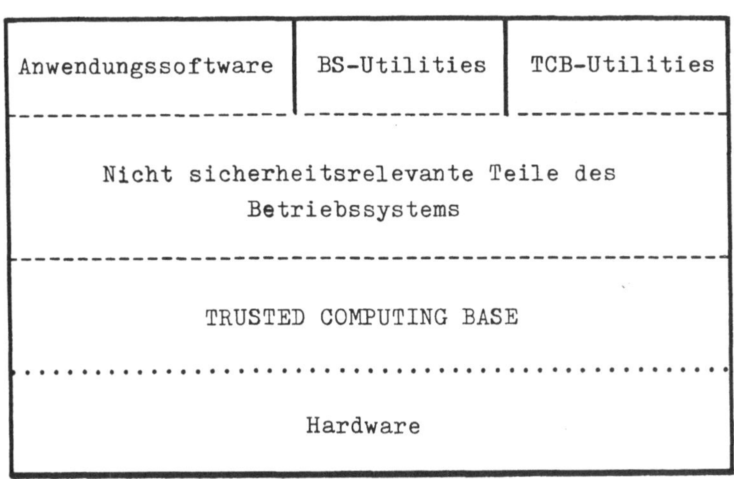

Bild 2 Einordnung der TCB - nach [7]

Die TCB schafft die erforderliche Schutzumgebung, die für ein vertrauenswürdiges Produkt erforderlich ist. Die korrekte Durchsetzung einer Sicherheitspolitik hängt dann ausschließlich von den Mechanismen innerhalb der TCB und von der fehlerfreien Eingabe der durch die Sicherheitspolitik bestimmten Parameter(z.B. Sensitivitätsgrade, Zugriffsrechte) ab.

4. Die Bewertungsklassen

Die Bewertungskriterien für vertrauenswürdige DV-Systeme sehen sieben unterschiedliche Klassen der Vertrauenswürdigkeit vor. Diese Klassen werden in vier anwendungsunabhängige Gruppen eingeteilt, die folgende Qualitäten des Schutzes von sensitiven Daten bieten:

Gruppe D	MINIMALER SCHUTZ	
Klasse D		Minimaler Schutz
Gruppe C	BENUTZERBESTIMMBARER SCHUTZ	
Klasse C1		Benutzerbestimmbarer Zugriffsschutz
Klasse C2		Schutz durch kontrollierten Zugriff
Gruppe B	FESTGELEGTER SCHUTZ	
Klasse B1		Schutz durch Kennzeichen
Klasse B2		Schutz durch Strukturierung
Klasse B3		Schutz durch Sicherheitsdomänen
Gruppe A	SCHUTZ DURCH VERIFIKATION	
Klasse A1		Verifiziertes Design

Bild 3 Klassen vertrauenswürdiger Produkte

Diese Klassen sind hinsichtlich ihrer Sicherheitseigenschaften in aufsteigender Reihenfolge geordnet, sodaß jede Bewertungsklasse eine deutliche Verbesserung der Sicherheitseigenschaften gegenüber der vorhergehenden Klasse bietet. Gleichzeitig erfüllt jede Klasse alle Kriterien der niedrigeren Klassen,wie in Bild 4 dargestellt. Daraus folgt, daß durch den Übergang zu einer höheren Klasse das Risiko bei der Verarbeitung sensitiver Daten deutlich reduziert wird.
Im folgenden wird an Beispielen aufgezeigt, welche Kriterien erfüllt sein müssen, damit ein Produkt einer bestimmten Klasse zugeordnet werden kann.

4.1 Klasse D

Die Gruppe D enthält nur eine Klasse, die ebenfalls mit D bezeichnet wird. Eine Einstufung in die Klasse D bedeutet lediglich, daß das Produkt untersucht und bewertet wurde, daß es jedoch nicht den Anforderungen einer höheren Klasse entspricht.

C1	C2	B1	B2	B3	A1	
X	X			X		Benutzerbestimmbarer Zugriffsschutz
■	X					Wiederverwendung von Objekten
■	■	X	X			Kennzeichen
■	■	X				Integrität der Kennzeichen
■	■	X				Ausgabe gekennzeichneter Informationen
■	■	X				Ausgabe an mehrstufige Geräte
■	■	X				Ausgabe an einstufige Geräte
■	■	X				Kennzeichnung lesbarer Ausgaben
■	■	X	X			Festgelegter Zugriffsschutz
■	■	■	X			Sensitivitätskennzeichen der Subjekte
■	■	■	X			Gerätekennzeichen
X	X	X				Identifizierung und Authentisierung
■	X	X	X	X		Revision(audit)
■	■	■	X	X		Vertrauenswürdiger Zugangsweg
X	X	X	X	X		Systemarchitektur
X						Systemintegrität
X	X	X	X	X	X	Sicherheitstests
■	■	X	X	X	X	Entwurfsspezifikation u. -Verifikation
■	■	■	X	X	X	Analyse verdeckter Kanäle
■	■	■	X	X		Management d. vertrauensw. Einrichtung
■	■	■	X		X	Konfigurationsmanagement
■	■	■	■	X		Vertrauenswürdiger Wiederanlauf
■	■	■	■	■	X	Vertrauenswürdige Verteilung
X						Benutzerhandbuch über Sicherheitsmerkmale
X	X	X	X	X		Handbuch für die vertrauensw. Einrichtung
X			X		X	Testdokumentation
X		X	X	X	X	Entwurfsdokumentation

■ keine Forderung für diese Klasse

X neue oder erweiterte Forderung für diese Klasse

(leer) keine Zusatz forderung

Bild 4 Aufbau der Bewertungskriterien

4.2 Klasse C1

Die TCB der Klasse C1 muß über die Möglichkeit verfügen, den Zugriff benannter Nutzer auf benannte Objekte festzulegen und zu überwachen. Der dazu realisierte Mechanismus muß es Nutzern erlauben, den gemeinsamen Zugriff auf solche Objekte durch unterschiedliche Nutzer oder durch Nutzergruppen festzulegen und zu überwachen. Diese Mechanismen müssen ausreichen, um z.B. Projekt- oder private Daten zu schützen und um andere Nutzer davon abzuhalten, diese Daten unbeabsichtigt zu lesen oder zu zerstören. Voraussetzung dafür ist, daß Möglichkeiten zur Identifizierung und Authentisierung der Nutzer vorhanden sind, dabei muß die Authentisierung über einen geschützten Mechanismus erfolgen(z.B. Paßwort) und die Authentisierungsdaten müssen vor unbefugtem Zugriff geschützt werden können.
Die TCB muß vor externen Störungen und unbefugten Modifikationen geschützt werden können, dazu muß sie in einer eigenen Schutzumgebung ablaufen. Die korrekte Funktion der Sicherheitsmechanismen muß periodisch durch geeignete Hard- oder Softwaremechanismen überprüft werden können.
Durch Tests muß bestätigt werden, daß die Sicherheitsmechanismen korrekt arbeiten und daß es für Unbefugte keine erkennbare Möglichkeit gibt, diese Mechanismen zu umgehen oder unwirksam zu machen.
Die Sicherheitsmechanismen, ihre Wirkungsweise und ihr Zusammenwirken müssen an einer Stelle - entweder in einem Kapitel der Nutzerdokumentation oder in einem Sicherheitshandbuch - beschrieben werden und für den Systemverwalter müssen in einem besonderen Handbuch die Maßnahmen beschrieben sein, die bei der Verarbeitung von sensitiven Daten zu treffen und zu überwachen sind.
Für die Bewertung müssen die firmeninternen Testpläne und Testergebnisse sowie das Sicherheitskonzept für das Produkt und die Beschreibung seiner Realisierung zur Verfügung gestellt werden. Besteht die TCB aus mehreren Moduln, so muß eine Beschreibung der Modulschnittstellen zur Verfügung gestellt werden.

Ein Beispiel für diese Klasse von Produkten sind beinahe alle heute angebotenen Betriebssysteme, insbesondere UNIX [6].

4.3 Klasse C2

Produkte dieser Klasse unterstützen eine feinere Granularität des benutzerbestimmbaren Zugriffs als Produkte der Klasse C1. Der Mechnismus zur benützerbestimmbaren Zugriffskontrolle muß, entweder mit Hilfe von expliziten Nutzeraktionen oder durch Standardannahmen(defaults) sicherstellen, daß Objekte vor unbefugtem Zugriff geschützt

werden. Er muß in der Lage sein, den Zugriff bis auf die Ebene eines einzelnen Nutzers zu gewähren oder auszuschließen. Die Vergabe von Zugriffsberechtigungen darf nur durch einen dazu besonders berechtigten Nutzer erfolgen. Um auszuschließen, daß Subjekte unberechtigt Zugriff auf Daten erhalten können, die vorher von anderen Subjekten bearbeitet wurden(Residuen), muß die TCB sicherstellen, daß ein Speicherobjekt bei seiner Zuweisung zu einem Subjekt keine Daten enthält, für die dieses Subjekt nicht zugriffsberechtigt ist.
Durch den Einsatz von Logon-Verfahren, durch Aufzeichnung und Auswertung von sicherheitsrelevanten Ereignissen und durch die Möglichkeit zur Isolierung der einzelnen Betriebsmittel muß es möglich sein, Aktivitäten im System eindeutig auf den Nutzer zurückzuführen, der sie verursacht hat. Dabei müssen folgende Ereignisse aufgezeichnet werden können:

- Benutzung der Identifizierungs- und Authentisierungsmechanismen
- Einfügen von Objekten in den Adressraum des Nutzers
- Löschen von Objekten
- Aktionen der Systembediener und -administratoren

Für jedes dieser Ereignisse müssen Datum und Zeit, Art, Erfolg oder Mißerfolg und Verursacher aufgezeichnet werden können. Der Systemadministrator muß in der Lage sein, gezielt die Aktivitäten eines oder mehrerer Nutzer auf der Grundlage von deren Identifikation zu überprüfen.
Die TCB muß in einem eigenen Schutzbereich ablaufen, der verhindert, daß ihr Code oder ihre Datenstrukturen von außerhalb geändert werden können.
Die TCB muß ihre zu schützenden Betriebsmittel so isolieren, daß Zugriffe darauf überwacht und aufgezeichnet werden können.
Die Tests der TCB müssen eine Suche nach offensichtlichen Fehlern enthalten, die eine Verletzung der Isolation der Betriebsmittel ermöglichen und einen unbefugten Zugriff auf Authentisierungs- und Beweissicherungdaten(Auditdaten) zur Folge hätten.
In der Systemdokumentation muß das Verfahren zur Auswertung der Daten zur Beweissicherung beschrieben werden, ebenso die Struktur dieser Daten.

Ein Beispiel für diese Klasse von Produkten ist ACF 2.

4.4 Klasse B1

Die TCB dieser Klasse muß erstmals die Politik des festgelegten Zugriffs von Subjekten auf Objekte durchsetzen. Das bedeutet, ein Zugriff wird auf der Grundlage des Sensitivitätsgrades eines Objektes und der Berechtigung eines Subjekts für den Zugriff auf diesen Sensi-

tivitätsgrad gewährt. Das setzt voraus, daß Subjekte und Speicherobjekte systemintern mit Sensitivitätskennzeichen versehen werden, die den Sensitivitätsgrad angeben und daß diese getroffene Zuordnung während des Betriebs nicht geändert werden kann. Wenn Daten in lesbarer Form ausgegeben werden sollen, muß die TCB sicherstellen, daß sie mit einem Sensitivitätskennzeichen versehen werden, das mit dem intern festgelegten Kennzeichen übereinstimmt und für den Nutzer lesbar ist. Bei Kanälen zur Informationsübertragung oder zur Ein-/Ausgabe muß die TCB festlegen können, ob diese Kanäle für die Übertragung eines oder mehrerer Sensitivitätsgrade zugelassen sind. Sind mehrere Sensitivitätsgrade zulässig, so muß das für einen solchen Kanal verwendete Protokoll eine eindeutige Zuordnung der Sensitivitätskennzeichen zu den gesendeten und empfangenen Daten sicherstellen.
Zur Durchsetzung des festgelegten Zugriffs muß die TCB zusätzlich zu den Authentisierungsdaten der Nutzer auch ihre Berechtigung für den Zugriff auf die einzelnen Sensitivitätsgrade speichern. Mit diesen Angaben(Sensitivitätsgrad und Authentisierung) müssen alle Subjekte versehen werden, die im Auftrag der Nutzer vom System erzeugt werden. Die Übereinstimmung der Funktion der Sicherheitsmechanismen mit der Beschreibung in der Systemdokumentation muß durch Tests nachgewiesen werden. Die Entwurfsdokumentation, der Quell- und der Objektcode müssen geprüft werden, dabei müssen alle Entwurfs- und Realisierungsfehler entdeckt werden, die einem außerhalb der TCB befindlichen Subjekt das Lesen, Verändern oder Zerstören von Daten ermöglichen würden. Alle erkannten Fehler müssen beseitigt werden und anschließend muß nachgewiesen werden, daß die Fehler beseitigt wurden und daß dadurch keine neuen Fehler aufgetreten sind.
Für die Sicherheitspolitik, die durch die TCB durchgesetzt werden soll, muß ein Modell(formal oder nicht-formal) vorhanden sein und es muß nachgewiesen werden, daß es mit den gesetzlichen oder verfahrensmäßigen Vorschriften übereinstimmt.

Ein Beispiel für ein Produkt dieser Klasse ist das GCOS von Honeywell in der Version, die im amerikanischen World Wide Command and Control System(WWMCCS) eingesetzt wird [6].

4.5 Klasse B2

Es wird erstmals das Problem der verdeckten Kanäle angesprochen, das sind Wege, die den Fluß von Daten auf eine Art ermöglichen, die der festgelegten Sicherheitspolitik widerspricht. Der Hersteller muß eine gründliche Suche nach verdeckten Speicherkanälen durchführen und die maximale Bandbreite jedes identifizierten Kanals entweder durch

Messung oder durch Schätzung bestimmen.
Die TCB muß sorgfältig in schutzbedürftige und nicht-schutzbedürftige Teile aufgeteilt sein, zu ihrer Trennung muß die verfügbare Hardware wirksam genutzt werden. Die Module der TCB müssen nach dem Grundsatz der minimalen Rechte aufgebaut sein, durch Nutzung der Hardwareeigenschaften(z.B. Segmentierung) müssen logisch klar abgegrenzte Speicherbereiche mit unterschiedlichen Zugriffsattributen(z.B. Lesen, Schreiben, Ausführen) realisiert werden. Die Schnittstelle zur TCB muß genau festgelegt sein und der Entwurf und die Implementierung der TCB ermöglichen einen im Vergleich zu den vorhergehenden Klassen gründlicheren Test. Identifizierung und Authentisierung werden dadurch verschärft, daß die TCB für das Logon einen vertrauenswürdigen Weg zur Verfügung stellen muß. Das betriebliche Management bei der Verarbeitung sensitiver Daten wird durch die Systemunterstützung für den Operator und für den Administrator verbessert und es werden strenge Vorschriften für die Konfigurationsüberwachung der Hard- und Software des Systems eingeführt. Bei den Tests muß sich die TCB als relativ sicher gegen Eindringversuche erweisen. Durch Tests muß nachgewiesen werden, daß die Implementierung der TCB mit der Top Level Spezifikation übereinstimmt.
Für die Generierung einer neuen Version der TCB aus dem Quellcode müssen geeignete Werkzeuge zur Verfügung stehen, mit denen die neu erzeugte Version mit der vorhergehenden verglichen werden kann. Damit muß feststellbar sein, ob nur beabsichtigte Änderungen am Code durchgeführt wurden, der anschließend als neue Version eingesetzt werden soll.

Ein Beispiel für ein Produkt dieser Klasse ist das MULTICS-System von Honeywell mit seinem "Access Isolation Mechanism" [6].

4.6 <u>Klasse B3</u>

Die TCB der Klasse B3 muß alle Forderungen des Referenzmonitorkonzeptes erfüllen, d.h. sie muß alle Zugriffe von Subjekten auf Objekte durchführen und überwachen, sie muß gegen unbefugte Eingriffe geschützt sein und sie muß klein genug sein, damit ihre korrekte Funktion durch Analysen und Tests nachgewiesen werden kann. Die TCB muß so strukturiert sein, daß in ihr nur Code enthalten ist, der zur Durchsetzung der Sicherheitspolitik erforderlich ist. Die TCB muß in der Lage sein, für jedes Objekt ein Verzeichnis der benannten Einzelpersonen und Gruppen von Einzelpersonen anzulegen, in dem die jeweiligen Zugriffsberechtigungen auf diese Objekte angegeben sind. Die TCB muß weitgehend unter Berücksichtigung der Prinzipien der Schichtung, der Abstrahierung und des Geheimnisprinzips entwickelt und rea-

lisiert werden. Bei der Planung des Produkts muß besonders darauf geachtet werden, daß die Komplexität der TCB so gering wie möglich gehalten wird und daß nur schutzbedürftige Moduln in die TCB aufgenommen werden.
Durch die TCB wird ein Sicherheitsadministrator unterstützt, die Beweissicherungsverfahren werden um Mechanismen erweitert, die sicherheitsrelevante Ereignisse unmittelbar anzeigen. Für den Wiederanlauf werden Mechanismen gefordert, die sicherstellen, daß der Wiederanlauf nach Systemausfällen oder Unterbrechungen ohne Beeinträchtigung der Sicherheit erfolgt.
Die Übereinstimmung der TCB mit der Top Level Spezifikation muß auf einer nicht-formalen Basis nachgewiesen werden. Ebenso muß nicht-formal nachgewiesen werden, daß die Elemente der TCB den Elementen der Top Level Spezifikation entsprechen.

Ein Beispiel für ein Produkt der Klasse B3 ist zum gegenwärtigen Zeitpunkt nicht bekannt.

4.7 Klasse A1

Produkte der Klasse A1 sind funktional den Produkten der Klasse B3 gleichzusetzen, da sie keine zusätzlichen Forderungen hinsichtlich Sicherheitspolitik und Architektur aufweisen. Das wesentliche Merkmal dieser Klasse ist der Einsatz von formalen Spezifikations- und Verifikationsverfahren und das sich daraus ergebende hohe Maß an Gewißheit für die korrekte Implementierung der TCB.
Diese Gewißheit ist im Entwicklungsprozeß der TCB begründet. Er beginnt mit einem formalen Modell der Sicherheitspolitik und einer formalen Top Level Spezifikation für den Entwurf des Produktes. Unabhängig von der eingesetzten Spezifikationssprache und dem Verifikationsverfahren gibt es fünf wichtige Voraussetzungen für die Verifikation eine A1 Produktes:

- es ist ein formales Modell der Sicherheitspolitik aufzustellen und zu dokumentieren. Dabei ist ein mathematischer Beweis zu führen, daß das Modell seinen Axiomen entspricht und zur Realisierung der Sicherheitspolitik ausreichend ist;
- es ist eine formale Top Level Spezifikation zu erarbeiten, die eine abstrakte Definition der Funktionen enthält, die die TCB zur Verfügung stellen muß und die die Hard- und Firmewaremechanismen einschließt, die genutzt werden, um getrennte Ablaufbereiche zu ermöglichen;
- wo immer möglich, muß durch formale Methoden gezeigt werden, daß die formale Top Level Spezifikation der TCB zu dem Modell der Sicherheitspolitik konsistent ist;

- es muß gezeigt werden, daß die Implementierung der TCB zu der formalen TopLevel Spezifikation konsistems ist. Dies kann durch nichtformale Methoden erfolgen;
- formale Analysemethoden müssen eingesetzt werden, um verdeckte Kanäle zu lokalisieren und zu analysieren. Nicht formale Methoden können genutzt werden, um verdeckte Zeitkanäle zu identifizieren. Werden verdeckte Kanäle bewußt weiterhin in einem System zugelassen, so muß dies begründet werden.

Während des gesamten Lebenszyklus des Produktes muß für Hard-, Firm- und Software ein Konfigurationsüberwachungssystem vorhanden sein, mit dessen Hilfe alle relevanten Dokumente und der Code verwaltet werden. Für die Verteilung der TCB Versionen muß ein vertrauenswürdiges Verfahren eingesetzt werden.

Beispiel für ein Produkt der Klasse A1 ist der "Secure Communications Processor(SCOMP)", der von Honeywell für die US-Marine entwickelt wurde [6] .

5. Die Liste der bewerteten Produkte

Die Liste der bewerteten Produkte, die sog. "Evaluated Products List" ist das Ergebnis einer formalen Bewertung eines Produktes. Sie wird vom Computer Security Center herausgegeben und aktualisiert. Die erste Liste wurde am 3.8.1984 herausgegeben und enthält folgende Produkte:

- RACF eingestuft als C1
- ACF 2 eingestuft als C2

Im formalen Bewertungsverfahren befanden sich zu diesem Zeitpunkt:

- SCOMP(Honeywell) Ziel: A1
- MULTICS(Honeywell) Ziel: B2
- Top Secret(CGA) Ziel: C2
- NOS 2.2(CDC) Ziel: C2/B1

Der SCOMP ist zwischenzeitlich als A1 System bewertet und zugelassen.

6. Zusammenfassung

Das amerikanische Verteidigungsministerium hat zusammen mit dem National Bureau of Standards ein Verfahren und die zugehörigen Kriterien entwickelt, um die Vertrauenswürdigkeit von DV-Produkten beurteilen zu können. Die ersten praktischen Erfahrungen liegen vor und die ersten Produkte wurden mit einer Einstufung versehen. In den USA ist erkennbar, daß sich langfristig auch zivile Kunden, wie z.B. Banken oder Warenhausketten auf Produkte abstützen wollen, die durch eines formale Bewertung gegangen sind und in die Liste der bewerteten Produkte aufgenommen wurden. Gleichzeitig ist erkennbar, daß die ame-

rikanischen DV-Hersteller zunehmend versuchen, die Bewertungskriterien bei der Weiter- und Neuentwicklung ihrer kommerziellen Produkte zu berücksichtigen. Damit zeichnen sich Möglichkeiten ab, sensitive Daten - ob sie nun Geheimhaltungsvorschriften oder Datenschutzgesetzen unterliegen - so zu verarbeiten, daß mit einem hohen Grad an Vertrauen davon ausgegangen werden kann, daß die betreffenden Gesetze oder Vorschriften eingehalten werden.
Die nationalen DV-Hersteller sollten, schon aus Gründen der Wettbewerbsfähigkeit, diese Entwicklungen aufmerksam verfolgen.

7. Literaturhinweise

[1] CSC-STD-001-83; Department of Defense Trusted Computer System Evaluation Criteria;(15.08.1983)

[2] vor der Brück, H.; Einfluß der Sicherheitskernarchitektur auf die Strukturierung von Betriebssystemen; Elektronische Rechenanlagen; Vol. 22,4;173-179;(1980)

[3] Anderson, J.P.; Computer Security Planning Study; ESD-TR-73-51 Vol I and II; USAF Electronics Systems Div.;(Oct. 1972)

[4] Kammerer, P.; Sicherheitskerne; Informatik Spektrum; Band 6, Heft 1; 38-39;(1983)

[5] Weck, G.; Datensicherheit; Stuttgart; B.G. Teubner Verlag;(1984)

[6] Schell,R.R.; Evaluating Security Properties of Computer Systems; Proceedings of the IEEE Symposium on Security and Privacy; 89-95;(1983)

[7] Tasker, P.S.; The trusted computing base; Proceedings of the Second Seminar on the DoD Computer Security Initiative Program; N1-N11;(1980)

UNTERSTÜTZUNG VON DATENSCHUTZ UND DATENSICHERUNG DURCH PRÜFUNG VON SOFTWARE AUF NORMKONFORMITÄT

Fritz Krückeberg

GMD Schloß Birlinghoven, St. Augustin

Zusammenfassung

Der folgende Bericht gibt eine Einführung in das Prüfkonzept und Zertifizierkonzept des DIN. Das Konzept des DIN wird hier in einer etwas gestrafften Fassung wiedergegeben. Der volle Text ist als DIN-Fachbericht im Beuth-Verlag erschienen. Es liegt auf der Hand, daß für Software, die in Bereichen eingesetzt wird, in denen der Datenschutz relevant ist, das Vorhandensein von Zertifikaten (auf der Grundlage anerkannter Prüfungen) eine neue Stufe der Sicherheit schafft für alle Personen, die für die ordnungsmäßige Abwicklung von Aufgaben verantwortlich sind, bei denen solche Software verwendet wird. Eine fachliche Herausforderung für die Informatik besteht darin, entsprechende Prüfmethoden (Prüftools und Prüfmethodiken) zu entwickeln und Prüfkriterien zu schaffen, die den Anforderungen gerecht werden, die sich aus dem Datenschutz herleiten. Eine Entwicklung von Prüfmethoden, die Gestaltung von Normen, welche die Ansprüche des Datenschutzes in dessen informationstechnischen Konsequenzen gerecht werden, sowie der Aufbau von Prüfstellen ist im Interesse einer sachgerechten Unterstützung der Datenschutzbeauftragten dringend erforderlich.

1 Grundüberlegungen

Die folgenden Überlegungen sollen den Rahmen für ein Zertifizierungssystem abstecken, das sich an den ISO-Leitfäden über Konformitätsprüfung und Zertifizierung orientiert. Dieser Rahmen ist einerseits so angelegt, daß spezielle Bedingungen festgelegt werden, um Qualität, Unabhängigkeit und Anerkennungsbreite von Prüfung und Zertifizierung sicherzustellen. Andererseits ist der Rahmen breit genug, so daß unterschiedliche organisatorische Umsetzungen in die Praxis möglich sind. Durch eine solche Verbindung von strikten Bedingungen einerseits und Variationsmöglichkeiten bei der Art der organisatorischen Umsetzung andererseits wird eine tragfähige Grundlage für weitere Arbeiten geschaffen. Gleichwohl sollen künftige Erfahrungen zur Weiterentwicklung des Zertifizierungssystems beitragen.

Grundlage für den organisatorischen Rahmen ist die Vorstellung, daß die bestehenden nationalen und internationalen Normenorganisationen (DIN, ISO) und deren Arbeitsgremien (z. B. ISO/TC 97, IEC/TC 83) unter voller Nutzung ihres Sachverstandes und ihrer organisatorischen Möglichkeiten herangezogen werden. Für die Zertifizierung der Normenkonformität sind die Normenorganisationen zuständig. In der Bundesrepublik Deutschland nimmt für das DIN die DGWK im Zusammenwirken mit den Normenausschüssen die Zertifizierungsaufgaben wahr. Auf internationaler Ebene ist für die Zertifizierung die ISO und ihr Zertifizierungskomitee CERTICO zuständig. Für die EG- und EFTA-Staaten hat CEN für seinen Zertifizierungsbereich CENCER einen Lenkungsrat (CSC) eingesetzt, in dem sich wiederum ein Komitee mit der Zertifizierung auf dem Gebiet der IT befaßt. Eine wichtige Aufgabe von CERTICO und CENCER besteht in der internationalen Harmonisierung von Prüfverfahren und der gegenseitigen Anerkennung von Prüfergebnissen. Diese Studie zielt auf eine möglichst breite Einbeziehung von Normen und Leitfäden der ISO und IEC, um der Konformitätsprüfung und Zertifizierung weltweite Anerkennung und Anwendung zu verschaffen.

2 Abkürzungen und Begriffe

2.1 Abkürzungen

KEG	Kommission der Europäischen Gemeinschaften
CEN	Europäisches Komitee für Normung
CENCER	CEN-Zertifizierung
DIN	DIN Deutsches Institut für Normung e. V.
DGWK	Deutsche Gesellschaft für Warenkennzeichnung mbH
EG	Europäische Gemeinschaften
EFTA	Europäische Freihandelszone

FSTC	Bundesprüfstelle für Software (USA)
IT	Informationstechnik
LA	Lenkungsausschuß des NI
NI	Normenausschuß Informationsverarbeitungssysteme im DIN

2.2 Allgemeine Begriffe aus ISO-Leitfaden 2

Die folgenden Definitionen sind dem ISO-Leitfaden 2 "Allgemeine Begriffe der Normung, Zertifizierung und Anerkennung von Prüflaboratorien" aus 1983 entnommen.

Bezeichnung
Name, Symbol, Kurzzeichen oder Kombination davon zur Kennzeichnung von Produkten, Produkttypen oder anderen konkreten oder abstrakten Sachverhalten (1.1.12).

Konformität mit Normen oder technischen Spezifikationen
Die Konformität eines Produkts oder einer Dienstleistung mit allen Anforderungen bestimmter Normen oder technischer Spezifikationen (2.1.1.).

Anmerkung: Zum besseren Verständnis des Begriffs im Zusammenhang mit Software wird unterstrichen, daß die Normeninhalte, z.B. die in Normen festgelegten Anforderungen, sich im allgemeinen nicht auf Elemente wie Zuverlässigkeit und Funktion erstrecken. Sie umfassen vielmehr ein Bündel von Elementen, deren Vorhandensein oder Nichtvorhandensein die Verträglichkeit mit Zielsetzungen unterschiedlichster Art bestimmt.

Konformitätszertifikat
Eine Bescheinigung, die bestätigt, daß ein Produkt oder eine Dienstleistung mit bestimmten Normen oder technischen Spezifikationen konform ist (2.1.3).

Konformitätszertifizierung
Das Verfahren der Bestätigung mittels Konformitätszertifikat oder Konformitätszeichen, daß ein Produkt oder eine Dienstleistung mit bestimmten Normen oder technischen Spezifikationen konform ist (2.1.5).

Herstellerseitige Konformitätserklärung
Vorgang, mit dem der Hersteller eigenverantwortlich durch eine "Konformitätserklärung" erklärt, daß sein Produkt bestimmten, konkret bezeichneten Normen oder anderen technischen Spezifikationen entspricht, ohne daß es einem unabhängigen Zertifizierungssystem unterliegt (2.1.6).

Zertifizierungssystem

Ein System zur Durchführung der Konformitätszertifizierung mit eigenen Verfahrens- und Verwaltungsregeln (2.2.1).

Zertifizierungsstelle

Eine neutrale behördliche oder nichtbehördliche Stelle, die über eine notwendige Kompetenz und Zuverlässigkeit verfügt, um ein Zertifizierungssystem zu unterhalten, und in der die Interessen aller an der Arbeitsweise des Systems beteiligten Kreise vertreten sind (2.2.3).

Zertifizierungsvereinbarung

Vereinbarung, durch welche zur Förderung des Handels Zertifizierungssysteme oder damit verwandte Verfahren gegenseitig anerkannt werden (2.2.9).

Prüflaboratorium

Laboratorium, das durch Messen, Untersuchen, Prüfen, Kalibrieren oder auf andere Art die Eigenschaften oder die Leistung von Materialien oder Produkten bestimmt (3.1).

Anmerkung 1: Faktoren wie Sachverstand, Neutralität oder Integrität sind für die Akzeptanz von Prüfaktivitäten von entscheidender Bedeutung. Bei der Auswahl von Prüflaboratorien muß sich der an der Durchführung von Prüfungen Interessierte an diesem Gesichtspunkt orientieren (ISO/IEC Leitfaden 38, 03).

Anmerkung 2: Die Bezeichnung "Prüflaboratorium" kann sich auf eine juristische Person (1.), eine Abteilung davon (2.), das eigentliche Labor (Raum und Prüfgeräte) (3.) oder den Prüfdienst nach einer bestimmten Norm (4.) beziehen.

Anerkennung von Prüflaboratorien

Formale Bestätigung, daß ein Prüflaboratorium kompetent ist zur Durchführung bestimmter Prüfungen oder Arten von Prüfungen (3.2).

System zur Anerkennung von Prüflaboratorien

System mit eigenen Verfahrens- und Verwaltungsregeln zur Durchführung der Anerkennung von Prüflaboratorien (3.3).

Prüfmethode

Ein definiertes technisches Verfahren, um eine oder mehrere spezifische Eigenschaften von Materialien oder Produkten zu bestimmen (3.9).

Anmerkung: Teile eines solchen technischen Verfahrens können unter Verwendung einer Programmiersprache beschrieben werden. Das entsprechende Softwarepaket (Prüfsoftware) und die benötigte Hardware (einschließlich Referenzmaterialien, siehe folgende Definition) werden als Bestandteile der Prüfmethode verstanden.

Referenzmaterial

Werkstoff oder Substanz, für die eine oder mehrere Eigenschaften mit ausreichender Genauigkeit festgelegt sind, um zur Kalibrierung von Geräten, zur Beurteilung eines Prüfverfahrens oder zur Festlegung von Werkstoffwerten verwandt werden können (3.11).

Prüfbericht

Ein Dokument, das die Prüfergebnisse und andere für die Prüfung relevante Informationen wiedergibt (3.13).

Prüfbericht eines anerkannten Prüflaboratoriums

Prüfbericht, der eine Erklärung des Prüflaboratoriums dahingehend enthält, daß es für eine entsprechende Prüfung anerkannt ist und daß die Prüfung unter den von der anerkannten Stelle festgelegten Bedingungen durchgeführt wurde (3.14).

2.3 Weitere Begriffe

Antragsteller

In dieser Studie gilt als Antragsteller derjenige, der ein Produkt prüfen läßt.

Zulassung einer Prüfmethode

Eine Zertifizierungsstelle sollte eine Prüfmethode einer Normenorganisation in technischer Hinsicht zur Beurteilung vorlegen, bevor es Zertifikate aufgrund von Prüfungen unter Anwendung dieser Methode erteilt. Die Anerkennung eines Prüflaboratoriums im Hinblick auf bestimmte Normen setzt die Zulassung einer Prüfmethode durch die Zertifizierungsstelle als für diese Normen anwendbar voraus.

Konformitätsprüfung

Unter Konformitätsprüfung wird die Prüfung eines Produktes auf das Vorhandensein bestimmter, in einer Norm geforderter Eigenschaften verstanden. Dies schließt Eigenschaften ein, die beim Einsatz des Produktes zwingend gegeben sein müssen, und solche, die wahlweise einbezogen werden können, nämlich nur dann normgerecht sein müssen, wenn deren Implementierung existiert. Es handelt sich daher ausschließlich um eine Prüfung "gegen die Normen". Eine Prüfung sonstiger Qualitätsmerkmale, die nicht in der Norm beschrieben sind, findet im Rahmen der Konformitätsprüfung nicht statt und wird in dieser Studie nicht betrachtet.

Falsifizierung - Verifizierung

Bei der Softwareentwicklung ist zunehmend mit dem Einsatz konstruktiver Methoden des Software Engineering zu rechnen, die eine a-priori-Konformität (Korrektheit bezüglich formaler Festlegungen in einer Norm) sicherstellen. Die Berücksichtigung konstruktiver Methoden mag eine Prüfung durch den Hersteller zur Beurteilung der Konformität in verstärktem Maße erforderlich machen. In diesem Zusammenhang stellt sich die Frage nach einer Absicherung und Zulassung der konstruktiven Methoden. Selbstverständlich wird man trotz des Einsatzes konstruktiver Methoden nicht auf eine falsifizierungsorientierte Validierung (d. h. Prüfung) verzichten können. Beim gegenwärtigen Stand der Prüfmethodik und den heutigen methodischen Erkenntnissen läßt sich eine Prüfung nur als Falsifizierung durchführen. Es wird zum Einsatz der Verifizierung noch langjähriger Forschungs- und Entwicklungsarbeiten bedürfen, und man wird auf eine Prüfung nicht völlig verzichten können, weil Hardware beteiligt ist. Indes müssen auch Falsifizierungsverfahren hohen Qualitätsanforderungen (Qualität des allgemeinen Verfahrens und des Ablaufs der einzelnen Prüfung) gerecht werden.

Konformitätsprüfung und Informationstechnik (IT)

IT-Produkte bestehen gewöhnlich aus Hardware und Software. Die Prüfung bezieht sich auf das gesamte System aus Hardware und Software. Software wird häufiger geändert als Hardware. Der Schwerpunkt der Prüfung liegt bei der Software, und es wird gewöhnlich von der Prüfung z. B. eines Kompilierers gesprochen, obwohl tatsächlich gleichzeitig das Zusammenwirken zwischen Kompilierer, Laufzeitsystem, dem Betriebssystem und der Hardware mitgeprüft wird. Diese Studie befaßt sich mit Software in diesem weitergefaßten Sinne und mit Schnittstellendefinitionen, jedoch nicht mit Hardware.

3 Für die Prüfung geeignete IT-Produkte

Zu prüfende Produkte können Programme der Informationsverarbeitung, aber auch Protokolle offener Kommunikationssysteme sein. Zukünftig müssen die Normen weiterreichende Anforderungen erfüllen, d. h.

- Angabe der Bedingungen für die Normenkonformität;
- Benutzung formaler Methoden im Norminhalt;
- Festlegung der anzuwendenden Prüfmethoden (Durchführung der Prüfung, Beschreibung der Prüffälle).

Diese Angaben sollten so umfassend sein, daß sie einerseits die Ableitung von Prüfmethoden erlauben, die zu einheitlichen Ergebnissen führen, und andererseits die Anwendungsmöglichkeiten der Norm nicht einschränken. Dies gilt nur für die Prüfung deterministischer Systeme; bei nichtdeterministischen Systemen sind noch viele Probleme ungelöst.

Eine Liste von IT-Produkten, die für eine Prüfung vorgesehen sind, ist im Bericht (2) enthalten. In den folgenden Abschnitten werden die Eigenschaften einiger dieser Produkte kurz beschrieben.

3.1 Kompilierer und andere Software

Normen legen die Sprache fest, die der Kompilierer verarbeiten muß; viele andere wichtige Aspekte (z. B. Fehlermeldungen) werden im allgemeinen nicht beschrieben. Seit Jahren werden COBOL- und FORTRAN-Kompilierer geprüft, in den USA auch Kompilierer für Minimal BASIC. Mit der Prüfung von Kompilierern für Ada (in USA) und Pascal (in Großbritannien) ist gerade begonnen worden. Prüfverfahren werden für das Graphische Kernsystem (GKS) in der Bundesrepublik Deutschland und in Großbritannien entwickelt, und zwar nur für die GKS-Stufe 2b; die Probleme der Nebenläufigkeit bei der Prüfung eines GKS-Systems der Stufe 2c sind bisher noch nicht untersucht worden.

Nach den meisten Zertifizierungsprogrammen für Kompilierer werden Zertifikate auch für Produkte erteilt, die nicht vollständig konform mit der Norm sind. Jedoch werden die Abweichungen in den Prüfberichten, auf die sich die Zertifikate beziehen, genannt. Wegen der Schwierigkeiten, Konformität mit heutigen Techniken der Softwareherstellung zu erreichen, und um die Hersteller zu ermutigen, überhaupt erst einmal einer Zertifizierung näherzutreten, werden solche Zertifikate erteilt.

3.2 Datenaustausch auf Magnetträgern

Zur Prüfung der Kennsätze, der Dateistruktur und der Beschriftung auf Bändern und Disketten sind gewisse Verfahren entwickelt worden, und Prüfdienste werden z. Z. in Frankreich, in der Bundesrepublik Deutschland und in Großbritannien aufgebaut.

3.3 Kommunikationsprotokolle

Verfahren zur Prüfung von Kommunikationsprotokollen werden derzeit in Frankreich, in der Bundesrepublik Deutschland und in Großbritannien entwickelt.

3.4 Allgemeine Eigenschaften von Software

Software unterscheidet sich von den üblichen materiellen Produkten in folgenden Punkten:

- Mit den Kosten für die Erzeugung der ersten Einheit einer Serie identischer Einheiten werden fast die Gesamtkosten erreicht, die Herstellung weiterer gleichartiger Einheiten kostet im Verhältnis zum Aufwand für die erste Einheit vernachlässigbar wenig. Damit gleicht die Erstellung von Software eher der Entwicklung eines neuen Produktes als der Herstellung eines solchen.

- Software bedarf keiner echten Wartung wie etwa Schmierung oder Ersatz verschlissener Teile. Sie bedarf jedoch der Weiterentwicklung, d. h. der Korrektur ungewünschter Eigenschaften und der Anpassung an geänderte Bedürfnisse (einschließlich der Anpassung an Änderungen der Hardware).

- An Software können Änderungen scheinbar leichter vorgenommen werden als an materiellen Produkten.

- Bereits kleine Änderungen können unerwartet schwerwiegende Nebenwirkungen auf andere Teile des Programms haben.

- Konformität kann noch nicht nachgewiesen werden, und Konformitätsprüfungen sind derzeit dementsprechend unvollständig.

- Normen auf dem Gebiet der IT sind keine Produktnormen, sie beschreiben nur einige Eigenschaften des Produktes. (So gibt es z. B. Normen für Programmiersprachen, aber nicht für Kompilierer). Aus diesem Grunde stellt Konformität mit Normen keine Garantie für die Gebrauchstauglichkeit der Software dar.

4 Organisation

4.1 Die drei Funktionsträger

Die folgenden drei Funktionsträger bilden das Gerüst für den organisatorischen Ablauf der Zertifizierung:
- Zertifizierungsstelle;
- Antragsteller;
- Prüflaboratorium.

4.1.1 Zertifizierungsstelle

Jede nationale Normenorganisation verfügt über eine besondere Zertifizierungsstelle oder ist selbst eine solche; so ist z.B. die DGWK (Deutsche Gesellschaft für Warenkennzeichnung GmbH) die Zertifizierungsstelle des DIN. Die Zertifizierungsstelle stellt Zertifikate aus. Sie kann dafür Gebühren erheben.

Ein Zertifikat wird nur dem Eigentümer eines zu prüfenden Produkts oder einem Berechtigten erteilt. Ausländische Antragsteller können ebenfalls die nationale Zertifizierungsstelle in Anspruch nehmen. Die gegenseitige Anerkennung von Prüfergebnissen wird sichergestellt durch enge Verbindungen zwischen Zertifizierungsstellen in Europa und weltweit.

Weiterhin läßt die Zertifizierungsstelle in Abstimmung mit der nationalen Normenorganisation Prüfmethoden zu (sofern sie nicht in einer Norm festgelegt sind). Es muß durch Zusammenarbeit mit ISO und CEN sichergestellt werden, daß Prüfmethoden international anerkannt werden. Die Zulassung einer Prüfmethode durch eine Zertifizierungsstelle setzt voraus, daß sie für jedermann zu einer angemessenen Gebühr erhältlich ist.

Die nationale Zertifizierungsstelle erkennt Prüflaboratorien für bestimmte Prüfungen oder Arten von Prüfungen an. Diese Anerkennung erfordert eine vorherige Beurteilung der fachlichen Kompetenz des Prüflaboratoriums im Hinblick auf die zu prüfenden Objekte. Diese Beurteilung wird innerhalb Europas und weltweit einheitlich geregelt sein. ISO/IEC-Leitfaden 38 sagt dazu (0.3): "Gesichtspunkte wie Fachverstand, Neutralität und Integrität sind für die Akzeptanz einer Prüfaktivität von ausschlaggebender Bedeutung".

4.1.2 Antragsteller

Unter der Bezeichnung "Antragsteller" im Sinn dieses Leifadens wird eine Organisation oder Person verstanden, die einem Prüflaboratorium einen beliebigen Auftrag erteilt. Es kann dies eine Firma oder eine Zertifizierungsstelle sein, die die Dienste eines Prüflaboratoriums in Anspruch nimmt. (ISO/IEC-Leitfaden 38-1983, Abschnitt 3).

Anmerkung: In dieser Studie gilt als Antragsteller derjenige, der ein Produkt prüfen läßt.

4.1.3 Prüflaboratorium

Das Prüflaboratorium hat die Aufgabe, Konformitätsprüfungen durchzuführen und entsprechende Prüfberichte zu erstellen. Dafür kann das Prüflaboratorium eine Prüfgebühr erheben. Das Prüflaboratorium handelt auf der Grundlage seiner generellen vertraglichen Bindung gegenüber der Zertifizierungsstelle; es benötigt eine Anerkennung als Prüflaboratorium, die eine ausreichende Qualifikation voraussetzt. Prüflaboratorien sollten für jedermann zugänglich sein, auch für ausländische Antragsteller. Zertifizierungsstellen dürfen auch herstellereigene Prüflaboratorien anerkennen, die ausschließlich Produkte des betreffenden Herstellers prüfen.

4.1.4 Organisationsdiagramm (vereinfacht)

Die drei oben genannten Funktionsträger werden im Bild als Ecken eines Dreiecks dargestellt. Zwischen diesen Stellen werden rechtliche Beziehungen (dargestellt durch die Seiten des Dreiecks) begründet, wodurch gewisse, im Verfahrensgang verankerte Rechte und Pflichten einen verbindlichen Charakter erhalten:

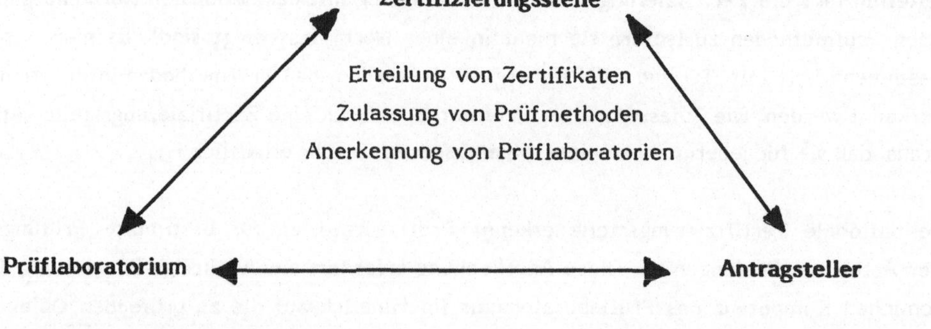

Bild 1. Beziehungen und Aufgaben der drei Funktionsträger

4.1.5 Verhältnis zwischen Zertifizierungsstelle und Prüflaboratorium

Die Zertifizierungsstelle erkennt das Prüflaboratorium zur Durchführung von Prüfungen nach einer bestimmten Norm an. Der entsprechende Vertrag regelt Rechte und Pflichten im einzelnen. Die Zertifizierungsstelle erteilt auf der Grundlage der durch ein anerkanntes Prüflaboratorium erstellten Prüfberichte Zertifikate. Die Zertifizierungsstelle führt über alle anerkannten Prüflaboratorien Akkreditierungslisten und streicht Prüflaboratorien, deren Anerkennung erloschen ist (Überwachungsfunktion).

4.1.6 Verhältnis zwischen Prüflaboratorium und Antragsteller

Zur Durchführung einer Konformitätsprüfung schließen das Prüflaboratorium und der Antragsteller einen Prüfvertrag auf der Basis eines Mustervertrages oder besser unter Verwendung eines besonderen Vordrucks. Der Antragsteller wendet sich an ein anerkanntes Prüflaboratorium und erteilt schriftlich den Auftrag zur Prüfung eines bestimmten, genau bezeichneten Produkts. Dies setzt voraus, daß Antragsteller und Prüflaboratorium getrennte organisatorische Einheiten sind; diese Voraussetzung gilt auch als gegeben, wenn Prüflaboratorium und Antragsteller zu derselben juristischen Person gehören. Es ist aber darauf zu achten, daß das Prüflaboratorium, wie im ISO/IEC-Leitfaden 38, Abschnitt 0.3 vorgeschrieben, neutral ist.

Vor der eigentlichen Prüfung durch das Prüflaboratorium kann der Antragsteller selber das Produkt prüfen. Zu diesem Zweck ist ihm die neueste Fassung der Prüfmethode gegen ein angemessenes Entgelt (das in der Prüfgebühr enthalten sein kann) bereitzustellen.

Das Prüflaboratorium wird die Prüfung unter Anwendung der anerkannten Prüfmethode in seinen eigenen Räumen oder an einem anderen, vom Antragsteller gewünschten Ort durchführen. Bei IT-Produkten wird die Prüfung üblicherweise im Betrieb des Antragstellers durchgeführt.

4.1.7 Beziehung zwischen Antragsteller und Zertifizierungsstelle

Auf der Grundlage einer mit Erfolg durchgeführten Konformitätsprüfung und eines Prüfberichts erteilt die Zertifizierungsstelle dem Antragsteller auf dessen Antrag hin ein Zertifikat. Der Prüfbericht gilt nur dann als ausreichend für die Zertifizierung, wenn die Konformitätsanforderungen erfüllt und belegt sind.

4.2 Diagramme für die wichtigsten Verfahrensschritte

Die wesentlichen Verfahrensschritte bei

- der Zulassung einer Prüfmethode,
- der Anerkennung eines Prüflaboratoriums,
- der Konformitätsprüfung und Erstellung eines Prüfberichts,
- der Erteilung eines Zertifikats

werden in den folgenden 4 Diagrammen gezeigt.

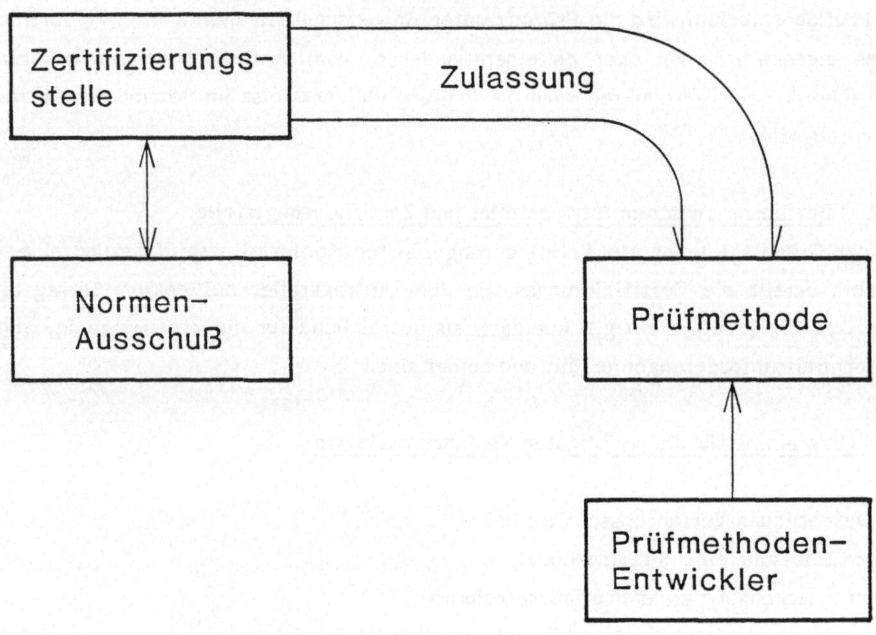

Bild 2. Zulassung einer Prüfmethode

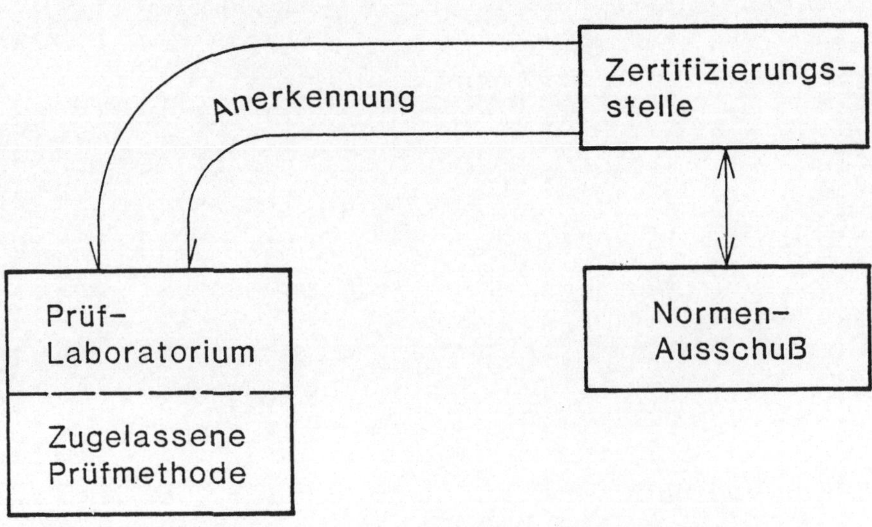

Bild 3. Anerkennung eines Prüflaboratoriums

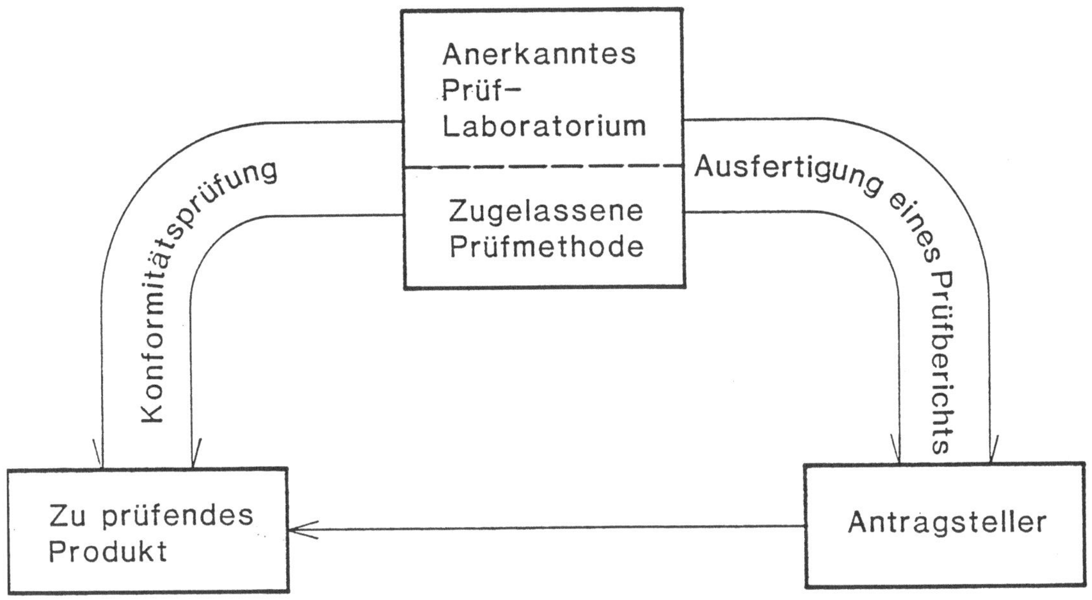

Bild 4. Konformitätsprüfung und Erstellung eines Prüfberichts

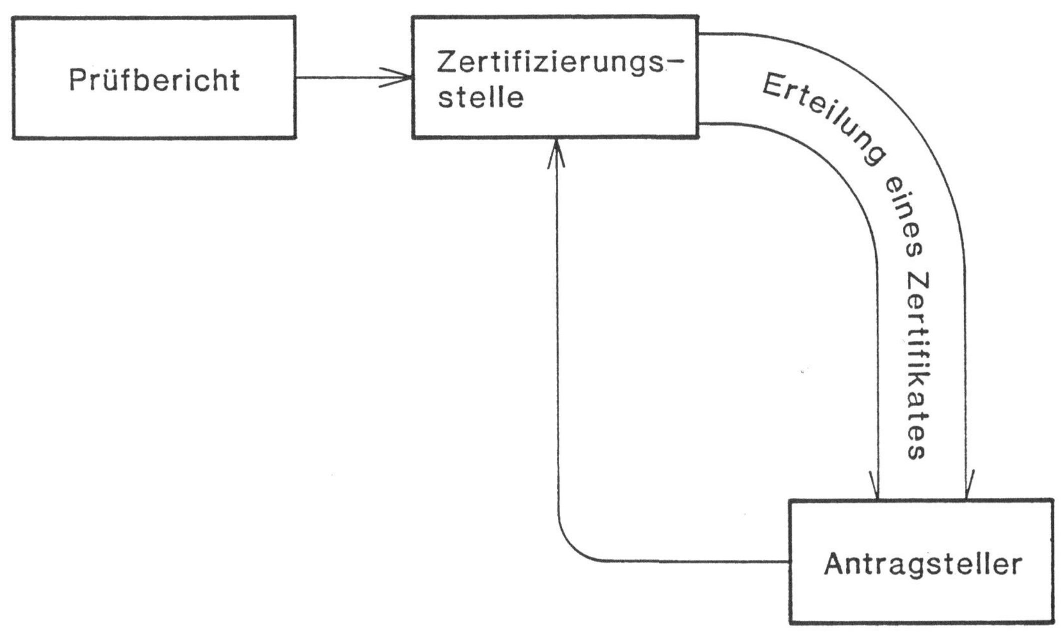

Bild 5. Erteilung eines Zertifikats

4.2.1 Verwaltung der Prüfmethoden

Entwickler von Prüfmethoden kann jede Person oder Institution sein.
Die Prüfmethoden müssen von der Zertifizierungsstelle mit technischer Unterstützung des zuständigen Normenausschusses zugelassen sein. Diese Zulassung schließt mit ein, daß die Prüfmethoden jedermann zu angemessenen Bedingungen zugänglich gemacht werden. Die zugelassenen Prüfmethoden sind die für eine Konformitätsprüfung offiziellen, bindenden Verfahren.

Die Prüflaboratorien in allen Ländern sollten die gleichen, von Normen abgeleiteten Prüfmethoden anwenden. Die Zertifizierungsstelle sollte sicherstellen, daß neue Prüfmethoden eine gegenseitig anerkannte Zulassung erfahren und die Anwendung solcherart zugelassener Methoden in allen Prüflaboratorien zum gleichen Zeitpunkt beginnt. Die Beurteilung von Prüfmethoden in technischer Hinsicht und die Beurteilung der Zulassung soll Angelegenheit der Normenorganisationen bleiben.

Eine Harmonisierung der Verwaltung als Voraussetzung für die faktische Harmonisierung der Prüfmethoden zwischen den Prüflaboratorien und die Wahrung der Einheitlichkeit der jeweiligen Prüfmethoden (einschließlich der Prüfsoftware) obliegt den Zertifizierungsstellen. Diese Zuständigkeit kann an ein Prüflaboratorium delegiert werden.

4.2.2 Normenorganisation (nationale und internationale)

Die zuständigen Normenorganiationen werden folgende Aufgaben wahrzunehmen haben:

- Berücksichtigung von Gesichtspunkten der Konformitätsprüfung schon bei der Erarbeitung von Normen,
- Beratung und Abgabe von Empfehlungen im Zusammenhang mit der Zulassung einer Prüfmethode durch seine Arbeitsgremien,
- fachliche Beratung der Zertifizierungsstelle bei der Anerkennung eines Prüflaboratoriums zur Durchführung von Konformitätsprüfungen auf der Basis bestimmter Normen,
- fachliche Beratung in Streitfällen.

4.3 Gegenseitige Anerkennung von Zertifikaten

In einem Land erteilte Zertifikate sollten von Anwendern in einem anderen Land akzeptiert werden. Im Rahmen von Beschaffungsmaßnahmen der Öffentlichen Hand dürften ausländische Zertifikate nicht anerkannt werden, wenn es solche auf nationaler Ebene gibt. Gegenseitige Anerkennung von Zertifikaten bedeutet die Erteilung eines nationalen Zertifikates allein auf der Basis eines ausländischen Zertifikates und Prüfberichts, ohne daß eine erneute Prüfung durchgeführt wird.

5 Verfahren bei der Konformitätsprüfung und Zertifizierung

5.1 Prüfung

Der Antragsteller richtet seinen Antrag auf Konformitätsprüfung eines bestimmten Produkts an das Prüflaboratorium oder die Zertifizierungsstelle. Im letzten Fall gibt die Zertifizierungsstelle an den Antragsteller Informationen über in Frage kommende Prüflaboratorien. Der Antragsteller legt gemeinsam mit dem Prüflaboratorium Ort und Zeitpunkt für die Prüfung des Produkts fest. Alle technischen Einzelheiten werden vom Prüflaboratorium aufgezeichnet. Auf Wunsch des Antragstellers fertigt das Prüflaboratorium für diesen einen Prüfbericht an. Dieser ist Voraussetzung für die Zertifizierung. Ein Prüfbericht darf nur in vollständiger Form weitergegeben werden; es ist ausdrücklich untersagt, nur Teile eines Prüfberichts weiterzugeben.

Das Prüflaboratorium hat dem Antragsteller die Prüfmethode zur Vorbereitung auf die Prüfungen mitzuteilen. Damit wird er in den Stand gesetzt, sich Werkzeuge zur Anpassung der Prüfmethode an seine Geräteausstattung zu schaffen und sein Produkt vorzuprüfen und noch vor der offiziellen Prüfung durch das Prüflaboratorium ggf. grundlegend zu verbessern. Das Prüflaboratorium ist zum vertraulichen Umgang mit allen Prüfergebnissen und Unterlagen verpflichtet. Ausnahmen bilden nur diejenigen Fälle, die ausdrücklich zur Veröffentlichung freigegeben werden. Der Prüfbericht ist Eigentum des Antragstellers, darf von diesem aber nicht in unangemessener Weise zurückgehalten werden.

5.2 Zertifizierung

Hat das Prüflaboratorium einen Prüfbericht erstellt, der hinreichende Konformität ausweist, so erhält der Antragsteller Anspruch auf ein Zertifikat von der Zertifizierungsstelle. Aufbau und Inhalt des Prüfberichts müssen den Anforderungen entsprechen, die ein potentielles internationales Zertifizierungssystem stellt. Das von der Zertifizierungsstelle erteilte Zertifikat muß eindeutige Hinweise auf das Prüflaboratorium und auf den von diesem erstellten Prüfbericht enthalten. Die Gültigkeitsdauer des Zertifikats hängt von den betreffenden Normen ab und ist auf mindestens 12 Monate, höchstens 24 Monate begrenzt. Bei Ablauf dieses Zeitraums kann der Antragsteller die Erneuerung des Zertifikats durch die Zertifizierungsstelle verlangen. Dies würde einen neuen Prüfbericht oder die Bestätigung des letzten Prüfberichts erforderlich machen.

Das Zertifikat gibt die Bezeichnung der geprüften Produktausführung an. Die Gültigkeitsdauer von Zertifikaten muß für alle Produkte, deren Konformität nach denselben Normen geprüft wird, einheitlich festgelegt werden. Das Zertifikat darf innerhalb dieser Zeit für das geprüfte Produkt verwendet werden sowie für Produktänderungen dann, wenn der Antragsteller am Produkt Mängel korrigiert, die bei der Konformitätsprüfung festgestellt wurden und im Prüfbericht festgehalten sind. In diesem Fall muß jedoch der Antragsteller die geänderte Version unter Anwendung der Prüfmethoden prüfen. Findet die Produktänderung zwischen Zertifizierung und Lieferung statt, ohne daß sich an der Produktbezeichnung etwas ändert, ist der Kunde, an den das Projekt geliefert wird, dann zu unterrichten, wenn die Änderung Auswirkungen auf die Konformität haben kann. Bei Software mit sicherheitstechnischer Bedeutung muß die Identität des zertifizierten Produkts garantiert werden. Jede Änderung ist in diesem Fall anzuzeigen und erfordert eine neue Typbezeichnung und eine entsprechende Prüfung.

Bei der Erteilung von Zertifikaten ist auf internationale Kompatibilität zu achten. Für die Zukunft ist die Errichtung eines internationalen Zertifizierungssystems auf weltweiter Basis anzustreben, das auf Zertifizierungsvereinbarungen aufbaut und dadurch eine schrittweise und automatische Entwicklung sicherstellt. Eine unabhängige, übernationale Zertifizierungsstelle soll nicht eingerichtet werden, es ist jedoch denkbar, daß sich auf der Ebene von CENCER oder CERTICO ein Zertifizierungssystem herausbildet. Nationale Zertifizierungsstellen können von jedem Antragsteller weltweit in Anspruch genommen werden.

Mit der Antragstellung und Zertifizierung gibt der Antragsteller gleichzeitig seine Zustimmung, daß die Zertifizierungsstelle sein Erzeugnis in einer jedermann zugänglichen Zertifizierungsliste nennt.

6 Datenschutzrelevanz

Für die Software, welche im Zusammenhang mit Auflagen des Datenschutzgesetzes zum Einsatz kommen soll, ist eine Prüfung und Zertifizierung künftig anzustreben. Es ist vorstellbar, daß im Falle zertifizierter Software Versicherungsgesellschaften bereit sind, Haftpflichtversicherungen mit dem Nutzer der Software abzuschließen, die das dann noch bestehende "Restrisiko" abdecken. Dies kann für viele Firmen und deren Datenschutzbeauftragte einige Bedeutung gewinnen.

Literaturangaben

(1) R. M. O'Connor:
The use of IT standards in public procurement.
Report to the Public Procurement Subcommittee of the CEC. Draft; 1983 (available from CEC, III/B/1)

(2) Report to the Commission of the European Communities about a study by CEN, AFNOR, BSI and DIN about the setting-up of reference testing services for IT products (1984 March) (available from CEC, III/B/1)

(3) D. J. Dwyer and D. I. Noble (editors):
Language Implementation Validation.
Proceedings of the Two-Day Workshop held by BNI, GMD, NCC at The National Computing Centre, Manchester, England.
The National Computing Centre Ltd, Manchester, April 1980

(4) B. A. Wichmann and Z. J. Ciechanowicz:
Pascal Compiler Validation.
John Wiley & Sons, Chichester 1983

(5) T. H. Probert:
Ada Validation Organization: Policies and Procedures. 1983.
Order number PB83 110601 at The National Technical Information Service (NTIS), 5285 Port Royal Road, Springfield, VA 22161, USA

(6) Ada Compiler Validation in Europe.
A study report from BNI, GMD and NPL to the CEC, 1982.
Available from Dr. Rudolf W. Meijer, CEC, III B 2, B-1049 Brussels

(7) ECMA TR/18:
The Meaning of Conformance to Standards. September 1983.
Available from European Computer Manufactures Association, 114 Rue du Rhòne, Ch-1204 Geneva, Switzerland.

VALIDIERUNG VON ADA-COMPILERN

Stephan H e i l b r u n n e r

Industrieanlagen-Betriebsgesellschaft m.b.H., Ottobrunn

1. Einführung

Ohne Zweifel gibt es ein allgemeines Unbehagen an der von Herstellern vertriebenen Basissoftware. Ein einzelner Kunde kann nur selten den Aufwand treiben, die für ihn wesentlichen Teile auf ihre Tauglichkeit hin zu überprüfen. Im allgemeinen ist er auf Zusicherungen des Herstellers und Hörensagen angewiesen. Erst nach Vertragsabschluß und Installation bemerkt er Mängel, deren Beseitigung aus technischen Gründen oft nicht unverzüglich möglich und deshalb auch trotz vertraglicher Vereinbarungen nicht durchführbar ist. So ergibt sich die Forderung nach einem präventiven, TÜV-ähnlichen, quasi-öffentlichen Prüfverfahren für Software.

Größere Erfahrung mit der Güteprüfung für Software hat man bei Übersetzern für klassische Programmiersprachen. So werden z.B. Cobol-Übersetzer seit 1972 validiert Die zugehörigen Testprogramme werden vom Federal Software Testing Center in den USA erstellt und verbreitet. Nationale Institute, in Deutschland die GMD, benutzen diese Testprogramme zu Normkonformitätsprüfungen und verleihen entsprechende Zertifikate. Ähnliche Verfahren gibt es für Fortran und Pascal.

In neuerer Zeit wird versucht, Güteprüfungen auch für andere Softwareprdukte durchzuführen. In Deutschland wurde dazu vor kurzem die Gütegemeinschaft Software unter der Schirmherrschaft von DIN und RAL gegründet. Grundlage ihrer Arbeit ist vorläufig DIN V66285, die allerdings in ihren überwiegend formalen Anforderungen die naheliegende Hoffnung, daß gütegeprüfte Software gut sei, ein wenig enttäuschen wird.

Im Zusammenhang mit der Entwicklung und Förderung von Ada ist Compiler-Validierung zu einem Schlagwort geworden ,das eine Reihe von Fragen verdeckt. Welche Ziele verfolgt die Validierungsbehörde? Welche Prüfmittel setzt sie ein? Werden die in der Öffentlichkeit unterschwellig mit dem Schlagwort 'Validierung' verknüpften Erwartungen erfüllt?

2. Validierungsablauf

Das zur Validierung eingesetzte Prüfwerkzeug "Ada Compiler Validation Capability" (kurz: ACVC) besteht aus etwa 2500 Programmen mit insgesamt etwa 200.000 Zeilen Text. Es füllt drei breite Ordner mit beidseitig bedrucktem normalen Schreibmaschinenpapier. Die Testprogramme umfassen meist weniger als 100 Zeilen und sind einfach aufgebaut. Sie wurden systematisch anhand des Sprachmanuals entwickelt und testen jeweils eine Spracheigenschaft. Nur selten wird eine Kombination von Eigenschaften abgeprüft. Eine überschlägige Rechnung ergibt etwa zehn Programme zu jeder Seite des Manuals.

Die Mehrzahl der Programme soll prüfen, ob die im Manual beschriebenen Sprachkonstrukte die zugehörige Wirkung haben. Tritt die entsprechende Wirkung nicht ein, so wird eine Fehlermeldung ausgelöst.

Beispiel

```
 -- C26002B.Ada
 -- Check that doubled " can be used within
 -- string literals as a data character
 ....

procedure C26002B rs

    use report;
    dq: character;
    sl: string (1..1);
    s3: string (1..3);
    s5: string (1..5);

begin
    test ("C26002B", "....");
    dq   : ='"';
    sl   : = """";
    if sl(1)/= dq then
           failed ("double quote character in string -l");
    end if;
    .......
    result;
end C26002B;
```

Manche Programme haben implementierungsabhängige Parameter (z.B. darstellbarer Zahlbereich), die vor der Validierung entsprechend angepaßt werden müssen. Bei manchen Sprachkonstrukten läßt das Manual implementierungsabhängige Beschränkungen zu. Die zugehörigen Testprogramme berücksichtigen die möglichen Alternativen und versuchen zu prüfen, ob eine einmal gefundene Alternative durchgängig eingehalten wird.

Beispiel

```
-- E36202A-B.ADA
-- Check that numeric error may bei raised when length
-- is applied to exceedingly long arrays.
procedure E36202A is ...
type null_array is array (1..0) of boolean; ...
begin ...
   declare
      type amaze is array(-1..integer'last)of null_array;
      i:integer;
   begin
      i := amaze'length - integer(7);
      comment ("no exception raised");
   exception ...
      when numeric_error => comment("numeric_error...");
      when others => failed("wrong exception raised");
   end; ...
end E36202A;
```

Neben den Programmen zum Test des Ausführungsverhaltens gibt es Programme zum Test des Übersetzungszeitverhaltens. Es gibt eine große Zahl von Programmen mit Verstößen gegen die Regeln des Manuals, die zur Übersetzungszeit oder spätestens zur Bindezeit vom Kompiliersystem festgestellt werden müssen. Daneben gibt es Programme, bei denen es nur darauf ankommt, daß sie vom Übersetzer ohne Fehlermeldung angenommen werden.

Beispiel

```
-- A29002H-B.ADA
-- Check that keywords in other languages which are not
-- keywords in Ada can be used as variable names ...
procedure A29002H is
...
re      : integer; -- Algol 68
read    : integer; -- cms-2, COBOL, FORTRAN, ...
real    : integer; -- Algol 68, Algol 60, FORTRAN, ...
rec     : integer; -- J73
receive: integer; -- COBOL
...
begin
   test ("A29002 H", "...");
   result;
end A2900H;
```

Die Validierungsprogramme sind frei zugänglich und über die Validierungsstellen von jedermann gegen eine Schutzgebühr erhältlich. Sie werden halbjährlich ergänzt und berichtigt. Um validiert werden zu können, muß ein Kompiliersystem alle anwendbaren Tests bestehen.

Im Geschäftsbereich des amerikanischen Verteidigungsministeriums wurde für die Entwicklung und Förderung von Ada eine eigene Behörde eingerichtet, das "Ada Joint Program Office", das seinerseits für die Ada-Validierung eine eigene Organisation aufgebaut hat. Sie besteht aus dem "Ada Validation Office" und fünf Validierungsstellen, den "Ada Validation Facilities", eine davon ist die IABG Ottobrunn. Die eigentliche Validierung, d.h. das Ablaufenlassen der Programme und die Auswertung des Prüfergebnisses, wird von den Validierungsstellen vorgenommen. Sie erstellen einen Prüfbericht, der im positiven Falle schließlich zu einem vom

Ada Joint Program Office ausgestellten Zertifikat führt. Das Zertifikat gilt ein Jahr. Danach ist eine erneute Validierung erforderlich.

3. Validierungsbestimmungen

Vor dem Hintergrund der Vielzahl der im amerikanischen Verteidigungsbereich eingesetzten Programmiersprachen war die Eindämmung der Sprachvielfalt ("Stop Language Proliferation") die wichtigste Antriebskraft für die Entwicklung von Ada. Dementsprechend ist das wichtigste Validierungsziel die Beseitigung von Sprachdialekten und die Förderung der Ausbreitung von Ada. Es ist nicht Ziel der Validierung, Korrektheitstests für Ada-Übersetzer durchzuführen.

Für die Ableitung von Verfahrensregeln aus den Validierungszielen sind noch einige Randbedingungen zu beachten. (1) Der Spracherlaß, nach dem im amerikanischen Rüstungsbereich nur validierte Ada-Übersetzer verwendet werden dürfen. (2) Die Eigenheiten militärischer Programmierprojekte mit ihren Spezialrechnern und langen Laufzeiten. (3) Die Tatsache, daß Ada ein eingetragenes Warenzeichen des Ada Joint Program Office ist, das nicht ohne weiteres von jedermann benutzt werden darf. (4) Die Einsicht, daß auch validierte Übersetzer Fehler enthalten, die aufgespürt und beseitigt werden sollten

Das hartnäckigste Problem bei der Abfassung der Verfahrensregeln ist die Bestimmung des Begriffes "validierter Übersetzer". Ist ein Übersetzer noch validiert, wenn an ihm Fehler behoben wurden? Wenn das Betriebssystem modifiziert wird? Wenn das Rechenwerk gegen ein schnelleres mit gleichem Befehlssatz ausgetauscht wird? Wenn der Drucker abgetrennt wird, weil er an Bord eines Flugzeuges sinnlos ist? Wie ist zu verfahren, wenn während der Laufzeit eines Programmierprojekts der Übersetzer das Validierungsprädikat verliert, die erstellten Programme aber mit diesem Übersetzer den verträglichen Annahmetest bestanden haben?

4. Auswirkungen

Nach den bisherigen Erfahrungen sind die Validierungsbemühungen, gemessen am vorrangigen Validierungsziel, ein Erfolg. Es gibt z.Z. etwa 20 validierte Übersetzer. Und es gibt nur wenige nicht validierte Übersetzer, die in der Fachöffentlichkeit Beachtung finden. Aber auch für diese Übersetzer ist die Validierung angestrebt, d.h. die Implementierer bekennen sich zum Ziel des Vermeidens von Sprachdialekten.

Durch die sorgfältige Anfertigung der Testprogramme und die nahezu vollständige Abdeckung des Sprachmanuals wurden Lücken, Ungenauigkeiten und Widersprüche in der Definition aufgefunden und wertvolle Interpretationshilfen gegeben. Eine formale Definition von Ada hätte das vielleicht auch geleistet, hätte aber vermutlich nur einem engen Kreis von Eingeweihten genützt, wenn man sich auf die Erfahrung mit der Wiener Definition von PL/I stützt.

Sicherlich sieht die Öffentlichkeit das Bemühen des amerikanischen Verteidigungsministeriums um die Pflege von Ada an der Validierungsanstrengung am deutlichsten. Die Ernsthaftigkeit des Bemühens wirkt der Befürchtung entgegen, Ada könnte eine mit Algol 68 vergleichbare Eintagsfliege werden.

Unmittelbare Auswirkungen auf die Qualität und die Verfügbarkeit von Ada-Übersetzern sind nicht ohne weiteres festzustellen. Es ist zu vermuten, daß sich ohne die im

Hintergrund lauernde Validierung jeder Implementierer in alter Gewohnheit seine eigene Ada-Variante geschaffen hätte, daß aber die Übersetzer weder wesentlich schneller, noch wesentlich benutzerfreundlicher geworden wären.

Fehlerfreiheit läßt sich auch durch 2500 Testprogramme nicht erzwingen, obgleich die Stabilität der validierten Übersetzer vermutlich größer ist, als die Erfahrungen mit ähnlich komplexen Sprachen hoffen ließen. So sind 100 Fehler im ersten Jahr der Benutzung für einen eben erst validierten Übersetzer nicht viel, wenn man im PL/I-Übersetzer eines großen Herstellers nach vieljährigem Gebrauch und oftmaliger Reparatur ebenso viele Fehler kennt. Unabhängig vom Validierungsziel ist die Validierung eine aussagekräftige, vertrauensbildende Tatsache für jeden Benutzer. Sie erhöht die Sicherheit des Programmierens mit Ada. Wenn man ihr auch kein blindes Vertrauen schenken darf, so ist die Validierung doch beim gegenwärtigen Stand der Technik ein wertvolles Prüfmittel.

Ist man bereit, die nützlichen Auswirkungen des Einhaltens von Normen den Normkontrolleinrichtungen zugute zu halten, so hat die Ada Validierung noch mehr gute Seiten. Eines der Entwurfsziele von Ada war die Erhöhung der Portabilität von Programmen (und Programmierern). Man hat sorgfältig darauf geachtet, mögliche maschinenabhängige Überraschungseffekte entweder zu beseitigen oder explizit als implementierungsabhängig auszuweisen. So hat man zum Beispiel im Bereich maschinenabhängiger Zahldarstellungen einen beachtlichen Fortschritt erzielt, wobei ohne die Validierungsdrohung sicherlich einige Implementierer nicht ausreichenden Ansporn gehabt hätten, das Manual wörtlich zu nehmen. Ähnliches gilt für das die Sicherheit im Programmieren fördernde Prinzip des "information hiding", welches mit dem Paketkonzept in Ada verwirklicht wurde.

Schwerer zu erfassen und vorherzusagen sind die nichttechnischen Auswirkungen der Validierung. Wird die Verwaltungsvorschrift eingehalten werden, wonach nur validierte Übersetzer eingesetzt werden dürfen? Handelt jemand, der zur Erfüllung eines Vertrages einen nicht validierten Übersetzer verwendet, mit der für ordentliche Kaufleute gebotenen Sorgfaltspflicht? Befreit sich jemand von seiner Sorgfaltspflicht durch Vertrauen auf die Validierung? Wirkt das mögliche Beharren öffentlicher Auftraggeber auf Validierung (und jährliche Revalidierung) kostentreibend oder erzielt man durch Normkonformität den bekannten Standardisierungsgewinn auch bei Programmiersprachen?

Es ist offenbar, daß wesentliche Eigenschaften von Übersetzern wie Geschwindigkeitsaspekte und Testeinrichtungen bei der Validierung nicht geprüft werden. Auch die für Ada beabsichtigte Programmierumgebung APSE steht außerhalb der Validierung. Die Ada-Behörden in den Vereinigten Staaten sind sich dieses Mangels bewußt und arbeiten an der Ausweitung der Prüfwerkzeuge. Standardisierte Benchmarks und die Validierung der APSE-Schnittstelle CAIS sind die nächsten Schritte.

DATENSCHUTZ IN DER INFORMATIONSGESELLSCHAFT

Eckard Fuchs

beim Senator für Inneres, Berlin

Seit gut 15 Jahren verfolgt die interessierte Öffentlichkeit mit wachsender Sorge die sich aus den technischen Entwicklungen ergebenden Möglichkeiten zur Verarbeitung, Übermittlung und Speicherung von Informationen mit Hilfe technischer Systeme. Heute auf dem Markt für jeden verfügbare Geräte mit den Namen Heimcomputer, Personalcomputer oder Portables liefern z. T. die Verarbeitungsleistungen von Großsystemen zu Beginn der 70er Jahre; das Angebot einer Verknüpfung oder Vernetzung derartiger Geräte (Reklame: "Dein Computer ist einsam!"), aber auch die vielfältigen Möglichkeiten und Fähigkeiten der modernen Großsysteme schaffen bei vielen ein steigendes Gefühl der Bedrohung. Glaubt man den Herstellerbroschüren, so erlauben die modernen Geräte:

- o die sofortige Bereitstellung von Informationen für jeden, der zu einem derartigen System Zugang hat, und zwar unabhängig von Zeit und Ort,
- o die beliebige Selektion oder Aggrigation von Daten oder Datengruppen je nach Fragestellung und Interesse,
- o die schnelle Verarbeitung großer Datenmengen und Behandlung komplizierter Bearbeitungsvorgänge und Modelle

und schließlich

- o die - auf Wunsch dauerhafte - Speicherung der Ergebnisse.

Diese Aussagen oder Versprechungen - mögen sie nun alle schon heute realisierbar sein oder erst in den kommenden Jahren -, aber auch negative Erfahrungen vergangener Jahre haben die Befürchtungen verstärkt, daß es privaten und öffentlichen Machtinstanzen möglich ist, umfassende Kontrollen über Individuen und Organisationen auszuüben. Nicht erst der heute immer wieder zitierte 'Volkszählungsprozeß' hat gezeigt, daß Kräfte in unserer Gesellschaft sehr kritisch auf neuartige Formen der Informationssammlung und -verarbeitung reagieren.

Bedauerlich ist in diesem Zusammenhang, daß viele der zu diesem Thema geführten Diskussionen es an ausreichenden Sachverhaltsfeststellungen und Problemanalysen fehlen lassen. So werden der modernen Informationsverarbeitung Nachteile oder Probleme angelastet, die ganz andere, meist tiefergehende Ursachen haben. In vielen Fällen wird ausschließlich der Staat als freiheitsbedrohender Moloch gesehen, der in eigenem Interesse oder in dem der jeweils regierenden Kräfte die schutzwürdige Privatsphäre der einzelnen zu verletzen trachtet. Ferner wird offenbar oft unterstellt, daß es nur darauf ankäme, durch neue und die Verstärkung vorhandener Kontrollinstitutionen sowie durch die pauschale Forderung nach Kontrollmaßnahmen Sicherheit und Schutz zu erzeugen. Dabei sind gerade in der letzten Zeit viele Studien und Berichte veröffentlicht worden, die - wie ich meine: zu Recht - darauf hinweisen, daß es keinesfalls ausreicht, die technische Entwicklung mit ihren neuen Möglichkeiten zur Informationsbearbeitung mit mehr oder weniger perfektionierten Schutzmaßnahmen zu flankieren. Vielmehr müssen wir uns an die ungleich schwierigere Aufgabe machen, die Informationsbehandlung und die Informationsbeziehungen in allen gesellschaftlichen Teilsystem gründlich zu überdenken und bei Bedarf neu zu regeln.

Die heute in der Bundesrepublik Deutschland geltenden Datenschutzgesetze haben die Aufgaben, natürliche Personen vor dem Mißbrauch ihrer Daten bei der Verarbeitung zu schützen. Es handelt sich dabei angesichts der heute nötigen und insbesondere angesichts der technisch möglichen Formen der Informationsverarbeitung um gesetzliche Regelungen, die auf einem Auge blind sind und auf dem anderen eine stark eingeschränkte Sehschärfe haben. Dies ist keinesfalls als Vorwurf gemeint! Die heute geltenden Gesetze resultieren aus den Erkenntnissen und Erfahrungen mit automatischer Datenverarbeitung der 60er und frühen 70er Jahre. Sie waren nie für die Möglichkeiten der Informationsverarbeitung konzipiert, wie sie heute und in Zukunft bestehen.

Welche Regelungen sind nun zu treffen, um uns vor freiheitsgefährdenden Informationstechniken zu schützen? Diese Frage ist schon oft gestellt worden, so oft, daß vielleicht gar nicht mehr jedem deutlich wird, daß sie so falsch gestellt ist. Es gibt keine Eigengesetzlichkeit in der Informationstechnik, d. h. sie muß sich nicht zwangsläufig gegen die Freiheit des einzelnen auswirken. Sie kann im Gegenteil sogar neue Freiheiten des Menschen begründen, und sei es nur dadurch, daß sie ihn von seiner naturbedingten Unzulänglichkeit bei der Informationsaufnahme, -aufbewahrung und -verarbeitung befreit. Die Technik liefert viele Anwendungsmöglichkeiten, aber keine Maßstäbe zu ihrer Verwendung. Diese müssen wir ihr vorgeben, wenn wir Fehlentwicklungen vermeiden wollen. Auch Datenschutzregelungen sind solche Maßstäbe.

Wenn wir sie entwickeln und gestalten wollen, müssen wir uns vor voreiligen Festlegungen hüten. Ich möchte hier beispielhaft an zwei Aspekten aufzeigen, worauf es m. E. bei künftigen Regelungen besonders ankommt.

Der eine Aspekt ist technisch begründet. Die durch die Technik gegebenen Möglichkeiten eines jederzeitigen Zugriffs auf vorhandene Daten und die vielfältigen Verarbeitungsmöglichkeiten schaffen vielseitige Nutzungsmöglichkeiten. Bei ihrer Ausnutzung können die Daten sowohl aus ihrem Kontext herausgelöst als auch zu fehlinterpretierbaren Profilen zusammengesetzt werden. Es ist aber zum einen einem Datum nicht zu entnehmen, ob es nur im Kontext oder auch für sich 'sinnvoll' verwendbar ist.Auch die Profilbildung mit Hilfe von Daten (wie sie heute beispielsweise im Banken-, Gesundheits- und Sozialbereich, aber auch bei Werbung und Marketing durchaus üblich ist) ist in besonderem Maße schon aus methodologischen Gründen schutzwürdig und damit regelungsbedürftig.

Dann haben also jene Recht, die eine enge und strenge Begrenzung der Daten-Verarbeitung fordern? Zur Zeit ist man wohl eher geneigt, dem zuzustimmen. Man sollte aber dann auch nicht übersehen, daß die Ziele zur Beschränkung technisch möglicher Informationsverarbeitung mit anderen Zielen unserer Gesellschaft vereinbar sein müssen. Ich denke in diesem Zusammenhang zum Beispiel an das bei uns geltende System öffentlicher Daseinsvorsorge für den einzelnen Bürger. Unser Anspruch gegen die öffentliche Hand zur Hilfe in nahezu jeder Notlage fordert zur Absicherung auch umfassende technisch unterstützte Informationssysteme, und zwarnicht erst im Zeitpunkt einer Anspruchsrealisierung. Wir können nicht vom Staat die Vorsorge gegen jedes denkbare Risiko verlangen, wenn wir ihm nicht zugleich das Recht zur umfassenden Informationserhebung schon aus Planungsgründen einräumen. Hier gilt es also abzuwägen, was wir vom Staat erwarten und was wir ihm zugestehen wollen. Auch für private Organisationen lassen sich analoge Aussagen treffen.

Überlegungen zur Ablösung bestehender Datenschutzregelungen können sich also nicht mehr auf den Schutz einzelner Daten vor Mißbrauch beschränken, sondern sie müssen die Gestaltung durch Technik unterstützter Informationssysteme und Kommunikationsbeziehungen regeln. Dies sollte nicht universell, sondern sachgebietsbezogen geschehen, da dann aus der Menge der jeweils möglichen Informationsbearbeitungen konkreter, gezielter und damit effektiver die Teilmenge der gewollten und sozialverträglichen bestimmt und festgelegt werden kann. Dem steht natürlich die Festlegung eines Generalmaßstabes durch eine Verfassungsregelung nicht entgegen, im Gegenteil. Daneben gebieten jedoch m. E. Pluralität der Informationsverarbeitung und technisches Gefälle bei ihrer Unterstützung die Schaffung sach- bzw. aufgabenbezogener Regelungen.

Diese Schutz- und Verarbeitungsregelungen sollten sich nicht allein auf das personenbezogene Datum in Dateien beschränken, sondern auf (ggf. personenbezogene) Informationen generell (dabei verstehe ich in Anlehnung an eine Definition von Podlech unter Information jedes systemtheoretische Abbild eines Objektes oder anderen Systems, das seinen Inhalt in semantischer, pragmatischer und sigmatischer Hinsicht durch seine Beziehungen zum abgebildeten Objekt und zum modellbildenden Subjekt erhält), so daß gewollte oder ungewollte Veränderungen und Profilbildungen ausgeschlossen bleiben. Die Zweckbindung bei Informationserhebung und -verarbeitung sollte verstärkt und eine automatische Löschung für den Fall vorgesehen werden, daß sich der Zweck erfüllt hat, er entfällt oder je nach Lage des Falles davon ausgegangen werden muß, daß die erhobenen Informationen ihre Aktualität für diesen Zweck verloren haben.

Das Auskunftsrecht des betroffenen Bürgers und eine automatische Benachrichtigung über die Informationserhebung sollte dabei die Regel sein. Ferner sollte ihm in einzelnen deutlich gemacht werden, welche Informationen er über sich geben kann, geben muß oder nicht zu geben braucht, insbesondere auch im privatrechtlichen Verkehr mit Firmen und Organisationen.

Die moderne Technik zur Verarbeitung und Verteilung von Informationen erzeugt nicht zwangsläufig persönliche Abhängigkeiten des einzelnen und die Tyranei des Staates oder von Organisationen. Die Gefahr, daß es dazu kommt, ist nur gegeben, wenn man die durch die Technik verfügbar werdende Macht nicht durch konstitutionelle Grenzen und gesetzliche Barrieren beschränkt. Die heute geltenden Datenschutzregelungen können die heute bestehenden technischen Möglichkeiten nicht voll abdecken, sie sollten daher möglichst bald durch andere ergänzt und ersetzt werden. Diese neuen Regelungen sind mit Nüchternheit, Sachlichkeit, aber auch unter dem Handlungswillen zu entwickeln, daß die einzelne Person, das Individuum, nicht zum bloßen Objekt informationeller Verfahren werden darf.

TECHNISCHE ENTWICKLUNG UND DATENSCHUTZRECHT

Hans-Jürgen L e i b

beim Hamburgischen Datenschutzbeauftragten

Technische Entwicklung und Datenschutzrecht

1. Problemstellung

Rechtliche Regelungen im Datenschutz sollten immer auch eine Antwort auf die Entwicklung von Automation und Kommunikation sein. Die schnelle technische Entwicklung auf diesen Gebieten zwingt heute zu der Frage,

ob und ggf. welche (neuen) rechtlichen Regelungen notwendig sind.

Diese allgemeine kann in zwei konkrete Fragen aufgelöst werden:

(1) Sind neue (verschärfende)Regelungen innerhalb des jetzigen Regelungskonzeptes erforderlich [1] und

(2) ist ein grundsätzlich neues Regelungskonzept erforderlich [2].

2. Ausgangspunkt der Untersuchung

Die Beantwortung der Fragen wird es gelegentlich notwendig machen zu klären, welches Bild von Automation und Kommunikation dem jetzigen Datenschutzrecht zugrundeliegt.
Die Begründung zum Regierungsentwurf des Bundesdatenschutzgesetzes und die weiteren Parlamentationsmaterialien sind hierfür wenig hilfreich, weil sie nur wenige und sehr pauschale Ausführungen zur Technik enthalten.
Dagegen setzt sich das im Auftrage des Bundesministeriums des Innern von W. Steinmüller erstattete Gutachten "Grundfragen des Datenschutzes" vom Juli 1971 [3] sehr ausführlich mit dem Stand und der Entwicklung von Automation und Kommunikation auseinander; die Auswertung dieses Gutachtens ist eine wesentliche Grundlage dieses Referats.
Weitere, insbesondere neuere und mit diesem Gutachten vergleichbare

Auseinandersetzungen mit der Technik sind mir nicht bekannt.

3. Sind neue (verschärfende) Regelungen innerhalb des jetzigen Regelungskonzepts notwendig?

3.1 Bäumler vertritt die These, daß die "heutigen Möglichkeiten und die absehbare künftige Entwicklung der Informationstechnik ... zu einer nicht nur quantitativen, sondern auch qualitativen Veränderung der Informationsverarbeitung (führen)". Als Beispiele werden angeführt:

Mit Funkterminal ausgestattete Streifenwagen der Polizei können im einstelligen Sekundenbereich Auskunft über den Halter jedes vor ihm auf der Straße fahrenden Fahrzeugs erhalten und mit diesen Halterdaten Fahndungs- oder andere polizeiliche Dateien abfragen.

Spurendokumentationssysteme (SPUDOK) der Polizei haben die Eigenschaft, daß alle - bis auf in Klammern gesetzte - eingegebenen Worte recherchierbar sind; daher sind alle im Spurenaufkommen enthaltenen personenbezogenen Daten gespeichert und abrufbar.

Daher solle sich das Datenschutzrecht nicht mehr wie bisher auf die Regelung beschränken, OB personenbezogene Daten verarbeitet werden, sondern auch das WIE der Verarbeitung regeln [1].
Voraussetzung für die Diskussion des Regelungsvorschlags ist eine Antwort auf die Frage:

Schafft die Entwicklung der Automation neue, bisher nicht ausreichend berücksichtigte Risiken?

3.2 Im Gutachten "Grundfragen des Datenschutzes" wird der qualitative Unterschied zwischen automatisierter und herkömmlicher (manueller) Datenverarbeitung als

(teilweise) Ausschaltung

- des Zeitfaktors (Schnelligkeit)
- des Raumfaktors (Unabhängigkeit vom Ort der Speicherung) und
- der menschlichen Unzulänglichkeit (mangelnde Genauigkeit, begrenzte Aufnahme- und Verarbeitungskapazität)

beschrieben (Steinmüller, a.a.O., S. 38). Auf dieser Grundlage ist in der Tabelle in Bild 1 die Datenverarbeitung

- in Akten und vergleichbaren Unterlagen, in herkömmlichen und in automatisierten Dateien
- nach Kriterien untersucht worden, die die Struktur der Datenverarbeitung aus der Sicht eines Nutzers beschreiben.

Eine Analyse der Tabelle ergibt:

(1) Die Verfügbarkeit der Information wird mit zunehmender Organisation höher; Automation wird dabei als eine Form der Organisation aufgefaßt.

(2) Organisation und damit Automation bewirken eine erhöhte Verfügbarkeit, aber auch einen Verlust an Flexibilität:

Die parallel zu Akten geführte Kartei enthält nicht alle Informationen.

Auf die Daten in einer indexsequentiellen Datei kann nur über die als Indices bestimmten Ordnungsmerkmale zugegriffen werden.

Auf die Daten in einer hierarchisch strukturierten Datenbank kann

man nur innerhalb der vorgedachten Strukturen zugreifen.

(3) Bei der Automation kann Flexibilität durch Umorganisation mit vertretbarem Aufwand zurückgewonnen werden:

Einfügen neuer Strukturen in eine hierarchisch strukturierte Datenbank.

Überführen einer hierarchisch strukturierten in eine relationale Datenbank.

(4) Das höchste Gefährdungspotential liegt in

- der Verknüpfung von Daten über Datenfernverarbeitung und
- in der multidimensionalen Auswertbarkeit.

Voraussetzung für die Verknüpfung ist ein gemeinsames Ordnungsmerkmal. Das Ordnungsmerkmal muß

eindeutig und

in allen beteiligten Dateien vorhanden

sein. Wenn jede Person nur ein Ordnungsmerkmal hat, das in allen Dateien verwendet wird, handelt es sich um ein Personenkennzeichen, das nach übereinstimmender Meinung aller verfassungswidrig wäre.

Es ist umstritten,

wann ein mehrfach, aber nicht umfassend verwendetes Ordnungsmerkmal den Charakter eines Personenkennzeichens annimmt.

Es gibt ferner das Problem des Substituts eines Personenkennzeichens, z.B. Name und Geburtsdatum und Geburtsort. Es handelt sich hierbei um Ordnungsmerkmale, die nur unter bestimmten Bedingungen eindeutig sind.

3.3 Auch das gegenwärtige Datenschutzrecht trägt dem Gesichtspunkt der erhöhten Verfügbarkeit Rechnung, indem

- die Datenverarbeitung in Akten und Dateien (herkömmlich und automatisiert) unterschieden und
- für die automatisierte Datenverarbeitung im BDSG besondere Vorschriften geschaffen wurden (z.B. besondere Vorgaben für die Datensicherung in § 6 Abs. 1, Überwachung der ordnungsmäßigen Anwendung der Datenverarbeitungsprogramme in § 15 Nr. 2, § 29 Nr. 2, Einsichtnahme in Programme in § 19 Abs. 3 Nr. 1, § 30 Abs. 3, Register der automatisch betriebenen Dateien in § 19 Abs. 4 u.a.m.),
- in bereichsspezifischen Vorschriften besondere Regelungen getroffen worden sind, z.B. im Staatsvertrag über Bildschirmtext.

Diese besonderen Regelungen für automatisierte Datenverarbeitung betreffen die "Folgenbegrenzung", wenn eine Entscheidung für die automatisierte Datenverarbeitung getroffen worden ist. Daraus darf aber nicht der Schluß gezogen werden, das Datenschutzrecht verhalte sich neutral gegenüber der Entscheidung, ob Datenverarbeitung manuell oder automatisiert und bei Automation auf welche Weise organisiert wird. Da die automatisierte Datenverarbeitung besondere Gefährdungen aufweist, muß ihr Einsatz - grundsätzlich und in welcher Ausformung - im öffentlichen Bereich dem Verhältnismäßigkeitsgrundsatz entsprechen; dieses Verfassungsgebot ist ungeschriebener Bestandteil des Datenschutzrechts. Es wird wegen der Schnelligkeit in der Entwicklung der Automation unmöglich sein, den Einsatz von Automation allgemein entsprechend dem Verhältnismäßigkeitsgrundsatz zu regeln (es sei denn in Trivialform); wer vermag z.B. Schwellen zu definieren, die das Gefährdungspotential der

Automation kennzeichnen und über Jahre hinaus Bestand haben? Es wird daher der Weg weiter beschritten werden müssen, der schon eingeschlagen worden ist:

(1) Einschränkende Regelung der Aufgabe (Beispiel Personalausweisgesetz);

(2) punktuelle allgemeine Regelungen, wo es möglich ist (Beispiel beabsichtigte Regelung der on-line-Übermittlungen in der Novellierung des BDSG);

(3) bereichsspezifische Regelungen (Beispiele: Staatsvertrag über Bildschirmtext, Landesmediengesetze).

4. Ist ein grundsätzlich neues Regelungskonzept notwendig?
Die Untersuchung dieser Frage verlangt zunächst, das gegenwärtige Regelungskonzept und die Veränderungen in Automation und Kommunikation darzustellen die für das Regelungskonzept relevant sind. Aus der Betrachtung der Auswirkungen, die die technischen Veränderungen auf das Regelungskonzept haben, wird sich ergeben, ob ein neues Regelungskonzept erforderlich ist.

4.1 Das gegenwärtige Regelungskonzept
Die ausgewerteten Quellen enthalten keine explizite Beschreibung der Struktur von Datenverarbeitung, die dem Datenschutzrecht zugrundeliegt; diese Struktur kann daher nur mittelbar aus den Regelungen erschlossen werden (s. Bild 2).
Die Struktur ist durch zwei wesentliche Merkmale gekennzeichnet, die die Grundlagen für alle Regelungen sind:

(1) Jede Datenverarbeitung ist in sich abgeschlossen und damit beschreib- und identifizierbar.
Automatisierte und auch herkömmliche (manuelle) Datenverarbeitung kann positiv und mit beliebigem Detaillierungsgrad beschrieben werden (Beispiel: Dokumentation eines automatisierten Verfahrens). Dies gilt auch, wenn eine bestimmte Datenverarbeitung mit anderen verbunden ist (Schnittstelle), weil auch die Verbindung positiv beschrieben werden kann.

(2)Die speichernde Stelle entscheidet über die Datenverarbeitung und ist damit für die Datenverarbeitung verantwortlich.
(Voraussetzung hierfür ist die Beschreib- und Identifizierbarkeit von Datenverarbeitung.)

Diese Merkmale mögen trivial erscheinen; sie sind aber Voraussetzung für rechtliche Regelungen im Datenschutz.

4.2 (Technische) Entwicklungen in Automation und Kommunikation

Die Darstellung beschränkt sich auf die Entwicklungen, die für die Struktur relevant sein können.

4.2.1 Einsatz technischer Hilfsmittel bei der Datenerhebung

Der Einsatz technischer Hilfsmittel hat die Datenerhebung nachhaltig verändert und wird sie nachhaltig verändern:

- Herkömmliche Technik, insbesondere die Eingabe über Tastatur, wird durch maschinelles Lesen ersetzt (Beispiel: Strichcodierung von Warenbezeichnungen, Hausausweise, maschinenlesbarer Personalausweis)
- Neue Technik ermöglicht es, die vom Betroffenen unbemerkte Datenerhebung auszudehnen (Beispiel: Videotechnik)
- Die Benutzung neuer Kommunikationstechniken (Beispiel: Kabelrundfunk) und -dienste (Beispiele: Btx, belegloser Zahlungsverkehr, digitale Fernsprechvermittlung) läßt Daten über die Benutzung entstehen, ohne daß dies dem Betroffenen immer bewußt ist.

Insgesamt kann festgestellt werden, daß die technische Entwicklung die Datenerhebung sehr viel einfacher und problemloser machen wird.

4.2.2 Atomisierung der automatisierten Datenverarbeitung

Neben den zentralen Rechenzentren - die in der Vergangenheit und insbesondere in der Zeit der Entstehung der Datenschutzgesetze das Bild von der automatisierten Datenverarbeitung prägten - gibt es in zunehmendem Maße Büro- (oder Mini-) und Personal- (oder Mikro-)Computer, die zum Teil mit zentralen Rechenzentren verbunden sind, zum Teil autonom arbeiten. Hinzu kommt die Entwicklung in der Büroautomation und -kommunikation ("Multifunktionsterminal"). Das führt zu einer sehr hohen Zahl von DV-Anlagen und DV-Anwendungen.

4.2.3 "Vernetzung"

Die Ausdehnung der Datenfernverarbeitung (z.B. Terminalnetze, um Computerleistung an den Arbeitsplatz oder den Platz des Verbrauchs zu bringen, und die Verbindung von DV-Systemen untereinander) und das Zusammenwachsen von Automation und Kommunikation (z.B. in der Büroautomation und -kommunikation) wird häufig unter dem Schlagwort von der Vernetzung zusammengefaßt. Die Entwicklung wird dazu führen, daß die Leistungen von Automation und Kommunikation immer einfacher am Arbeitsplatz und am Platz des Verbrauchs in Anspruch genommen werden können.

4.2.4 Auflösung des Dateibegriffs

Den Datenschutzgesetzen liegt die Vermutung zugrunde, daß die automatisierte Verarbeitung immer Dateien voraussetzt. Es wird befürchtet, daß die technische Entwicklung Verarbeitungsformen bereitstellen könnte, die das Gefährdungspotential der automatisierten Datenverarbeitung aufweisen, aber ohne Dateien verarbeiten; als Beispiele werden Textverarbeitung und die Angebote im Btx genannt.
Es ist für mich nicht erkennbar, daß die technische Entwicklung zu Verarbeitungsformen führen könnte, die das Gefährdungspotential der automatisierten Datenverarbeitung aufweisen und nicht unter den Dateibegriff fallen. Deshalb halte ich z.B. die Vorschrift in Art. 9 Abs. 5 des Staatsvertrags über Bildschirmtext, nach der es auf die Speicherung in Dateiform für die Anwendung der Vorschrift nicht ankommt, für überflüssig.

4.3 Auswirkungen der technischen Entwicklung auf die Struktur der Datenverarbeitung, die den jetzigen Regelungen zugrundeliegt.

4.3.1 Identifizierbarkeit der Datenverarbeitung

Die Identifizierbarkeit der Datenverarbeitung wird weder durch die Atomisierung (4.2.2) noch die Vernetzung (4.2.3) gefährdet.

- Jede neue DV-Anlage - auch und gerade Personalcomputer - und jede Anwendung darauf können in der oben beschriebenen Weise identifiziert werden. Damit ist die Vor-

aussetzung für die Anwendung der rechtlichen Regelungen über den Datenschutz gegeben.
Die Vielzahl der DV-Systeme und Anwendungen wirft sicher Probleme der Kontrolle durch die speichernde Stelle und die Datenschutzbeauftragten auf - im übrigen auch z.B. in den Behörden und Firmen -, die aber im Rahmen des gegenwärtigen Regelungskonzepts lösbar sind und gelöst werden müssen.

- Auch die "Vernetzung" gefährdet ebenfalls die Identifizierbarkeit der Datenverarbeitung nicht. Jede Verarbeitungsmöglichkeit "über Leitung" muß mit Wissen der jeweiligen speichernden Stelle eingerichtet werden. Niemand kann ohne Wissen der speichernden Stellen in deren Computer Daten verarbeiten (ausgenommen: unbefugtes Eindringen, gegen das es Sicherungsmaßnahmen gibt).

4.3.2 Entscheidungsmacht der speichernden Stelle

Weder die Atomisierung der Datenverarbeitung noch die "Vernetzung" machen die Identifizierbarkeit der Datenverarbeitung unmöglich; damit ist auch die Entscheidungsmacht der speichernden Stelle prinzipiell nicht gefährdet. Das extensive Wachstum der automatisierten Datenverarbeitung wird sicher praktische Probleme in der Kontrolle verursachen. Diese müssen jedoch im Rahmen des gegenwärtigen Regelungskonzepts gelöst werden. Das ist auch deswegen erforderlich, weil ein anderes Regelungskonzept - das diesen Problemen wirksam begegnen kann - nicht in Sicht ist.

[1] Bäumler, H., Datenverarbeitungstechnik und Datenschutzrecht, ÖVD/Online, 4, 120 (1985)

[2] Simitis, Sp., Reicht unser Datenschutzrecht angesichts der technischen Revolution? Strategien zur Wahrung der Freiheitsrechte, Datenschutzberater, 9, 19 (1984)

[3] Steinmüller, W., Lutterbeck, B., Mallmann, C., Harbort, U., Kolb, G., Schneider, J., Grundfragen des Datenschutzes, Gutachten im Auftrage des Bundesministeriums des Innern, Juli 1971, Anlage 1 zur Bundestags-Drucksache VI/3826, Verlag Hans Heger, Bonn

<table>
<tr><td rowspan="2">Kriterien / Verarbeitungsform</td><td colspan="4">Finden</td><td rowspan="2">Transport</td><td rowspan="2">Fehleranfälligkeit</td></tr>
<tr><td>einen bestimmten Fall (Zugriff)</td><td>an anderer Stelle zu einem bestimmten Fall vorhandene Informationen (Verknüpfen)</td><td>alle Fälle mit bestimmten Eigenschaften (Selektion)</td><td>bestimmte Informationen eines Falles (Auswerten)</td></tr>
<tr><td rowspan="3">Akten und vergleichbare Unterlagen</td><td colspan="2">geordnete (sortierte) Sammlung</td><td rowspan="3">fast unmöglich</td><td rowspan="3">aufwendig</td><td rowspan="3">mit herkömmlichen Mitteln
Zeitaufwand
Mängel</td><td rowspan="3">Zuverlässigkeit gering, weil Ermüdg.
hoher Aufwand für Fehlerkorrektur</td></tr>
<tr><td>Ordnungsmerkmal bekannt: Leicht
Ordnungsmerkmal nicht bekannt: Fast unmöglich (Aufwand)</td><td>gemeinsames Ordnungsmerkmal vorhanden: Leicht, aber Transport
kein gemeinsames Ordnungsmerkmal: Entscheidung über Zuordnung möglich, aber Transport</td></tr>
<tr><td>ungeordnete Sammlung
Fast unmöglich (Aufwand)</td><td>Fast unmöglich (Aufwand)</td></tr>
<tr><td>konventionelle Dateien (Karteien)</td><td>Ordnungsmerkmal bekannt: Leicht
Ordnungsmerkmal nicht vorhanden: Leicht nach Umsortieren, aber Aufwand</td><td>gemeinsames Ordnungsmerkmal vorhanden: Leicht, aber Transport
kein gemeinsames Ordnungsmerkmal: Entscheidung über Zuordnung möglich</td><td>hoher Aufwand</td><td>leicht, aber begrenzter Umfang</td><td>wie oben</td><td>wie oben</td></tr>
<tr><td>automatisierte Dateien</td><td>Ordnungsmerkmal bekannt (mehrere Ordnungsmerkmale möglich): Leicht
Ordnungsmerkmal nicht bekannt: Leicht (Aufwand für Umsortieren vernachlässigbar)</td><td>gemeinsames Ordnungsmerkmal vorhanden: Leicht bei Datenfernverarbeitung kein Transportproblem
kein gemeinsames Ordnungsmerkmal: Maschinelle Zuordnung aufwendig oder unsicher</td><td>leicht</td><td>leicht ohne Begrenzg.</td><td>bei Datenfernverarbeitg. leicht, sonst wie oben</td><td>hohe Zuverlässigkeit
geringer Aufwand f. Fehlerkorrektur</td></tr>
</table>

Bild 1

Betroffener
Speichernde Stelle
Zweck
Informationen erheben
herkömmli-
che Daten-
verarbeitg.
automati-
sierte
Datenver-
arbeitung
"klassische"
Rechenzentren
Bürocomputer
Personal
Computer
Bürokommu-
nikation
Speicherung
Änderung
Löschung
Übermittlung
Andere speichernde
Stellen

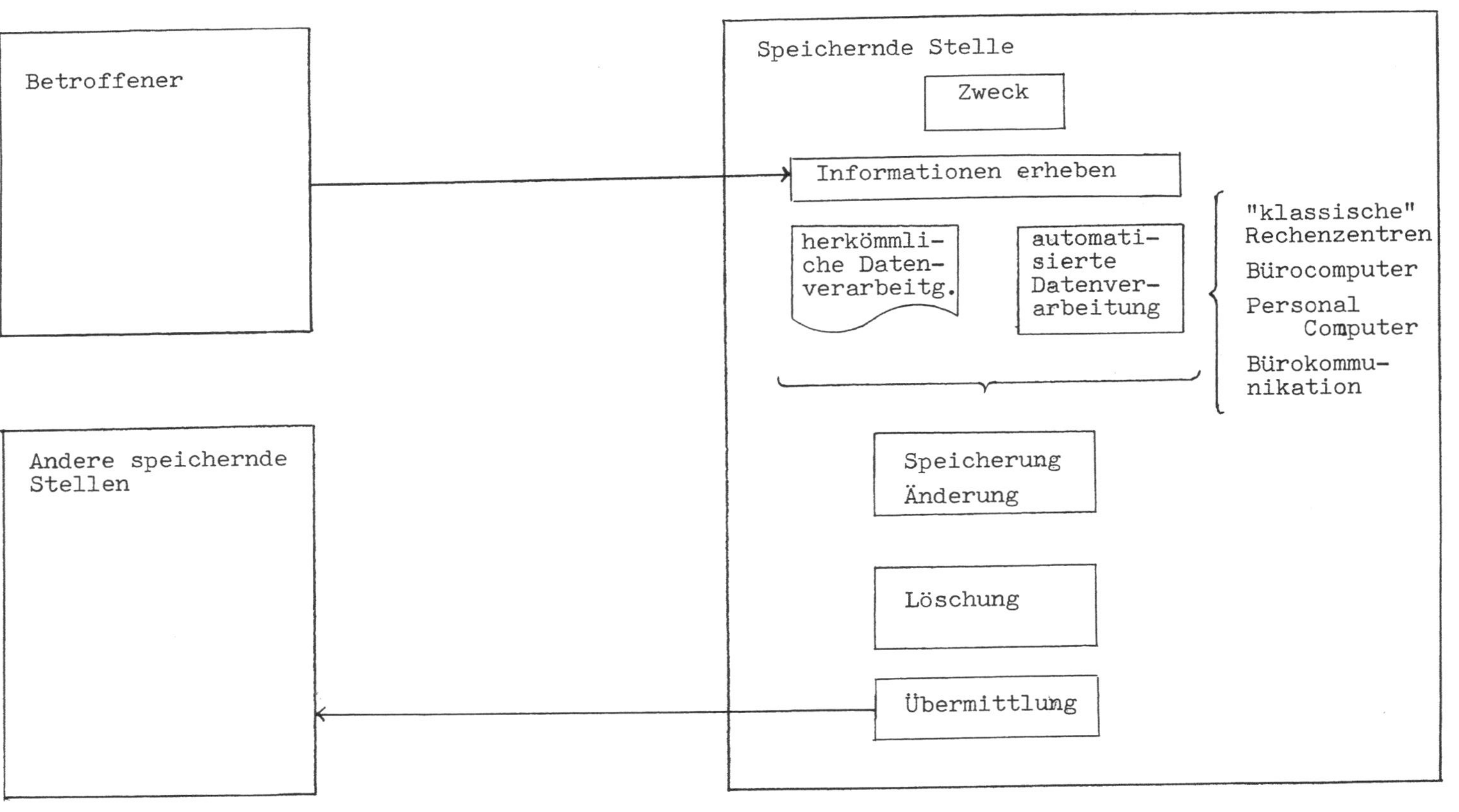

Bild 2

DATENMISSBRAUCH: VERHINDERN BESSER ALS VERBIETEN

Karl Rihaczek

Bad Homburg

1. Das Datenschutzrecht soll auch ein Recht des Bürgers auf sichere Systeme bzw sichere Technik sein.

Es soll nicht allein wie ein Schirm die Privatsphäre des Bürgers gegen Gefahren schützen, die vom Mißbrauch der Technik durch Gesetze beachtende Menschen drohen (passiver Schutz), sondern soll auch eine Verhinderung des Mißbrauchs durch Gesetze mißachtende Personen zum Ziel haben (aktiver Schutz).

Die Systeme sind so auszulegen, daß sie sich einem Mißbrauch möglichst verweigern; die Normadressaten der Datenschutzgesetze sollen mittels der Systeme die persönlichen Belange des Bürgers nicht beeinträchtigen können und nicht nur nicht wollen. Man sollte nicht allein (etwa mit Androhung von Sanktionen) die Normadressaten der Datenschutzgesetze zur Achtung der Interessen des Betroffenen veranlassen, sondern sie möglichst durch technische System-Vorkehrungen am schädlichen Gebrauch hindern. Für denjenigen, der irreparablen Schaden erlitten hat, ist es ein schwacher Trost, wenn er Recht erhält.

Es soll nicht beim passiven Schutz bleiben (vergleichsweise: man isoliert seine Fenster gegen Schall), sondern der aktive Schutz (man verhindert den Lärm an der Quelle) soll in den Gesetzen verstärkt berücksichtigt, angestrebt und angeregt werden. Er ist auch durchführbar.

2. Verbote von Beeinträchtigungen schutzwürdiger Belange Betroffener sind für sich allein nur ein vorgetäuschter Schutz.

Sie täuschen ein Wohlversorgtsein vor und führen leicht dazu, daß man deshalb auf technische Sicherungen verzichtet. Man gibt sich z.B. damit zufrieden, daß das Fernmelde- und Postgeheimnis gilt, und sichert die Kommunikationssysteme nicht gegen Lauscher ab. So wird z.B in der Datenschutzdiskussion das Post- und Fernmeldegeheimnis häufig als ein Argument dafür angeführt, daß die Übertragung personenbezogener Daten im Bereich der Fernmeldesysteme angemessen gesichert sei.

3. Das Recht auf sichere Technik muß in seiner Ausführung an der Technik orientiert sein.

Pauschale, an den Belangen des Betroffenen allein orientierte Bestimmungen, wie etwa in § 6 BDSG, bieten keinen Anreiz für die Entwicklung einer sicheren Technik, weil sie nichts darüber aussagen, wie sicher die Technik zu sein hat. Das liegt an folgendem: Man kann technisch keine absolute Sicherheit erreichen. Rechtsbestimmungen, die eine absolute Sicherheit fordern, sind für die Rechtsfindung unbrauchbar. Brauchbare Rechtsbestimmungen müssen vielmehr eine graduelle Sicherheit nicht nur fordern sondern sie auch möglichst im Detail angeben.

Läßt man eine unbestimmte graduelle Sicherheit zu (dem Schutzzweck angemessener Aufwand an Maßnahmen), dann kann man zu leicht jeden Unfall entschuldigen. Das führt dazu, daß keine kostspieligen Sicherungsanstrengungen unternommen werden, weil man sich im Zweifelsfalle entschuldigt fühlt und der Markt Mehrkosten ohne eine dringendere Notwendigkeit nicht akzeptiert.

Dazu kommt folgende Erfahrung: Bislang hat man, den Sachzwängen des Markts folgend, das Recht den Erfordernissen der Datenverarbeitung angepaßt, und nicht etwa umgekehrt. Man hat z.B. weitgehend auf Unterschriften unter automatisch erstellten verbindlichen Mitteilungen verzichtet. Mit seinen vielen unbestimmten Rechtsbegriffen macht der derzeitige Datenschutz davon nur scheinbar eine Ausnahme. Er gibt keine spezifischen Impulse für die technische Entwicklung.

4. Rechtsbestimmungen zur sicheren Technik müssen sich am Ziel (graduelle technische Sicherheit) und nicht etwa an verfügbaren Maßnahmen orientieren.

Es hat z.B. wenig Sinn, per Maßnahme eine Kontrolle einzurichten, wenn man keine sinnvollen Grenzwerte (Zielwerte) angibt, bei denen die Kontrolle anzusprechen hat.

Forderungen nach bestimmten Maßnahmen mögen sich zwar nachprüfbar realisieren lassen; sie sind in diesem Sinne für die speichernde Stelle kalkulier- und nachweisbar (Alibifunktion), also für diese von Vorteil, nicht notwendigerweise aber für den Betroffenen.

5. Das Recht auf sichere Systeme bezieht sich auf eine andere als die von den herkömmlichen Sicherungsmaßnahmen gewährte Sicherheit.

Die Datenverarbeitung erfordert seit jeher eine Sicherung der Daten und der Betriebsmittel, ansonsten wäre sie unzuverlässig und unbrauchbar. Diese Art von Sicherung ist zwar für den Datenschutz von Nutzen, hat aber nichts Datenschutzspezifisches an sich.

Sie wendet sich gegen ungewollte Schäden und gegen von Dritten - eventuell dem nach BDSG Betroffenen - verursachte Schäden. Insofern als sie sich damit auch gegen Mißbrauch wendet, kommt sie den Zielen des Datzenschutzes näher. Insofern als sie etwa zur personenbezogenen Protokollen führt, wirkt sie dem Datenschutz eher entgegen.

Dieser erstrebt ohnedies nicht allein einen Schutz des Betroffenen gegen den Mißbrauch durch Dritte sondern in erster Linie gegen Eingriffe von Seiten der speichernden Stelle selbst. Rechtliche Bestimmungen, wie die des § 6 BDSG, die diesen Unterschied dem Laien nicht deutlich werden lassen, können leicht zur Auffassung führen, daß der Datenschutz bezüglich der Datensicherung weiter nichts als die gewohnte Ordnungsmäßigkeit verlangt und daß man es deshalb bei den herkömmlichen technischen Sicherungen belassen kann.

Das BDSG geht offensichtlich von der Annahme aus, daß Datenverarbeitungssysteme dem Willen ihrer Herren vollkommen unterworfen sind und sich nicht gegen ihn sichern lassen. Das hat dazu geführt, daß das BDSG und auch die Novellierungsvorschläge nicht einmal eine derartige technische Sicherheit verlangen, geschweige spezifizieren; das obwohl es durchaus Systeme gibt und weitere denkbar sind, die sich dem unlauteren Willen ihrer Herren versagen. Die Sicherungsmaßnahmen, die das BDSG im einzelnen verlangt, sind in der Tat Maßnahmen zur gewohnten Ordnungsmäßigkeit; sie regen keine Weiterentwicklung technischer Sicherheit an.

Anders in einem vergleichbaren Sicherheitsbereich: Das Kreditgewerbe muß ebenfalls Daten gegen Manipulation und Ausforschung sichern. Zur Sicherung eines modernen Chipcard-Zahlungssystems ist es z.B. nicht nur erforderlich sondern auch sichergestellt, daß die Chipcard ihrem Herrn nur ehrliche Dienste leistet; er kann nicht mit ihrer Hilfe betrügen. Was zur Sicherung der Interessen der Betreiber solcher Zahlungssysteme und ihrer Kunden möglich ist, läßt sich grundsätzlich auch für die Sicherung der Interessen des Betroffenen gegen Mißbrauch seiner Daten durch die speichernde Stelle gebrauchen.

6. Die hier verlangte Sicherheit von Systemen erfordert, daß sie Mißbrauch vom ordentlichen Gebrauch unterscheiden und wohlunterschieden verhindern können.

Dazu müssen sie

* auf Dienstleistungsanforderungen differenziert reagieren können ("intelligenter" werden); z.B. ihre Partner und deren Berechtigungen erkennen,

* die Daten und Betriebsmittel gegen Unberechtigte differenziert sichern ("sicherer" werden).

Ein besonderer Wert von Datenverarbeitungssystemen ist, daß sie sehr flexibel und unter variablen Randbedingungen einzusetzen sind. Wenn man sie abhängig vom Einsatzzweck sichern will, muß die Sicherung gleichermaßen differenziert sein. Es ist grundsätzlich nicht einzusehen, warum die Flexibilität der Datenverarbeitung vor der Anwendungssicherung halt machen sollte.

Eine Besonderheit ist, daß man Datenverarbeitung auch praktisch unkorrumpierbar (manipulationssicher) gestalten kann. Eine flexibel gestaltete Unkorrumpierbarkeit ist ein sehr wirksames Sicherungsmittel (siehe z.B. Chipcard).

7. Ein undifferenziertes Anwendungsverbot kann nur als "Notbremse" sinnvoll sein.

Es kann zwar notwendig werden, zeigt aber dann zumeist an, daß in der technischen Entwicklung etwas verpaßt wurde; es sollte bei jeder sich bietenden Gelegenheit überprüft werden.

Z.B. könnte uns das unbedingte Verbot einer Personenkennziffer vor der Nachwelt zur Blamage gereichen, ohne daß es seinen (unpolitischen) Zweck erfüllte. Auch die vorgesehenen Bestimmungen zum maschinenlesbaren Personalausweis scheinen in Unkenntnis der technischen Entwicklungsmöglichkeiten konzipiert zu sein und dürften zu einem Ausweis führen, der zwar wenig schadet aber auch wenig nützt.

8. Um dieses zu vermeidenen, muß das unter Datenschützern verbreitete Vorurteil aufgegeben werden, daß die Technik zwar notwendig aber gefährlich ist und bleibt.

Dazu war z.B. zu lesen, daß Technik gegen Technik einzusetzen nur ein Austreiben des Teufels durch Belzebub sei.

Das Sinnloseste, das man hier tun könnte, wäre, dem technischen Fortschritt Einhalt gebieten zu wollen. Gelänge es, würde man ja damit den derzeitigen Stand, so unsicher wie er ist und wie er deshalb zum Datenschutz geführt hat, einfrieren.

9. Die Gesetzesfinder müssen sich mit der Technik vertraut machen.

Es genügt nicht, daß sie sich in die Haut des Bürgers versetzen; sie müssen vielmehr auch in den technischen Bereich eindringen; sie müssen vergleichsweise an die Lärmquelle herangehen und der Lärmerzeugung und möglichen -dämpfung auf die Spur kommen.

Zu einem aktiven Schutz ist erforderlich, daß nicht allein von den berechtigten Interessen des Bürgers ausgegangen wird, sondern daß zur Weiterentwicklung des Datenschutzrechts die Systeme nach rechtlichen und Sicherheits-Gesichtspunkten untersucht werden.

Gute Kontrolleure der Entwicklung technischer Systeme kommen kaum mit weniger Sachverstand aus als ihre Entwickler, sie brauchen davon zumindest so viel wie deren Betreiber. Ohne diesen technischen Sachverstand läßt sich das Datenschutzrecht etwa so schlecht weiterentwikkeln, wie sich ohne ihn die Rechtssprechung durchführen läßt.

Verständigungsschwierigkeiten zwischen Juristen und Technikern sind kein Grund dafür, bei der Gesetzesfindung auf technischen Sachverstand zu verzichten, um sich ihm dann bei der Rechtssprechung auszuliefern (Sachverständige!).

Zur Entwicklung des erforderlichen Rechts ist es verstärkt notwendig, daß unter Juristen Probleme nicht erst dann ernsthaft diskutiert werden, wenn sie gerichtsanhängig geworden sind; dann ist es für eine technische Umdisposition in der Regel zu spät.

10. Der Bürger braucht eine bessere Vertretung seiner Interessen, als die durch ihn selbst.

Er nimmt seine Interessen in der Regel nicht angemessen wahr, nicht nur weil er die Gefahren nicht merkt und richtig einschätzt sondern weil auch die Verfahren für ihn zu wenig transparent und effektiv sind. Wer sich zum Anwalt des Bürgers macht, sollte also nicht bei ihm undifferenziert Datenschutzbewußtsein bzw Angst vor Daten wecken, sondern sollte sich lieber mit der Entwicklung der sicheren Technik befassen.

In anderen ähnlichen Bereichen, in denen die Interessen richtig vertreten sind, geschieht dies auch. Das Kreditgewerbe z.B. vertritt seine Interessen an einem aktiven Schutz von Finanzdaten wesentlich besser; es verläßt sich nicht darauf, daß Diebstahl, Betrug etc verboten sind; es verzichtet auch nicht auf die Hilfe der Informationstechnik, verlangt aber, daß sie für seine Zwecke ausreichend (aktiv) sicher gemacht wird. Wenn eine Bank etwa so verfahren würde, daß sie manipulierte Buchungen nicht verhindert, sondern es lediglich dem Kunden beläßt, nach Auftreten einer von ihm angefochtenen Buchung Rechtsmittel einzulegen, würde sie wohl nicht bestehen können. Die Hersteller von Zahlungssystemen kommen daraus resultierenden Wünschen nicht nur gerne nach, sondern antizipieren sie sogar im Rahmen des Wettbewerbs.

Ein entsprechendes Interesse an der Sicherheit für die Belange des Datenschutzes besteht bei den Datenschutz-Normadressaten nur insofern, als sie Wert darauf legen, nicht gegen gesetzliche Bestimmungen zu verstoßen. Wenn die Vertretung der Datenschutzinteressen aber keinen Wert auf aktiven Schutz (an der Lärmquelle) legt und ihn nicht differenziert fordert, wird er auch nicht entwickelt werden.

SOZIALE BEHERRSCHBARKEIT OFFENER NETZE

Wilhelm Steinmüller

Fachbereich Mathematik und Informatik der Universität Bremen

Nach allgemeiner Meinung sind die kommenden Digital-Netze offener Benutzer- und Zweckstruktur ("offene Netze" = oN) nicht sozial beherrschbar. Diese Auffassung beruht auf einer einseitig juristischen Sicht und kann nicht aufrechterhalten werden. Ein Lösungsmodell wird formuliert sowie die technischen, organisatorischen und juristischen Bedingungen hierfür angegeben.

1. Ausgangspunkt:

Die herrschende Meinung vor allem unter Datenschutzexperten besagt, offene Netze seien sozial nicht beherrschbar - etwa ein allgemeines digitalisiertes und integriertes Breitbandnetz; aber auch seine Vorstufe, das Telefonnetz ab Digitalisierung -. Gemeint ist aber häufig nur, daß effektiver Datenschutz nicht mehr gewährleistet werden könne.

Ich meine dagegen, soziale Beherrschbarkeit sei unter bestimmten Bedingungen möglich. Aufgabe ist, diese Bedingungen in einem Lösungsmodell zu formulieren, das auf der Stufe prinzipieller Plausibilität stehen bleibt.

Damit soll zugleich das 197o f. entwickelte Datenschutz-Lösungsmodell (Steinmüller et al., in Bundestagsdrucksache VI/3826) im Hinblick auf die neuere technische Entwicklung weitergedacht und auf "Betroffenenschutz" erweitert werden.

2. Was das Lösungsmodell nicht leisten soll: Es diskutiert nicht, ob offene Netze überhaupt zugelassen werden sollten, etwa weil sie als menschenstürmerische Großtechnologie überwiegend sozialschädlich sind; desgleichen erörtert es nur ansatzweise die weitergehende Frage, ob und wie sie betroffenen- oder gar menschenfreundlich werden könnten.
Nicht gedacht ist ferner an

- mathematisch genaue Beherrschung: es genügt ein Systemverhalten innerhalb von durch soziale Regeln vorgegebenen Toleranzen;
- soziale Verträglichkeit: Sie ist ein über bloße soziale Beherrschbarkeit hinausgehendes anzustrebendes Ziel, das aber, um es zu erreichen, anderer und zusätzlicher Mittel bedarf, weil sie Modelle zur Abschätzung der sozialen Folgen, für deren Bewertung und Bewältigung benötigt. Hier wird also nur ein Ausschnitt der Sozialverträglichkeit behandelt;

- soziale Gestaltung: Sie ist weniger als soziale Beherrschung, da diese zusätzlich die technische Gestaltung mit umfaßt, die bei "sozialer Gestaltung" normalerweise unberücksichtigt bleibt.

Schließlich ist der Vorschlag insgesamt lückenhaft, da er lediglich auf einige Schwerpunkte eingeht, andere - schwierige - der weiteren Ausgestaltung überläßt (z.B. das Telekommunikationsrecht).

3. Definitionen:

(1) Netz = technische Verbindung von Datenveränderungstechnologien (Rechner aller Größen) mittels Datenübertragungstechnologien mit Rechnerunterstützung (Telekommunikation).

(2) Offen ist ein Netz, wenn es beliebigen Nutzern für beliebige Zwecke im Rahmen der Teilnahmebedingungen zugänglich ist.

- vgl. Eisenbahnnetz -

Gegensatz: beschränkte Netze:
geschlossene Netze (z.B. beschränkter Nutzerkreis)
dedizierte Netze (z.B. beschränkte Zwecke).

Bisherige Rechnerverbunde sind in diesem Sinne beschränkte Netze. Btx ist eine Übergangserscheinung, oN ist z.B. das allgemeine Telefonnetz nach Digitalisierung.

(3) Beherrschbarkeit ist Herstellung von Beherrschung. Beherrschung sei ungefähr gleich soziale Kontrolle. Ein Netz ist beherrscht, wenn es das tut, was es tun soll, d.h. wenn Soll- und Istwert übereinstimmen. Den Sollwert bestimmen die zuständigen gesellschaftlichen Instanzen.

(4) Sozial meint den Grad der Übereinstimmung. Sozial beherrscht ist ein oN bereits dann, wenn es sozialen Regeln entspricht, sein Verhalten also innerhalb bestimmter Toleranzen sozial erwart- und berechenbar ist; und zwar erwartbar für die Gesellschaft, d.h. für den Staatsbürger in seinen verschiedenen sozialen Rollen (als Arbeitnehmer, Sozialversicherter, Postkunde, ... und für die ihn vertretenden gesellschaftlichen Instanzen (Betriebsräte, Gewerkschaften, Konsumentenverbände, Parlamente, ...).

(5) Soziale Regeln in diesem Sinn sind die durch die zuständigen Instanzen für das oN (den Netztyp) getroffenen technischen (hard- und software-), organisatorischen (orgware, Nutzerverhalten) und rechtlichen (juristische Einbettung des oN in seine Systemumwelt) Vorkehrungen.

4. Das zu lösende Problem zeigt sich deutlich beim Vergleich mit mündlicher Kommunikation. Sie ist zwar unbeschränkt hinsichtlich der

Teilnehmerzahl (innerhalb gewisser Grenzen) und der Zwecke, trägt insofern Netzcharakter, aber kennt keine maschinelle Verstärkung, ist zeit/ortsgebunden, sinn- und kontextreich sowie körperbezogen.

Offene Netze dagegen stellen ein zusätzliches neuartiges und mächtiges Mittel dar, um (alte und neue) legale oder illegale Zwecke zu verfolgen: Mächtig ist das Mittel, weil es die Daten-, Text-, Ton- und Bild- sowie Programmkommunikation in quasi-industriellem Maßstab steigert und dazu tendiert, bisherige Kommunikationsformen zu verdrängen; neu ist es wegen der neuartigen Eigenschaften dieses Informationssystems und weil es ein historisch bisher nicht vorhandener Netztyp ist.

4.1 Neue Eigenschaften dieses Maschine-Mensch-Verbundes sind vor allem diejenigen aller Computernetze: weitgehende Orts- und Zeitunabhängigkeit des Systems, Flexibilität (wegen organisatorischer und technischer Vielfalt, multifunktionaler Programmierbarkeit und Computersteuerung), seine Überkomplexität (verglichen mit Grenzen menschlicher Komplexitätsverarbeitung) bei gleichzeitiger Primitivität (aus nur zwei elementaren Bausteinen aufgebaut) und seine Immaterialität (d.h. auch Unsichtbarkeit der mit ihm verfolgten Funktionen und Zwecke). Hieraus ergeben sich zwei zusammengehörige Teilprobleme:

4.2 - Die fehlende soziale Zähmung des Systems:

Es gab bisher 2 bzw. 3 Netztypen; nämlich Netze zum Transport von
(1) Gütern und Menschen, also materieller Objekte (Straßen + Automobile, Bahn, Luft- und Raumfahrt)
(2) Rohstoffen (Wasser, Öl) - also ebenfalls materieller Dinge
(3) Energie (Elektrizität, Erdgas, Wärme).

Sie wurden dadurch gezähmt, d.h. beherrschbar gemacht, daß zum einen eine Fülle von "sozialen Regeln" eingeführt wurden, die sich an die Netznutzer (Produzenten, Lieferanten, Verbraucher) richteten und indem zum anderen das materielle Substrat (die "Infrastruktur") technisch so gestaltet wurde, daß viele mögliche Teilprobleme gar nicht auftreten konnten oder minimiert wurden, was durch weitere soziale Regeln (z.B. DIN-Normen) abgesichert wurde:

z.B. Beschaffenheit des Straßenbelags, Straßenklassen, Kurvenradien, Kreisverkehr usf.

Daß soziale Beherrschung noch keine Sozialverträglichkeit bedeutet, dürfte anhand bisheriger Beispiele klar sein: Exzessive Automobilnutzung, wiewohl durch Verkehrsregeln und Infrastrukturgestaltung sozial beherrscht, zeitigte die Sekundärfolgen "Tote und Schwerverletzte durch Verkehrsunfälle" sowie (zusammen mit anderen Ursachen) "Waldsterben durch sauren Regen".

4.3 - Verdoppelung bisheriger Kommunikationsstrukturen:

Bisher wird die Kommunikationsstruktur der Gesellschaft mit und in ihren Subsystemen (Staat, Wirtschaft, Intermediärer Bereich, Gesellschaft im übrigen) durch eine große Anzahl sozialer Regeln stabilisiert, vor allem durch das öffentliche und das Privatrecht mit dem Metasystem der Verfassung.

Jetzt soll neben die alte Kommunikationsstruktur ein offenes, nur technisch teilweise normiertes Netz treten, das für alle programmierbaren Kommunikationszwecke, das sind: alle, offensteht. (Bei genauerem Zusehen wirken einige soziale Normen aus dem bisherigen Kommunikationsnetz auch auf das offene Netz herüber, z.B. das Fernmeldegeheimnis; sie reichen aber zur sozialen Normierung nicht aus, weil das oN andere Eigenschaften hat, auf die die alten Normen nicht oder nicht genau passen, so daß sie z.T. leerlaufen - was im einzelnen an einigen Beispielen zu verdeutlichen wäre.

D.h. neben und über a l l e bisherigen Sozialstrukturen lagert sich eine sozial nicht normierte Kommunikationsstruktur, die die gesamte Gesellschaft überdeckt u n d (im wesentlichen) rechtsfrei ist.

Das bedingt einen doppelten Sogeffekt: Das oN ist ungleich, nämlich in quasi-industriellem Maßstab, leistungsfähiger als das bisherige, und obendrein "billiger" (weil ohne Rechtsbefolgungskosten). D.h. die Kommunikation wird in diesen partiell rechtsfreien Raum gedrängt, findet tendenziell überwiegend dort statt, wo dies aus ökonomischen oder politischen Gründen rationeller zu sein scheint, wobei Großunternehmen und Behörden naturgemäß großtechnische Anlagen besser nutzen können als "Kleine".

Um es deutlicher zu sagen: Es bilden sich gesellschaftsübergreifende Bereiche, die sich über oN der parlamentarischen und richterlichen Kontrolle entziehen. Oder noch deutlicher: oN sind im wesentlichen grundrechtsfreie oder -arme Bereiche, ohne Schutz von Schwächeren - ein schlechterdings verfassungswidriger Zustand.

5. Lösungsansatz

Ich spalte das Problem in gelöste, lösbare und unlösbare Teile auf, gebe einen Lösungsvorschlag für den lösbaren Teil und formuliere den unlösbaren Teil so um, daß er lösbar wird. Anschließend müssen die Probleme und Einwände erörtert werden, die dieser Lösungsansatz produziert (6.).
Dann erst kann an ein ausgearbeitetes Lösungsmodell gegangen werden. Es wird nur soweit konkretisiert, bis die Richtung der (voraussichtlich höchst umfangreichen) weiteren Detailarbeit sichtbar wird (7.). Dabei ist eine Warnung vorweg nicht unangebracht: Es kann sich herausstellen, daß ein auf dieser generellen Ebene noch plausibles Lösungsmodell an zusätzlichen Schwierigkeiten der unteren konkreteren Ebenen scheitert.

"Gelöst" bzw. "lösbar" meint bereits die Herstellung eines abstrakten, von konkreten gesellschaftlichen Machtverhältnissen oder politischer und ökonomischer Durchsetzbarkeit absehenden Lösungsmodells. Abgesehen wird auch von bereits bestehenden illegalen Zuständen (etwa im Sicherheitsbereich). Diese Aufgaben werden nicht übersehen, gehören aber nicht zum Lösungsmodell als solchem.

Der Lösungsansatz geht von drei Stufen des "Problems oN" aus:

- Stufe I ist die bisherige unverbundene Vielfalt von Rechnern und Rechnerverbunden mit Peripherie, einschl. bisheriger (dedizierter) Datenfernverarbeitungssysteme: "gelöster" Problemanteil;
- Stufe II ist das darüberliegende Telekommunikationsnetz, ab Digitalisierung des Telefonnetzes: "lösbarer" Problemanteil;
- Stufe III ist die Menge der möglichen Anwendungen von (I+II): "unlösbarer" Problemanteil.

5.1 Gelöst, wenigstens im Prinzip, ist das Problem der sozialen Beherrschbarkeit herkömmlicher (dedizierter) Computer- und (ebenfalls dedizierter) Datenfernverarbeitungssysteme - z.B. INPOL - und scheinoffener Netze - wie des Telefon-, Datex-DIMDI-Netzes einerseits, von Sondernetzen (z.B. DISPOL) andererseits.

(1) Computerverbunde sind durch ihren beschränkten Nutzerkreis oder durch ihre definierte Zweckstruktur beherrschbar geworden durch den o.g. Datenschutzansatz eines Datenzuteilungs- und Datenverkehrsrechts i.S. eines "Daten- und Programm-Rationalisierungsprinzips", das etwa so zusammengefaßt sei:

"1. Jeder Benutzer erhält durch das System das Minimum an benötigten

Daten und Programmen für das Minimum an Aufgaben zugeteilt." (Aufgaben = Zwecke).

"2. Zur Kontrolle von (1.) einschl. Transparenzwiederherstellung trotz gestiegener Komplexität diene die Einführung einer

a) internen Selbstkontrolle durch
   - System-bookkeeping
   - interne Datenschutzbeauftragte (für die Systemherren),
   - Betriebs/Personalräte (für die Systembetroffenen);

b) externen Fremdkontrolle durch
   - Datenschutzbeauftragte oder -kommissionen im staatlichen Bereich
   - Datenschutzaufsichtsbehörden im privaten (kommerziellen) Bereich

   je als Sollwertgeber (für Parlament) und als professionelle Hilfe (für Datenbetroffene)."

(2) Scheinoffene Netze (bisherige Telekommunikationsnetze) haben im Gegensatz zu (1.) unbeschränkten Nutzerkreis, aber beschränkte Zwecke, sind also in Wirklichkeit beschränkte Netze. Sie werden formal beschränkt durch die postalischen Bestimmungen, inhaltlich ebenfalls über diese und durch die angrenzenden Dienste sowie die Systemumwelt definiert oder in ihren sozialen Auswirkungen tolerabel gemacht.

Z.B. kann man mit dem bisherigen (analogen) Telefonnetz fast alles machen, was später bei oN schaden könnte - aber eben nicht in "industriellem" Maßstab, sondern
- in individueller Kommunikation
- mit langsamer Übertragungsgeschwindigkeit
- mit geringen Datenmengen
- oder mit zu hohen Kosten (beim Zusammenschalten von Leitungen)

und mit fehlender oder geringer Manipulationsmöglichkeit. Das Netz war beherrschbar mittels des Fernmeldegeheimnisses, das aber nur bis zu der Einführung der Datenveränderungstechnik "Rechner" funktionierte. Dann war das Beherrschungskonzept zu ergänzen um "Datenschutz".

(3) Sondernetze (z.B. DISPOL, militärische Netze, geschlossene Benutzergruppen / Btx) sind scheinoffene Netze mit beschränktem Teilnehmerkreis; für sie gilt (2.) entsprechend.

(4) Ein halboffenes Netz ist Btx, offen vom Design, beschränkt durch seine veraltete Technikkombination von Großrechner und Schmalbandkommunikation. (An ihm wurde das vorliegende Lösungsmodell entwickelt.)

5.2 - Nicht gelöst, aber lösbar ist das Teilproblem der Stufe II: das Telekommunikationsnetz, das die bisherige Computerwelt überlagert und verbindbar macht. Es enthält zwei Unterfragen: Die Stufe II soll sozial beherrschbar werden, und: die gestiegene Komplexität des Gesamtsystems (Stufe I+II) soll für gesellschaftliche Instanzen so weit interpretiert werden, daß diese wieder politisch (einschließlich Technikgestaltung) handlungsfähig werden - wobei zu den relevanten gesellschaftlichen Instanzen aus praktischen Gründen auch die Daten- und Arbeitsbetroffenen sowie ihre Vertreter zählen.

(1) Für die soziale Beherrschung der Stufe II kann hier nur der prinzipielle Denkansatz entfaltet werden:
Es ist bekannt, daß sicherheitsrelevante und hochkomplexe, jedoch dedizierte Netze (z.B. der Polizei, der Flugsicherung, der Militärs) in ihrem Verhalten reproduzierbar sind, d.h. daß die Systemzustände, die für Nutzer relevant sind, während eines definierten Zeitraums soweit protokolliert werden, daß vergangenes Systemverhalten für Nutzerzwecke (z.B. Fehlersuche) rekonstruierbar wird (was strukturell weniger ist als Voraussehbarkeit künftigen Verhaltens). Ich nenne diese Eigenschaft "Benutzerrelevante Systemtransparenz".

Das kann auf "Betroffenenrelevante Systemtransparenz" übertragen und erweitert werden, da eine geringfügig erweiterte Reproduzierbarkeit genügt: Zunächst ist technisch machbar, benutzerrelevante Systemtransparenz auch bei offenen Netzen zu realisieren, und schon zur Aufrechterhaltung der Funktionsfähigkeit notwendig. (Strukturell vergleichbar ist dieses Teilproblem dem der fälschlich so und zu eng genannten "Datensicherheit", d.h. der Gewährleistung ordnungsgemäßer technischer und organisatorischer Funktion datenverarbeitender Systeme im Interesse der Systembetreiber.)

Benutzerrelevante Systemtransparenz muß, um zur betroffenenrelevanten Systemtransparenz, und damit zur sozialen Beherrschung des Teilsystems II zu führen, dreifach erweitert werden:

- um gewisse technische Zusatzinformationen zu Protokoll (etwa des Datenschutzes)
- durch eine organisatorische Maßnahme: die Installierung einer Instanz zur allgemeinverständlichen Interpretation des Systemverhaltens für Betroffene(nvertretungen); denn die bloß technische Transparenz der Systemzustände ist für die Betroffenen und die anderen beteiligten gesellschaftlichen Instanzen zunächst wertlos, bis sie ihnen verständlich dargeboten wird;
- durch den Ausbau des Telekommunikationsrechts.

(2) Die 2. Anforderung wird durch den folgenden Teilvorschlag (2) erreichbar, nämlich durch zwei organisatorische Maßnahmen:

(a) durch Bestellung eines "Netzbeauftragten", der als kompetenter Nachrichtentechniker die Systemzustände interpretiert, gegebenenfalls die zusätzlich erforderlichen Protokollverfahren implementiert, also diejenigen Zusatzinformationen organisiert, die für betroffenenrelevante Systemtransparenz notwendig sind;

(b) durch Zuordnung des Netzbeauftragten zu den o.g. externen Datenschutzinstitutionen: Dies ist organisationssoziologisch zweckmäßiger als eine selbständige Stellung in überschneidender Konkurrenz zur Kompetenz der Datenschutzinstanzen, weil
- sie sonst gegeneinander ausgespielt werden können
- sie für das identische System bestellt sind
- die Datenschutzinstitutionen über politisch wirkungsvollere Formen der parlamentarischen und Öffentlichkeitsarbeit verfügen.

Oder anders: Die Zuordnung sollte in einer relativ selbständigen Zuarbeit des Netzbeauftragten bestehen, nicht in einem bloßen Nebeneinander, da das Telekommunikationsnetz der Stufe II systemtheoretisch lediglich ein untergeordnetes Teilsystem des oN darstellt und dies auch in der Kontrollstruktur abgebildet sein sollte.

Wegen der offenen Benutzerstruktur von oN für private und öffentliche (staatliche) Nutzer ist es zweckmäßig, den Netzbeauftragten dem staatlichen Datenschutzbeauftragten zuzuordnen.

Zu beachten ist die feedback-Wirkung auf die Datenschutzinstanz: Ihr Tätigkeitskreis wird nicht nur quantitativ weiter, sondern auch qualitativ reicher; quantitativ durch die Einbeziehung der Informationen aus Teilsystem II, qualitativ durch den Gefahrenbereich des oN, der weit über "personenbezogene Daten" hinaus geht und Text-Bild-Ton-Programm-Dienste (kurz alles digital im oN Repräsentierte abzüglich problemarmer Untermengen) umfaßt.

(1/2) seien rechtlich in einem Gesetz über technisch vermittelte Kommunikation festzuschreiben, das auch das übrige erforderliche Telekommunikationsrecht enthält, zuzüglich der im folgenden erwähnten Regelungsstrukturen aus 5.3.

5.3 Bislang unlösbar, jedoch unter gewissen Voraussetzungen lösbar ist das 3. Teilproblem offener Netze: die offene Zweckstruktur. Ich nenne das die Stufe III des Lösungsansatzes.

(1) Offene Zweckstruktur bedeutet, daß genau unendlich viele Aufgaben (Zwecke) - bis zur Grenze der technischen Leistungsfähigkeit des oN, minus die uninteressanten und die noch nicht programmierbaren - dem

Netz übertragen werden können. Oder anders: zu allen bisher bekannten und künftig hinzukommenden sozialen Interaktionsmustern kann oN-Unterstützung (mit der gesamten Netzleistung!) hinzukommen, aber zeit/ortsfrei und überkomplex organisiert, d.h. nach bisherigen Maßstäben gesellschaftlich nicht mehr kontrollierbar. Das bedeutet ferner, daß oN-vermittelte Informationstechnologie-Unterstützung jeglicher Art (z.B. Computer-, Erfassungstechnologien) hinzukommen kann - mit allen zugehörigen sozialen Folgeproblemen, z.B. der Verdatung oder der Arbeitsplatzvernichtung.

Ich nenne diese telekommunikationsgestützten sozialen Interaktionsmuster "Teledienste", und - zum Unterschied von dem formalen Dienstbegriff der Bundespost - "inhaltliche Teledienste" oder kurz "Teletransaktionen".

> Z.B. Telekauf; Telearbeit; Telemiete; Telebanking; Telebibliothek (-dokumentation); Telekonferenz, Teleschule; Telearbeit, z.B. Fernüberwachung, Telediagnose u.a. Teleservice; Telepolling; staatliche und kommunale, hoheitliche und nicht-hoheitliche Televerwaltung; Telebrief; Telekino ("Pay-TV"); usf.: Es handelt sich dabei um alle bisher bekannten Teletransaktionen und alle technisch usw. möglichen neuen hinzu; d.h. aber prinzipiell unendlich viele - soweit programmier- und organisier- sowie durchsetzbar.

Hinzu kommen alle die zur Ermöglichung dieser Dienste auftretenden Unternehmen, Behörden und sonstigen Institutionen ("Teleadministration"). Die Teleadministration zusammen mit der Menge der durch sie ermöglichten Teletransaktionen könnte man als die entstehende "Telekultur" ("Telezivilisation"?!) bezeichnen.

Das damit umrissene Problem der Stufe II ist in dieser Form damit auch künftig unlösbar, da es unendlich viele Teilprobleme enthält, nämlich die soziale Beherrschbarmachung theoretisch unendlich vieler (und praktisch immer noch zu vieler) Teletransaktionen und zugehöriger Teleadministration.

(2) Da dieser Zustand schlechterdings rechtlich verboten ist, weil er die partielle Aushöhlung tendenziell aller Grundrechte und ebenso eines Großteils der übrigen Rechtsordnung durch ein technisches System, genauer seine sozial unbeherrschte Anwendung darstellt, indem es einen weitgehend rechtsfreien Raum hoher Attraktivität unter geringen Kosten für tendenziell alle Lebensbereiche bereitstellt, gibt es - trotz der prinzipiellen Lösbarkeit der Teilprobleme von Stufe I/II - nur zwei denkbare Auswege:

- generelles Verbot des offenen Netzes, oder
- Verbot (nur) der sozial ungeregelten Teletransaktionen - mit Erlaubnismöglichkeit.

Letzteres bedeutet die zeitliche Verteilung des gleichzeitig unlösbaren Problems auf zeitlich gestreckte Teillösungen, wobei die jeweils ungelöste Restmenge in die Zukunft geschoben wird.

Diese Lösungsmethode - Verbot mit Erlaubnisvorbehalt - ist der Rechtsordnung nicht fremd, vielmehr sogar eine ihrer Grundmethoden. (Die beiden anderen sind "grundsätzliche Erlaubnis mit Verbotsvorbehalt" - und - wo sozial unbedenklich - "Verzicht auf rechtliche Regelung" = "rechtsfreier Raum"). Erstere wird vor allem dort angewandt, wo es nicht nur darum geht, Mißbrauch zu begegnen, sondern darüber hinaus Gebrauch zu steuern (etwa ein Systemverhalten für Betroffene transparent zu machen), allgemeiner: einem übergeordneten Zweck dienstbar zu machen. Hauptanwendungsgebiete sind darum hoheitliches staatliches Handeln und - Datenverarbeitung in computergestützten Systemen (vgl. § 3 BDSG); ferner im Wirtschafts- insbesondere im Kartellrecht.

(3) Das bedeutet positiv:
Wer einen Teledienst einführen will, hat seine soziale Beherrschbarkeit darzutun. - Soziale Beherrschbarkeit ist dann gegeben, wenn der fragliche Teletransaktionstyp entweder

- durch formelles Gesetz eingeführt ist: bei "Großdiensten", z.B. Telekauf; oder
- durch ermächtigte Verordnung (Prinzip der Gesetzmäßigkeit der Verwaltung, hier - wie auch sonst im deutschen Datenrecht - ausgedehnt auf die Wirtschaft): bei mittleren Diensten oder Spezialformen von Großdiensten; oder
- durch Einzel- oder Sammelgenehmigung einer zur Prüfung dieser Frage ausgestatteten Stelle: bei Trivialfällen. (Zweckmäßigerweise ist dies die Datenschutzstelle, da sie das am besten beurteilen kann.)

Ich nenne diese Prozeduren zusammen das "<u>Genehmigungsverfahren</u>".

Dieser Vorschlag bietet den <u>Vorteil</u>, daß alle Beteiligten einschl. der Betroffenen ihre Interessen in das Verfahren einbringen können, die Öffentlichkeit sich artikulieren bzw. politischen Druck aufbauen kann und Zeit für die u.U. komplizierte technisch/organisatorisch/juristische Lösung der Probleme gewonnen wird. Vorausgesetzt ist allerdings, daß die beteiligten gesellschaftlichen Instanzen früh genug auf den Plan treten, d.h. von den Interessenten rechtzeitig informiert werden - das leidige Mitbestimmungsproblem bei Informationstechnologien, nun aber im Großen.

Dabei werden im Verfahren das bisherige Wissen über Technologiefolgen und ihre Bewältigung mit berücksichtigt, um die Rechts- und Sozialordnung rechtzeitig anzupassen:

(1) Maschinisierungsfolgen (Leistungssteigerung, Rationalisierung): durch "Rationalisierungsschutz"
(2) Verdatungsfolgen: durch "Datenschutz"
(3) Telekommunikationsfolgen der zusätzlich eingeführten Stufe II
(4) Zweckfolgen, namentlich der Vielfalt aus Stufe III
(5) Feedback-Folgen aus der Folgenakkumulation (1-4) für Umwelt und Mensch
(6) Großtechnologiefolgen aus der Einführung einer "Monokultur" unter Beseitigung von Alternativen, insbes. vulnerability.

Besonders wichtig ist hervorzuheben, daß eine rechtliche Normierung erst sinnvoll ist, wenn durch technische und organisatorische Gestaltung des jeweiligen Teledienstes bereits die meisten Probleme gar nicht erst auftreten können und für die Restmenge das System so gestaltet wird, daß die Rechtsregeln überhaupt greifen - eine keineswegs selbstverständliche Forderung aus Erfahrungen mit datenverarbeitenden Systemen. Z.B. kann ein schlecht (d.h. nicht von vornherein dafür) konzipiertes System dazu führen, daß die Einführung von Kontrollstrukturen zu teuer und/oder wirkungslos ist.

6. Probleme dieses Lösungsansatzes

(1) Zunächst taucht die naheliegende Frage auf, ob es zu alledem nicht schon _zu spät_ sei. Dies ist nicht der Fall, wie die schleppende Einführung von Btx entgegen allen Postplänen zeigt.

(2) Viel schwieriger ist ein anderes Problem zu lösen: der _offene Dienstbegriff_ der Post. "Dienste" sind durch die Post bisher formal und technisch definiert, wie es dem überwiegend syntaktischen Denken des Nachrichtentechnikers und Informatikers sowie dem ökonomischen Kalkül des Telemonopols entspricht.

Hier kann nur eine politische Lösung gefunden werden. Dabei kommt aber zupaß, daß der hier entwickelte inhaltliche Dienstbegriff den formalen als Teilmenge enthält. Die politische Argumentation kann dann darauf verweisen, daß die inhaltliche Ausfüllung durch die Verfassung geboten und technisch möglich sei.

(3) Das dritte Problem besteht in der möglicherweise _widersprüchlichen Zielstruktur_ der hier vorgeschlagenen Regelung. So kann das "informa-

tionelle Selbstbestimmungsrecht" der Verfassung durchaus in Widerstreit zu gesamtgesellschaftlichen Interessen an Transparenz der Teletransaktionen geraten. - Dieses Problem ist tatsächlich auf dieser generellen Ebene unlösbar und kann nur im Rahmen des "Genehmigungsverfahrens" für den einzelnen Teledienst einem konsensfähigen Kompromiß zugeführt werden.

7. Lösungsmodell

Der generelle Lösungsansatz für das oN werde im Rahmen des Genehmigungsverfahrens zum Lösungsmodell für individuelle Teledienste konkretisiert:

(1) Die einzelne Teletransaktion werde als separates System behandelt, also als ob es nicht auf der identischen Telekommunikationsinfrastruktur aller Teledienste aufruhen würde. Das bietet den Vorteil der größeren Störungsfreiheit der entstehenden politischen Diskussion und der Separierung der Probleme und Interessen.

(2) Sodann werde für jeden Teledienst gesondert die Menge der sozialen Regeln entworfen, und zwar in der üblichen Reihenfolge
- technische
- organisatorische und
- rechtliche Regeln.

Dabei empfiehlt es sich, für jeden Dienst eine leicht faßliche, d.h. auch politisch gut vermittelbare Leitlinie zu verfassen; z.B. für den privaten Briefverkehr: "Privatbrief muß Privatbrief bleiben". Das kann z.B. auf der technischen Ebene bedeuten, daß der Privatbrief unverschlüsselt sein muß, im Gegensatz zum chiffrierfähigen und häufig -bedürftigen Geschäftsbrief. Diese Trennung ist technisch sicherzustellen. Die Art der Chiffrierung ist kontrollfähig zu gestalten. Der Klartext des Privatbriefs unterliege besonders strengem Datenschutz, wofür das bisherige Briefgeheimnis keineswegs ausreicht, während der Geschäftsverkehr sich selber am besten schützt (d.h. Datensicherheit implementieren wird). Die Durchbrechung der Chiffrierung sei nur einer einzigen gesellschaftlichen Instanz, dem Netzbeauftragten, gestattet, der so den Schutz vor organisiertem Verbrechen gewährleistet (das über töricht ausgestaltete Teledienste geradezu ideale Voraussetzungen für neuartige zeit- und ortsfreie "verteilte" weltweite Organisationsformen fände, die durch kein bisher bekanntes Verfahren kontrollierbar wären!).

(3) Nach Klärung der technischen und organisatorischen Gestaltung er-

gibt sich hinsichtlich der rechtlichen Teilmenge der sozialen Regeln in erster Näherung für jede Teletransaktion eine andere Kombination aus dem vorhandenen Rechtsbestand, sowie (wahrscheinlich) einigen wenigen weiteren. Diese folgen aus der hohen Komplexität des jeweils zu regelnden Ausschnitts der Telekultur, aus den Organisationsregeln der Teleadministration (so wenig wie irgend möglich!) sowie schließlich aus der Normierung der zusätzlichen Netzkontrolle. Das führt zu folgender Checkliste pro Teledienst:

I. Datenschutzrecht (für Stufe I des Gesamtsystems)

II. Telekommunikationsrecht (für Stufe II)

III. Bereichsspezifisches Recht (für den jeweiligen Zweck des Teledienstes auf Stufe III)

IV. Zusatzregeln für Teleadministration und -kontrolle, z.B. Festschreibung der DIN- und Chiffriernormen aus oben 2.3). Sie seien System(schutz)recht genannt (in Anlehnung an PODLECH).

Für einige Teletransaktionen sähe also eine (unvollständige) Matrix etwa so aus:

BETEILIGTE RECHTSORDNUNGEN / DIENSTE	Dat. sch. R.	Tele komm R.	Sys. sch. R.	Presse- R.	Kauf Miet R.	Konsum. sch.	Jugd sch. R.	Dien/Werk-V.R.	Arb./Pers V.R.	Bank R.	Verwalt. R.	Rundfunk R.	
Telezeitung	x	x	x	x	(x)		x						
Telekauf	x	x	x		x	x							
Telearbeit	x	x	x				x	x	x				
Teleprocessing	x	x	x		x			x			(x)		
Telebanking	x	x	x			x				x			
Pay-TV	x	x	x		x	x	x				x	x	
usw.													

SOZIALE REGELN	technische Normierung	organisatorische Maßnahmen	rechtliche Regeln

VERFAHRENSREGELUNGEN UND SELBSTREGULIERUNG DER SPEICHERNDEN STELLE - RECHTLICHE LÖSUNGSMÖGLICHKEITEN VON DATENSCHUTZPROBLEMEN ?

Bärbel Z i e g l e r - J u n g

Technische Hogeschool Twente, Enchede

1. Zusammenfassung

In dem Beitrag werden die in der niederländischen Datenschutzgesetzgebung vertretenen Regelungsansätze, das Verfahrenskonzept und die Selbstregulierung, dargestellt und kritisiert. Die Kritik stützt sich auf Erfahrungen mit dem schwedischen Datenschutzgesetz und niederländischen Datenschutzreglementen von Gesundheitseinrichtungen.
Aus dieser Kritik werden Folgerungen zur Brauchbarkeit des Regelungsansatzes gezogen.

2. Das Selbstregulierungskonzept in der niederländischen Datenschutzgegsetzgebung

2.1 Entwicklung und Stand der Datenschutzgesetzgebung

Auslöser der niederländischen Datenschutzgesetzgebung war der Boykott der Volkszählung von 1971, dessen Ursachen u.a. in der Angst der Bevölkerung vor Mißbrauch der Volkszählungsdaten durch die öffentliche Verwaltung lagen. Die Notwendigkeit einer Datenschutzgesetzgebung verdeutlichte auch die Diskussion über ein zentrales Personenkennzeichen, dessen Einführung die niederländische Regierung 1970 beschloß.[1)]
1972 berief das Justizministerium eine Staatskommission, die Kommission Koopmans[2)], die 1974 einen Zwischenbericht und 1976 einen Schlußbericht erstellte.[3)] Letzterer enthält auch den Entwurf eines Datenschutzgesetzes. 1975 erließ der Ministerpräsident Datenschutzrichtlinien für die Reichsverwaltung.[4)] 1978 erarbeitete eine Kommission des Gezondheidsraads[5)] Empfehlungen für Regelungen im Umgang mit Gesundheitsdaten.[6)]
1981 brachte die Regierung einen Datenschutzgesetzentwurf in das Par-

lament ein[7], der aufgrund umfassender Kritik nicht verabschiedet wurde.[8] 1982 ersetzte der Ministerpräsident den Abschnitt der Datenschutzrichtlinien von 1975 über technische und organisatorische Schutzmaßnahmen durch spezifische Regelungen zur Datensicherung.[9]
1983 wurde in die niederländische Verfassung ein Grundrecht auf Schutz der persönlichen Lebenssphäre aufgenommen. Dieses Grundrecht verpflichtet den Gesetzgeber Regelungen für den Umgang mit personenbezogenen Daten zu treffen.[10]
1984 erstellte die Regierung einen weiteren Datenschutzgesetzentwurf, der gegenwärtig[11] vom Raad van State[12] begutachtet wird. Voraussichtlich wird dieser Entwurf im September 1985 in das Parlament eingebracht.

2.2 Das Selbstregulierungskonzept

Das Selbstregulierungskonzept erscheint in der niederländischen Datenschutzgesetzgebung erstmals in dem Zwischenbericht der Kommission Koopmans. Darin forderte die Kommission alle speichernden Stellen auf, nicht auf den Erlaß eines Datenschutzgesetzes zu warten, sondern selbst Regelungen zu treffen.[13]

Die Datenschutzrichtlinien des Ministerpräsidenten verwirklichten diesen Aufruf. Sie enthalten Vorgaben für Datenschutzreglemente, die die Einrichtungen der Reichsverwaltung, die personenbezogene Daten automatisiert verarbeiten, zu erstellen haben. Danach müssen in den Reglementen die Aufgaben der Datensammlung, registrierte Personen, Zugangsberechtigte, Datenempfänger, kontrollierende Stellen und das Verfahren bei der Ausübung der Rechte des Betroffenen auf Einsichtnahme und Korrektur von personenbezogenen Daten veröffentlicht werden.[14]

Auch im Datenschutzgesetzentwurf von 1981 hat das Selbstregulierungskonzept zentrale Bedeutung. Hier werden personenbezogene Datensammlungen in drei Kategorien eingeteilt, in melde-, reglements- und lizenzpflichtige Registriersysteme.
Wie die Datenschutzrichtlinien des Ministerpräsidenten regelt der Entwurf die Zulässigkeit des Umgangs mit personenbezogenen Daten verfahrensmäßig; er enthält wenig materielle Rechtsnormen. So ist die Verfahrensmäßige Bedingung für die Inbetriebnahme eines Personenregisters dessen Eintragung in einem öffentlichen Register, das von der kontrollierenden Stelle, der "registratiekamer", geführt wird.[15] Bei reglements- und lizenzpflichtigen Registriersystemen muß die speichernde Stelle, der "houder", der "registratiekamer" ein Reglement vorlegen, in dem er über die nach den Datenschutzrichtlinien des Ministerpräsi-

denten zu veröffentlichenden Angaben hinaus die Art der gespeicherten und übermittelten Daten, Datenverknüpfungen, eine zusammenfassende Beschreibung der Organisation des Registers und die Art einer Protokollführung bekannt zu machen hat.[16] Die materielle Regelung des Umgangs mit personenbezogenen Daten bleibt im wesentlichen der speichernden Stelle überlassen. So muß z.B. die Aufgabe eines Personenregisters nicht in einer Rechtsvorschrift bestimmt werden. Der "houder" kann sie vielmehr selbst festlegen. Die "registratiekamer" hat kaum Möglichkeiten, inhaltlich auf den Betrieb eines Personenregisters einzuwirken. Sie kann die Eintragung im öffentlichen Register löschen oder eine Lizenz verweigern bzw. zurücknehmen, wenn der Umgang mit personenbezogenen Daten gegen Rechtsvorschriften, die öffentliche Ordnung oder die guten Sitten verstößt.[17]
Materiell festgelegt sind in dem Entwurf nur die Notwendigkeit, bei Datenübermittlungen bzw. bei dem Zugang zu personenbezogenen Daten für wissenschaftliche und statistische Zwecke die Einwilligung des Registrierten bzw. der "registratiekamer" einzuholen[18] und die Pflichten des "houders", den Betroffenen über Datenspeicherungen zu benachrichtigen, Auskunft zu erteilen, unrichtige Angaben zu berichtigen und Datenübermittlungen zu protokollieren.[19]

Dieser verfahrensorientierte Ansatz erklärt sich aus der grundsätzlichen Einstellung des niederländischen Gesetzgebers, primär die Regelungstätigkeit gesellschaftlicher Stellen zu stimulieren, zu koordinieren und erforderlichenfalls zu vereinheitlichen. Rechtsnormen zu setzen, sieht der niederländische Gesetzgeber nur als seine Aufgabe an, wenn der Regelungsgegenstand prinzipielle gesellschaftliche Bedeutung hat, oder wenn die betroffenen Einrichtungen keine Vorschriften treffen. Diese Ansicht gründet auf die Überzeugung, daß die Wirksamkeit von Rechtsnormen durch die Beteiligung der Normadressaten an dem Normsetzungsprozeß erheblich erhöht wird. So wies die Kommission Koopmans in ihrem Plädoyer für die Selbstregulierung darauf hin, daß die Ausarbeitung von Datenschutzreglementen die speichernden Stellen zur Auseinandersetzung mit Datenschutzfragen zwingen und dabei Datenschutzbewußtsein vermitteln würde.[20]

Der niederländischen Datenschutzgesetzgebung ist zu entnehmen, daß sie es als Hauptaufgabe betrachtet, Transparenz über den Umgang mit personenbezogenen Daten herzustellen. Transparenz soll durch das öffentliche Register, die Datenschutzreglemente und die Benachrichtigungs-, Auskunfts- und Protokollierungspflichten erreicht werden. Fraglich ist, ob sich dieses Ziel mit den bestehenden Regelungen verwirklichen läßt. Außerdem ist zu bezweifeln, daß die verfahrensmäßige Normierung der Zuläassigkeit des Umgangs mit personenbezogenen Daten eine adäquate Lösung darstellt.

3. Kritik

3.1 Generelles

Die Diskussion des Datenschutzgesetzentwurfs von 1981 verdeutlicht, daß seine Verfahrensregelungen einen erheblichen Verwaltungsaufwand implizieren, der wenig Nutzen für die Steuerung von Informationsflüssen bringt. Dies wird auch durch die Erfahrungen mit dem schwedischen "Lizenzsystem" bestätigt.[21)] Aufgrund dieser Kritik hat sich der niederländische Gesetzgeber entschlossen, die Kategorisierung der Personenregister und die Regelung spezifischer Verfahren aufzugeben, eine Regelementspflicht nur noch für den öffentlichen Bereich vorzusehen[22)] und in den heutigen Entwurf materielle Zulässigkeitsvorschriften aufzunehmen.[23)]

3.2 Erfahrungen im Gesundheitsbereich

Im Gesundheitsbereich bestehen gegenwärtig ungefähr 15 Datenschutzreglemente. Drei Reglemente sind von Stellen der Reichsverwaltung aufgrund der Richtlinien des Ministerpräsidenten festgestellt; die übrigen Regelungen wurden auf freiwilliger Basis ausgearbeitet. Die Vorschriften dieser Statute sind sehr verschieden. In einigen Fällen enthalten sie nur Bestimmungen zur Errichtung einer stelleninternen Kontrollkommission und zu deren Aufgaben und Befugnissen. Nach ihnen ist die Speicherung und Nutzung umfangreicher Datenmengen zulässig. In einigen Regelementen werden die zu verarbeitenden personenbezogenen Daten detalliert angegeben. In den meisten Fällen ist diese Beschreibung aber nicht abschließend, denn die Reglemente enthalten zusätzlich eine generelle Ermächtigungsklausel für die Weitergabe für Zwecke der Gesundheitspolitik und der Forschung.[24)] In dem Eurocat-Reglement wird entgegen den Bestimmungen der niederländischen Ärztevereinigung, die für die Weitergabe von Patientendaten eine Einwilligung des Betroffenen fordern, eine Zustimmung des meldenen Arztes als ausreichende rechtliche Grundlage betrachtet.[25)]
Einer wirksamen Transparenz ist abträglich, daß die Reglemente privater Gesundheitseinrichtungen größtenteils nicht veröffentlicht und die Statute der Stellen der Reichsverwaltung in für den Bürger kaum zugänglichen Publikationsorganen bekannt gemacht werden. Eine Ausnahme bildet das Reglement des Universitätskrankenhauses Amsterdam, nach dem den Betroffenen die Existenz von Datenschutzvorschriften und eine zusammenfassende Beschreibung derselben bei der Patientenaufnahme in ei-

ner verständlichen und übersichtlichen Weise verdeutlicht werden.[26]

4. Folgerungen

Die Erfahrungen mit dem schwedischen "Lizenzsystem" und den niederläändischen Datenschutzreglementen im Gesundheitsbereich zeigen, daß das Verfahrenskonzept keine datenschutzgerechte Lösungen bietet. Der erhebliche Verwaltungsaufwand verstärkt Bürokratisierungstendenzen der umfassende inhaltliche Regelungsraum der speichernden Stellen, ermöglicht Rechtsungleichheit. Um diese negativen Auswirkungen zu vermeiden, hat der Gesetzgeber materielle Regelungen zur Zulässigkeit, Transparenz, Korrektheit, Kontrolle des Umgangs mit personenbezogenen Daten zu setzen und Sanktionen bei Verstößen gegen die datenschutzgesetzlichen Bestimmungen anzuordnen.[27)] Der Verwaltungsaufwand kann durch ein "Kontrollsystem" verringert werden, bei dem die Kontrolle der Einhaltung der datenschutzgesetzlichen Normen begleitend und nachträglich durch die Kontrollinstanzen erfolgt.[28)]

Die Datenschutzreglemente stellen einen Beitrag zur Transparenz des Umgangs mit personenbezogenen Daten und zur Akzeptanz von Datenschutzmaßnahmen dar. Voraussetzung hierfür sind gesetzliche Vorgaben, die auch die "Erkennbarkeit" der Rechtsnormen für den Bürger und die präventive Funktion der Transparenz berücksichtigt. Letzteres kann durch eine Bekanntgabe von Automatisierungsvorhaben erreicht werden.

Ein Vergleich der gesundheitsbereichsspezifischen Datenschutzregelungen der Bundesrepublik Deutschland und der Niederlande zeigt, daß durch die niederländischen Datenschutzreglemente mehr Transparenz erreicht werden kann als durch die veröffentlichungspflicht der deutschen Datenschutzgesetze.
Eine zu begrüßende Angleichung an die niederländische Situation stellt der Entwurf der SPD zur Änderung des Bundesdatenschutzgesetzes von 1984 dar. Danach werden die Veröffentlichungspflicht gestrichen und eine Verpflichtung der speicherenden Stelle zur Festlegung eines Dateienstatuts vorgeschlagen[29)]; dem Wegfall der Veröffentlichungspflicht tragen die erweiterten Funktionen des Dateienregisters des Bundesbeauftragten für den Datenschutz Rechnung.[30)]

Der verfahrensorientierte Regelungsansatz stellt also keine adäquate Lösung dar; die Selbstregulierung der speicherenden Stelle kann nur in begrenztem Maße zur Herstellung von Transparenz beitragen. In diesem Zusammenhang ist noch zu erwähnen, daßs die Möglichkeit, Verhaltenscodes als Datenschutzreglemente anzuerkennen, die der niederländische

Datenschutzgesetzentwurf von 1984 vorsieht, keine datenschutzgerechte Regelung beinhaltet. Der niederländische Gesetzgeber berücksichtigt hier in unverhältnismäßigem Umfang die Interessen der speichernden Stellen, zu deren Durchsetzung die Aufstellung eines Verhaltenscodes dient.[31] Er übersieht, daß ethische Codes gesetzliche Maßnahmen nur ergänzen können.[32]

Anmerkungen

1) Vgl. Übersicht über die Entwicklung der niederländischen Datenschutzgesetzgebung bei F. de Graaf, Handboek Privacybescherming Persoonsregistraties, Alphen aan den Rijn 1982, S. 2305-28 ff.

2) In den Niederlanden werden Kommissionen nach ihrem Vorsitzenden benannt (Anm. der Verf.).

3) Privacy en persoonsregistraties: Interimrapport van de Commissie Koopmans, 's-Gravenhage 1974; Privacy en persoonsregistraties: Eindrapport van de Commissie Koopmans; 's-Gravenhage 1976.

4) Aanwijzingen inzake de bescherming van de persoonlijke levenssfeer v. 12.3.1975 (Staatscourant Nr. 50, S. 4 ff.).

5) Der niederländische Gezondheidsraad hat die Aufgaben, die Zusammenarbeit zwischen staatlichen und privaten Gesundheitseinrichtungen zu unterstützen und die Regierung über den Stand der Gesundheitsforschung zu informieren (vg. Art. 22 Gezondheidswet, Staatsblad 505/1978).

6) Ministerie van Volksgezondheid: Bescherming van de persoonlijke levenssfeer (privacy), advies van de Gezondheidsraad, Leidschendam 1978.

7) Ontwerp-Wet op de persoonsregistraties, Kamerstukken II, 1981-1982, 17207, nrs. 1-3.

8) Vgl. die Mitteilungen des Justizministers in der Haushaltsdebatte 1984, Kamerstukken 1983-1984, 18 100 hoofdstuk VI, nrs. 2, 23, 24; nrs. 31, 7; nrs. 35, 15.

9) Aanwijzingen inzake de beveiliging van persoonsgegevens; Besluit van de Minister-President v. 16.7.1982, Nr. 32 1043.

10) Art. 10 Grondwet voor het Koninkrijk der Nederlanden v. 17.2.1983 (Staatsblad 70).

11) Dieser Beitrag wurde im Mai 1985 verfaßt.

12) Alle Gesetzentwürfe der niederländischen Regierung sind an den "Raad van State" zur Begutachtung weiterzuleiten, bevor sie in das Parlament eingebracht werden können (Vg. Art. 14 ff. Wet op de Raad van State, Art. 38, 75 Grondwet).

13) Kommission Koopmans 1974 (vgl. Anm. 3), S. 18; zur Selbstregulierung vgl. auch F. de Graaf, Privacybescherming en geautomatiseerde persoonsregistraties, in: A. de Wild, B. Eilders (Hrsg.): Jurist en Computer, Deventer 1983, S. 133 ff.; F. Kuitenbrouwer, D.W.F. Verkade, R.J.M. van der Horst: Drieluik Privacybescherming, Deventer 1983, S. 32 ff; J.W. Sentrop: Privacybescherming in Nederland, Deventer 1985, S. 55 ff.

14) Abschnitt B (Art. 9-16) der Datenschutzrichtlinien des Ministerpräsidenten (vgl. Anm. 4).

15) Art. 24 ff. Datenschutzgesetzentwurf 1981 (vgl. Anm. 7).

16) Art. 41 Datenschutzgesetzentwurf 1981.

17) Art. 48 Datenschutzgesetzentwurf 1981.

18) Art. 67, 68 Datenschutzgesetzentwurf 1981.

19) §§ 8-10 Datenschutzgesetzentwurf 1981.

20) Kommission Koopmans 1976 (vgl. Anm. 3), S. 34.

21) H.P. Bull: Datenschutz oder die Angst vor dem Computer, München 1984, S. 91.

22) Vgl. die Mitteilungen des Justizministers in der Haushaltsdebatte 1984 (vgl. Anm. 8).

23) Vgl. Art. 1 ff. des Datenschutzübereinkommens des Europarats (Abdruck in DuD 1981, S. 17 ff.).

24) Z.B. Art. 6c Regeling Geautomatiseerde Administratie Rijks Geneeskundige Dienst (Staatscourant v. 22.12.1977-Nr. 250, S. 3).

25) Dies geht aus den Erläuterungen zu dem Eurocat-Reglement hervor (S. 1), Groningen 1981.

26) Anlage 1 (Art. 1) Privacyregeling Academisch Ziekenhuis der Vrije Universiteit Amsterdam, März 1983.

27) Vgl. B. Ziegler-Jung: Datenverkehrsrecht und Gesundheitsdatenschutz in der BRD und den Niederlanden, Dissertation, T.H.Twente, erscheint im September 1985.

28) Bull (Anm. 21), S. 90.

29) § 6a Gesetzentwurf der Fraktion der SPD zur Änderung des Bundesdatenschutzgesetzes (Deutscher Bundestag, 10. Wahlperiode, Drucksache 10/1180 v. 27.3.1984).

30) Vgl. Begründung zu Nummer 24-§19a SPD-Entwurf (Anm. 29).

31) Kuitenbrouwer, NRC v. 9.4.1984, S. 1.

32) Ziegler-Jurg: Informatica en verantwoordelijkheid, in: Informatie 1983, S. 23; dies.: Ethische Code und Datenschutzgesetz, in: H. Kaase, u.a.: Datenzugang und Datenschutz-Konzequenzen für die Forschung, Königstein 1980, S. 248 ff.

ANSCHRIFTEN der Beitragenden:

C e r n y , Dietrich
Novalisstr. 18, 5000 Köln 90

C h a u m , David
Stichting Mathematisch Centrum
Kruislaan 413, 1098 SJ Amsterdam
Niederland

D i e r s t e i n , Rüdiger
M.S. DFVLR, Rechenzentrum AMI
8031 Weßling/Obb.

E h l e r s , Carl Theo
Univ. Göttingen, Medizin. Inform.
Robert-Koch-Str. 40, 3400 Göttingen

F i e d l e r , Herbert
GMD Schloß Birlinghoven
Postfach 1240, 5205 St. Augustin 1

F u c h s , Eckard
Senator für Inneres
Fehrbelliner Platz 2, 1000 Berlin 31

G a r s t k a , Hansjürgen
Der Berliner Datenschutzbeauftragte
Hildegardstr. 29/30, 1000 Berlin 31

G l i s s , Hans
Scientific Control Systems GmbH
Bonn Center, 5300 Bonn 1

G o t z h e i n , Reinhard
Dompfaffstr. 140, 8520 Erlangen

H e i d e r , Franz-Peter
Gesellsch. f. elektronische Informationsverarbeitung mbH
Oxfordstr. 12-16, 5300 Bonn 1

H e i l b r u n n e r , Stephan
Industrieanlagen-Betriebsgesellschaft mbH
Einsteinstr. 20, 8012 Ottobrunn

H e r d a , Siegfried
GMD Schloß Birlinghoven
Postfach 1240, 5205 St. Augustin 1

H ö c k e l , Günter
Univ. Karlsruhe, Informatik IV
Postfach 6380, 7500 Karlsruhe 1

K a u f f e l s , Franz-Joachim
Univ. Bonn, Informatik II
Wegelerstr. 6, 5300 Bonn 1

K e r k a u , Hans-Joachim
Der Berliner Datenchutzbeauftragte
Hildegardstr. 29/30, 1000 Berlin 31

K r ü c k e b e r g , Fritz
GMD Schloß Birlinghoven
Postfach 1240, 5205 St. Augustin 1

K u s s , Hans
Techn. Univ. München, Informatik
Arcisstr. 21, 8000 München 2

L e i b , Hans-Jürgen
Hobökentwiete 73, 2000 Hamburg 56

P a a ß , Gerhard
GMD Schloß Birlinghoven
Postfach 1240, 5205 St. Augustin 1

P f i t z m a n n , Andreas
Univ. Karsruhe, Informatik IV
Postfach 6380, 7500 Karlsruhe 1

R i h a c z e k , Karl
Fabriciusring 15, 6380 Bad Homburg

S p i e s , Peter Paul
Univ. Bonn, Informatik II
Wegelerstr. 6, 5300 Bonn 1

S t e i n m ü l l e r , Wilhelm
Univ. Bremen, Informatik
Postfach 330 440, 2800 Bremen 33

W a i d n e r , Michael
Univ. Karlsruhe, Informatik IV
Postfach 6380, 7500 Karlsruhe 1

W e c k , Gerhard
INFODAS
Rhonestr. 2, 5000 Köln 71

W e i m a n n , Jürgen
Scientific Control Systems GmbH
Bonn Center, 5300 Bonn 1

Z i e g l e r - J u n g , Bärbel
Technische Hogeschool Twente
Postbus 217, 7500 AE Enschede
Niederland